2018 年度上市公司
环境信息披露评估报告

李晓亮　张　炳　葛察忠　汤亚茹　吴嗣骏　等著

中国环境出版集团·北京

图书在版编目（CIP）数据

2018 年度上市公司环境信息披露评估报告/李晓亮等著. —北京：中国环境出版集团，2020.11

ISBN 978-7-5111-4508-6

Ⅰ. ①2… Ⅱ. ①李… Ⅲ. ①上市公司—环境信息—信息管理—研究报告—中国—2018 Ⅳ. ① F279.246

中国版本图书馆 CIP 数据核字（2020）第 233218 号

出 版 人 武德凯
责任编辑 陈雪云
文字编辑 王宇洲
责任校对 任 丽
封面设计 彭 杉

更多信息，请关注
中国环境出版集团
第一分社

出版发行 中国环境出版集团
（100062 北京市东城区广渠门内大街 16 号）
网 址：http://www.cesp.com.cn
电子邮箱：bjgl@cesp.com.cn
联系电话：010-67112765（编辑管理部）
010-67112735（第一分社）
发行热线：010-67125803，010-67113405（传真）

印 刷 北京中科印刷有限公司
经 销 各地新华书店
版 次 2020 年 11 月第 1 版
印 次 2020 年 11 月第 1 次印刷
开 本 787×1092 1/16
印 张 12.75
字 数 260 千字
定 价 89.00 元

《2018年度上市公司环境信息披露评估报告》

著作委员会

李晓亮　张　炳　葛察忠　汤亚茹　吴嗣骏

冀云卿　李婕旦　贾　真　王　青　胡　睿

目 录

第 1 章　研究背景

1.1　企业环境信息披露的必要性

在我国经济高速发展的进程中，环境污染问题日益严峻，引起了越来越广泛的社会关注。环境保护需要政府、企业及公众多方面共同参与，而其前提是对环境信息的充分了解。根据《奥胡斯公约》，环境信息是指包括环境要素（如水、空气、土壤、动物、植物、土地和自然遗址等）、生物多样性（含转基因生物）的状况和对环境要素可能产生影响的因子（包括行政措施、环境协议、计划等）及用于环境决策的成本—效益和其他基于经济学的分析及假设在内的一切信息，这些信息以文本、图像、录音或数据库的形式表现。环境信息作为一种公共信息资源，是政府、企业和公众实施环境行为选择和行动的重要信息基础。

作为一个既有社会服务功能，也有营利功能的经济组织，企业有义务履行其披露环境相关信息的社会责任。根据企业受托责任理论，企业的经营者既是企业股东的受托人，承担经济受托责任，也是企业利益相关者的受托人，承担环境和社会受托责任，应履行相应的环境保护和环境污染治理的义务，并对此进行说明和报告。对公众而言，生态环境与人民生活息息相关，公众有权了解环境现状及重要污染源的排污情况，也有权监督其他个体及单位的环境行为。《奥胡斯公约》第一条规定，各国应“保障公众在环境问题上获得信息、参与环境决策和诉诸法律的权利”；我国《环境保护法》第五十三条也明确规定，“公民、法人和其他组织依法享有获取环境信息、参与和监督环境保护的权利”。公众环境知情权是其他权利得以正确行使的先决性权利，只有保障了其知情权，公众才能更好地行使其监督权与参与权。通过规范环境信息披露行为，可以保障公众环境知情权，促进公众积极参与环境治理，保护公众环境利益。

企业作为环境污染的主要来源和国民经济发展的主要推动力，其环境信息披露除了协同和控制社会经济发展中政府、企业和公众的行为之外，对于改善生态环境、保障社会福利也具有重要作用。企业环境信息披露行为既可以提升企业的环境守法意愿和守法认识，也可以帮助政府相关行政管理部门和机构以及投资者及时准确地掌握污染主体排污和污染治理的真实情况，并通过市场行为反馈激励污染主体加强污染管控、提升环境绩效。对公众而言，信息披露有助于拓宽信息获取途径，从而提升公众对环境问题的认识、加强公众对决策的参与，最大限度地调动社会公众参与环境监督的积极性。

此外，环境信息披露对于环境保护和社会稳定具有重要作用。环境信息披露为环境领域的公众参与创造了条件，是公众参与的基础。缺少了信息披露，也就没有切实的数据和结论支撑，公众只能凭经验判断环境指标，难以客观地参与环境监督与保护。环境问题的不透明会增加社会的不稳定因素，公众在不知情的情况下，往往被谣言误导，容易出现大规模群体性事件。环境信息的披露还能有效避免政府环境决策失误。虽然环境问题的监督需要一定的专业背景知识，不是普通百姓能够做到的，但政府和企业一旦披露了信息，其自身必定预先对问题进行过自纠，同时专业的组织机构对披露的信息有相当的敏感度，随后经过舆论对专业的数据进行大众化的解读，可使信息披露起到促进环境监督的作用。

上市公司的环境信息披露是环境信息披露制度的重要组成部分。截至 2016 年年底，我国 3 200 余家上市公司年产值近 30 万亿元，总市值逾 52 万亿元，其中重污染行业上市公司有 2 052 家，占主板上市公司总数的 62.45%。这些上市公司既是我国国民经济的主力军，也是污染排放的重要贡献者。督促上市公司履行社会责任，真实、有效地披露环境信息，不仅可以加强上市公司环境守法意识、促进企业改进环境表现，更有助于保护投资者利益，提升上市公司质量，优化资本市场结构。时任证监会副主席姜洋表示，上市公司是资本市场的基石，在落实环境保护责任方面责无旁贷，建立强制性环境信息披露制度有助于提升上市公司质量，也是资本市场稳健发展的重要制度、促进环境质量改善的新举措。

自 2006 年《环境统计管理办法》发布以来，我国已出台了一系列法律法规以促进企业信息披露制度的发展。就上市公司而言，早在 2007 年，证监会就已发布了《上市公司信息披露管理办法》，但相关制度还很不完善。2016 年，中央全面深化改革领导小组第二十七次会议审议通过的《关于构建绿色金融体系的指导意见》，全面部署了绿色金融的改革方向，并由我国首次倡导将绿色金融纳入 G20 议程。该意见专门明确要“逐步建立和完善上市公司和发债企业强制性环境信息披露制度”。2017 年 6 月 12 日，环保部与证监会联合签署了《关于共同开展上市公司环境信息披露工作的合作协议》，旨在共同推动建立和完善上市公司强制性环境信息披露制度，督促上市公司履行环境保护的社会责任。

尽管近年来上市公司环境信息披露制度逐步建立完善，监管力度也不断加强，但是上市公司环境信息披露的形式、内容、监管等方面仍存在诸多问题。不完善的环境信息披露影响了公众对于企业环境表现的认知和掌握，削弱了公众参与企业环境公共监督的能力，同时导致市场对于污染企业的反馈力度有所降低，在一定程度上为污染企业继续排污、忽视环境规制以攫取经济利益提供了条件。基于这一认识，当前对于上市公司信息环境披露的工作要着眼于加强监管和规制，完善市场信息以敦促企业完整地披露自身环境信息，同时建立和完善上市公司环境信息披露制度。只有做好上述研究及实践，才能在保证上市公司如实且完整地披露环境信息的同时，最大限度地调动社会公众对环境监督的积极性，也为政府评估企业环境绩效并有效实施环境规制提供了支持。评估上市公司的环境信息披露程序、内容及其环境表现，完善上市公司环境信息披露制度体系，对于推动上市公司更有效地披露环境信息和促进企业改善环境表现具有重要现实意义。

1.2 发展现状

1.2.1 企业环境信息披露要求

1. 一般企业环境信息披露要求

以美国为例，美国议会颁布的环境类法律绝大多数都包括环境信息披露的内容，如《资源保护和恢复法》《综合环境反应、赔偿和责任法》要求企业明确披露潜在的责任人、向外部环境所排放的有害物质的种类、数量和存放地点等信息，《清洁空气法》规定上市公司必须披露每年气体污染物的排放信息。

在美国环境信息披露制度中，最具代表性的是以《应急计划与社区知情权法》（Emergency Planning and Community Right-to-Know Act，EPCRA）为基础的有毒化学物质排放清单制度（Toxic Release Inventory，TRI）。该制度要求所有符合规定的企业必须每年向美国国家环保局（EPA）提交有毒物质排放清单，披露有关化学物质特别是有毒物质生产、运输、使用和处置等各环节的环境信息；美国国家环保局据此编制 TRI，并通过网络发布，建立对公众开放的 TRI 数据库。

排放清单是报告排污信息的主要载体，内容包括：设施的名称、位置和正常商业用途，设施负责人签字确认的证明文件，有毒化学品明细等。表格中除信息内容填报外，还包括辅助企业填报的指南、计算化学物质的方法等信息。

TRI 的执行与责任机制包括 EPA 的行政罚款、法院的民事罚款以及公民诉讼三种方式。仅以行政罚款为例，EPCRA 规定，任何企业违反第 11022 条或者第 11023 条，每次违法最多可处以 25 000 美元的罚款，此处“每次”的界定以天计算，即每延误报告一天即视为违法一次。

EPCRA 从工业类别指标、规模指标、化学品和阈值指标三个角度对需要提交有毒物质排放清单的企业进行了明确规定：一是工业类别指标，设施分类属于标准工业分类码列出的行业；二是规模指标，全职雇员超过 10 人或等同于 2 万工作小时；三是化学品和阈值（threshold）指标，设施因生产、进口、处理或使用的有毒化学品属于 TRI 列明的化学品并且数量超过阈值。基于化学品不同的使用存储特性和环境特性，EPCRA 制定了四项不同的报告制度，分别是应急计划和报告（emergency planning and notification）、紧急排放报告（emergency release reporting）、危险化学品通报和存量报告（hazardous chemical notification and inventory reporting）及有毒化学品排放报告（toxic chemical release inventory reporting）。

2．上市公司环境信息披露要求

美国是最早确立专门的上市公司环境信息披露制度的国家，从20世纪70年代开始，出现零星的环境信息披露，到90年代迅速增加。经过发展，在美国国会、EPA、美国证券交易委员会（SEC）、美国财务会计准则委员会（FASB）和学者们的共同努力下，美国的上市公司环境信息披露制度发展已经基本成熟。90年代后期开始，EPA对石化、钢铁、造纸等重污染行业强制要求环境信息披露，并与SEC建立公司环境信息协调、沟通机制，使SEC在监管上市公司环境信息披露方面能够发挥更好的作用。美国的环境法规分为联邦、州两级，主要由环境监测与污染防治和环境清理与复原责任两大类构成，前者包括《清洁空气法》《清洁水法》《资源保护和恢复法》，后者主要由《综合环境反应、赔偿和责任法》等组成。这些法律法规都有专门的条款对环境信息披露作出规定。针对上市公司，除了遵循上述法律法规外，还必须按照SEC的要求披露环境信息。主要涉及的法律法规相关文件有《S-K规则》（1934年）、《应急计划和社区知情权法》（1986年）、《有毒化学物质排放清单》（1986年）、《92号财务会计报告》（1993年）、《作为经营管理手段的环境会计：基本概念及术语》（1995年）等。

我国香港地区关于上市公司环境信息披露的主要规则有《主板上市规则》《创业板上市规则》。2015年12月，港交所发布了《环境、社会及管治（ESG）报告指引》（修订版），对在港交所挂牌的上市公司提出ESG信息披露要求，将环境管治报告由原来的“建议披露”级别提高至“一般披露责任”级别，即从“自愿性发布”上升至“不遵守就解释”（comply or explain）的半强制性规定，并明确了需要披露的“关键绩效指标”（KPI）。这也使港交所成为ESG信息披露方面全球领先的交易机构。

下面从披露主体、披露方式、披露内容三个方面梳理总结我国香港地区以及美国的上市公司环境信息披露政策。

（1）披露主体：我国香港地区的主板和创业板上市公司均需要披露环境信息，尤其强调了矿业公司。美国要求上市公司均要披露环境信息，包括外国私人发行者，但对于不同规模的公司披露要求的严格程度不同。

（2）披露方式：我国香港地区对于主板和创业板上市公司有明确要求，上市文件必须披露重要物业（包括租赁物业）的环境事宜资料，如是否有环境违规行为；其中，在主板和创业板上市的矿业公司，上市文件还必须披露因环境、社会及健康安全问题引起的项目风险和项目或产业的环境责任等资料。主板或创业板上市公司收购或出售物业而刊发的通函，其中必须披露相关环境事宜。证券上市后，主板上市公司在年度报告内需刊载环境、社会及管治报告，创业板上市公司要在其董事会报告及年度财务报表内刊发环境、社会及管治报告。此外，公司发行人需每年披露环境、社会及管治数据，有关资料所涵盖的时间需与其年报内容涵盖的时间相同。环境、社会及管治报告可以登载于发行人的年报中，一份独立的报告中或发行人的网站上。无论采纳何种形式，环境、社会及管治报告都应同时发布于港交所及该发行人的网站上。美国公司的证券申请上市登记表、年度报告和其他报告、私人事务声明、收购要约的声明、对证券持有者的年度报告以及代理和信息声明、其他证券交易法要求的文件，均需根据《S-K 规则》披露相应的环境信息。此外，公司档案的 MD&A（管理层讨论与分析）中需要披露有关的环境信息，公司的财务报告和报表中也需要披露环境会计信息。

（3）披露内容：美国上市公司在年度报告中需要披露的信息包括环境因素对公司的成本、收益及竞争力的影响，公司在环境污染防治设施方面的重要资本支出，由环境引起的行政或司法诉讼（包括私人侵权诉讼和公益集团诉讼），环境因素可能带来的未来运营结果或财务状况的不确定性影响，公司的合同义务中所产生的环境责任，可以为投资带来投机机会和风险的环境风险因子，与环境责任有关的或有损失，环境修复责任等。规定中特别强调，对于风险因子的讨论必须是具体的，不能泛泛而谈。外国私人发行者需要提供“关于任何实际有形固定资产，包括租赁资产的信息”，包括对“任何可能影响公司对资产利用的环境问题”的描述，这项条款要求披露所有与实际资产有关的问题。我国香港地区要求上市公司董事报告中需包含公司的环境政策及表现。主板和创业板企业需披露环境绩效关键指标、影响资产估值的环境因素，主板和创业板中的矿业公司还需披露环境风险因素等。其中绩效关键指标包括主要污染物排放量、排放浓度，减排措施及成效，废物（有害或无害）的处理方式，资源（包括能源、水及其他原材料）使用量，节能措施及效果，生产经营活动可能对环境产生的重大影响及所采取的环境保护措施。

1.2.2　我国内地企业环境信息披露制度

1. 我国内地一般企业环境信息披露要求

自 2006 年《环境统计管理办法》发布以来，我国已出台了一系列法律法规以促进企业环境信息披露制度的发展。2007 年 4 月，国家环境保护总局公布了《环境信息公开办法（试行）》，要求超标排污企业强制披露排污信息、环保设施的建设运行情况、环境污染事故应急预案等环境信息，同时鼓励其他企业自愿披露环境信息。2011 年，环保部发布了《企业环境报告书编制导则》，对企业环境报告书的框架结构、编制原则、工作程序、编制内容和方法等进行了规定，以规范企业环境信息披露行为、促进企业提高环境管理水平。此外，环保部还于 2010 年和 2013 年先后针对事业单位和企业发布了《环境保护公共事业单位信息公开实施办法（试行）》和《国家重点监控企业自行监测及信息公开办法（试行）》《国家重点监控企业污染源监督性监测及信息公开办法（试行）》，对事业单位和国家重点监控企业的自行监测信息提出了披露要求。

2014 年，全国人大常委会对《中华人民共和国环境保护法》进行了修订，其中专章强调了环境信息公开和公众参与，要求重点排污单位如实向社会公开环境信息，以基本法的形式明确了“信息公开与公众参与”的地位。同年环保部出台了《企业事业单位环境信息公开办法》，规定了重点排污单位所需披露的环境信息内容、公开途径、惩罚措施，这是目前我国企业环境信息披露的最主要法律依据。2017 年发布的新版《企业事业单位环境信息公开办法（征求意见稿）》提出，为便于社会公众查询，环保部建立统一的企事业单位环境信息公开平台，集中发布重点排污单位的环境信息。已出台的其他有关环境信息披露的政策包括《全国污染源普查条例》（2007 年出台、2009 年修订）、《环境保护公众参与办法》（2015 年）等。政策发展历程如图 1-1 所示。

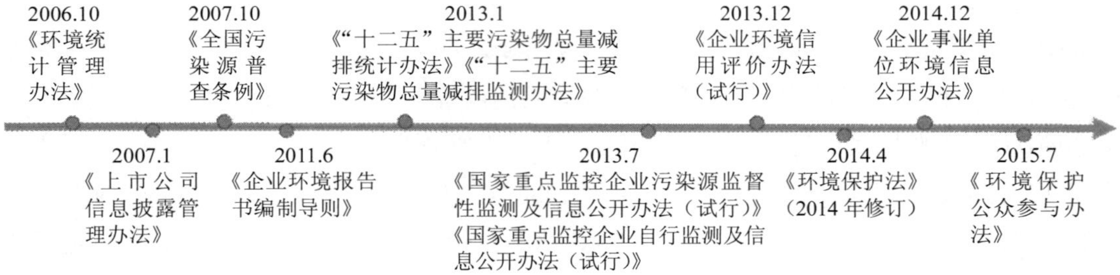

图 1-1 我国企业环境信息披露政策发展历程

2. 我国内地上市公司环境信息披露要求

上市公司的环境信息披露是环境信息披露制度的重要组成部分。2007 年，证监会发布了《上市公司信息披露管理办法》，规定上市公司及其子公司受到重大行政处罚（包括重大环境行政处罚）后须披露临时报告。2008 年针对上海证券交易所和深圳证券交易所 A 股市场的所有上市公司，国家环保总局正式发布了以上市公司环保核查制度和环境信息披露制度为核心的《关于加强上市公司环保监管工作的指导意见》，为上市公司环境信息公开提供了法律依据和技术指南。2010 年发布的《上市公司环境信息披露指南（征求意见稿）》对上市公司环境信息披露的准确性、及时性和完整性等方面都做了明确要求，但并未得到实施；证监会出台的《上市公司重大资产重组管理办法》《公开发行证券的公司信息披露内容与格式准则第 1 号——招股说明书（2015 年修订）》《首次公开发行股票并上市管理办法》等一系列文件中，也均有涉及上市公司的环境信息披露的部分。

2015 年，中共中央、国务院印发的《生态文明体制改革总体方案》中要求"建立上市公司环保信息强制性披露机制"。2016 年，中央全面深化改革领导小组第二十七次会议审议通过的《关于构建绿色金融体系的指导意见》，全面部署了绿色金融的改革方向，并由我国首次倡导将绿色金融纳入 G20 议程。该意见专门明确要"逐步建立和完善上市公司和发债企业强制性环境信息披露制度"。2017 年，中国人民银行、环保部等 7 部委联合发布《〈关于构建绿色金融体系的指导意见〉的分工方案》，要求"到 2020 年 12 月底前，证监会适时修订上市公司定期报告内容与格式准则，强制要求所有上市公司披露环境信息"。

2017 年 6 月 12 日，环保部与证监会联合签署了《关于共同开展上市公司环境信息披露工作的合作协议》，旨在共同推动建立和完善上市公司强制性环境信息披露制度，督促上市公司履行环境保护的社会责任。时任证监会副主席姜洋表示，合作协议着眼于执行层面，有利于形成完整的环境信息披露监管链条。证监会将进一步深化与环保部的合作，坚持依法、全面、从严监管，践行绿色发展理念，不断完善上市公司环境信息披露制度，督促上市公司切实履行信息披露义务，引导上市公司在落实环境保护责任中发挥示范引领作用，牢牢肩负起国家责任和社会责任。

目前，我国上市公司强制性环境信息披露制度建立方案分为“三步走”：第一步为 2017 年起，对被环保部列入重点排污单位名单的上市公司实行强制性环境信息披露；第二步为在 2018 年实行半强制性环境信息披露，企业不披露相关信息必须做出解释；第三步为截至 2020 年，对所有上市公司实行强制性环境信息披露。相应地，证监会于 2016 年 12 月 9 日发布了《公开发行证券的公司信息披露内容与格式准则第 2 号——年度报告的内容与格式（2016 年修订）》《公开发行证券的公司信息披露内容与格式准则第 3 号——半年度报告的内容与格式（2016 年修订）》，明确规定属于环保部公布的重点排污单位的上市公司在年报和半年报中需要强制性披露“主要污染物及特征污染物的名称、排放方式、排放口数量、排放口分布情况、排放浓度和总量、超标排放情况、执行的污染物排放标准、核定的排放总量，以及防治污染设施的建设和运行情况”等九项环境信息，并要求公司应当披露其他在报告期内发生的《证券法》《上市公司信息披露管理办法》所规定的重大事件，以及公司董事会判断为重大事件的事项。如前款所涉重大事项已作为临时报告在指定网站披露，仅需说明信息披露指定网站的相关查询索引及披露日期。2017 年 12 月 26 日，证监会再次对《公开发行证券的公司信息披露内容与格式准则第 2 号——年度报告的内容与格式》和《公开发行证券的公司信息披露内容与格式准则第 3 号——半年度报告的内容与格式》进行修订，在原有规定的基础上增加了 3 项上市公司应披露的环境信息，要求属于环保部公布的重点排污单位的公司及其子公司在年报及半年报中披露主要污染物及特征污染物的名称、排放方式、排放口数量和分布情况、排放浓度和总量、超标排放情况、执行的污染物排放标准、核定的排放总量、防治污染设施的建设和运行情况、建设项目环境影响评价及其他环境保护行政许可情况、突发环境事件应急预案及环境自行监测方案 12 项环境信息。另外，还强调了重点排污单位之外的公司可以参照上述要求披露其环境信息，若不披露的，应当充分说明原因。

与此同时，上市公司环境信息披露监管的力度也不断增强。2018 年 5 月 7 日，甘肃上峰水泥股份有限公司因未及时披露全资子公司上峰建材被诸暨市环保局立案调查、相关人员被采取强制措施；5 月 30 日，甘肃证监局下达行政处罚决定书，依法对上峰水泥及相关责任人员信息披露违法行为作出行政处罚。2014—2017 年，山西三维集团股份有限公司先后七次收到山西省环境保护部门的行政处罚决定书，罚款金额总计 2 858 448 元，公司日常生产经营中也存在多次排污超标的情形，但公司在相关定期报告中并未如实披露；2018 年 6 月 19 日，深交所对山西三维公司及相关人员给予公开谴责；6 月 22 日，山西证监局依法对公司及 28 名责任人员予以相应行政处罚。

1.2.3　相关研究进展

对企业环境信息披露的评估研究通常是以内容分析法为基础，建立环境信息披露相关指标。早期的一些研究从信息披露的篇幅入手，利用报告字数、页数等指标来衡量企业的环境信息披露水平。例如，Gray 等以企业年报中披露环境信息部分的页数及短语数量为指标评估企业环境信息披露状况[1, 2]；Deegan 和 Gordon 则以报告中环境相关信息的字数、页数及这部分页数在年报总页数的占比来衡量企业环境信息披露水平，并对正面环境信息与负面环境信息加以区分[3]。也有学者在此基础上结合其他评分方法以综合评估企业环境信息披露质量，如 Comyns 以报告中环境信息的字数与条目数表征信息披露数量，同时构建了评分体系评估企业环境信息披露的质量[4]。

目前，应用更为广泛的企业环境信息披露评估方法是构建环境信息披露指标。研究者首先对环境信息内容进行细化分类，形成环境信息披露指标，然后评估企业报告中这些指标的披露情况，得到环境信息披露指数。有些研究直接采用虚拟变量表征每项指标披露与否，1 表示有相关信息披露，0 表示无相关信息披露[5]。如 Wiseman 等将环境信息分为经济要素（economic factor）、诉讼（litigation）、污染削减（pollution abatement）和其他环境相关信息（other environmentally-related information）四大类共 18 个指标，评估企业各个指标披露与否[6]，在此之后的许多研究都沿用或借鉴了该指标体系[7, 8]。还有一些研究根据全球报告倡议组织（Global Reporting Initiative，GRI）的指南构建环境信息披露指标[9, 10]。Bloomberg 信息披露指数也是近年来得到较多使用的企业环境信息披露指数之一[11, 12]。该指数由 Bloomberg 公司开发，包括 60 个环境信息指标，不同行业的指标有所不同，以披露的指标百分比表征企业环境信息披露水平。还有学者对不同的指标加权来构建环境信息披露指数[13, 14]。

有些研究不仅关注企业披露的指标数量，还在此基础上考察各指标相关信息的披露程度，构建环境信息披露综合指数。如 Cormier 和 Magnan 在设置指标的基础上根据信息披露的详细程度对各指标进行 0～3 分的赋分（无披露、有概括说明、有定性描述、有定量信息）[15]。类似地，Hughes 等根据报告中环境因素对企业影响的说明详细程度对各指标进行评分，0 分表示无披露，1 分表示有信息披露但未说明对企业的影响，2 分表示有对影响的简单概括说明，3 分表示有对影响的定性描述，4 分表示有对影响的量化说明[7]。Clarkson 等根据 GRI 指南构建环境信息披露指标，并对各指标的信息内容详细程度打分[16]。

此外，还有一些研究对环境信息披露指数做进一步的细化处理，以评估企业环境信息披露行为特征。如 Marquis 等构建了绝对信息披露比例和相对信息披露比例两个指标，其中绝对信息披露比例指企业所披露的环境指标占全部相关环境指标的比例，加权信息披露比例表征最重要的环境指标的披露比例；以绝对信息披露比例与加权信息披露比例的差值表示企业选择性信息披露程度，研究企业的选择性信息披露与“漂绿”（greenwashing）行为特征[17]。

1.3 本报告的主要工作和目的

在往年对上市公司定期报告中所披露的常规环境信息的合规性评估工作的基础上，本报告跟踪评估了近 1～2 年证监会和生态环境部推动上市公司环境信息披露工作的进展与成效。针对沪深 A 股中属重点排污单位的上市公司及其重要子公司，收集分析其 2018 年的年度报告和环境报告、社会责任报告等定期报告中披露的环境信息，参照《公开发行证券的公司信息披露内容与格式准则第 2 号——年度报告的内容与格式（2017 年修订）》《公开发行证券的公司信息披露内容与格式准则第 3 号——半年度报告的内容与格式（2017 年修订）》要求，对上市公司定期报告环境信息披露合规性进行跟踪评价；根据生态环境部生态环境执法局所统计的各级生态环境行政主管部门环境行政处罚数据，整理 2017 年上市公司重大环境行政处罚信息，对比上市公司定期报告及临时报告中所披露的信息，评估上市公司重大环境行政处罚信息披露的真实性与完整性。具体内容如下：

（1）上市公司定期报告环境信息披露状况跟踪评估：利用上市公司官方网站、证券交易所网站和其他财经网站等数据来源获取上市公司年度报告、半年度报告，以收集其中的环境信息。依据《公开发行证券的公司信息披露内容与格式准则第 2 号——年度报告的内容与格式（2017 年修订）》《公开发行证券的公司信息披露内容与格式准则第 3 号——半年度报告的内容与格式（2017 年修订）》的要求制定评估细则，对上市公司的定期报告环境信息披露水平进行跟踪评估，并分析上市公司定期报告环境信息披露水平的时间变化及不同因素对上市公司环境信息披露的影响，撰写《上市公司环境信息公开评估报告》。

（2）上市公司重大环境行政处罚信息披露评估：利用生态环境部生态环境执法局在线统计信息建立上市公司环境行政处罚数据库，并在梳理各地方法规的基础上构建了重大行政处罚判别标准，据此从数据库中筛选出上市公司重大行政处罚信息；利用上市公司官方网站、证券交易所网站和其他财经网站等数据来源获取上市公司年度报告、半年度报告及临时报告。根据整理出的 2018 年受到各级生态环境行政主管部门行政处罚的上市公司名单，逐个查询上市公司的定期报告和临时报告，从合规性、完整性与有效性三个方面评估上市公司的环境行政处罚信息披露情况。

本报告的目的是通过评估在现有上市公司环境信息披露政策下，上市公司环境信息披露的合规性、真实性与有效性，对比上市公司 2017—2018 年度环境信息披露状况，识别现有上市公司环境信息披露制度的效果与不足。结合主要发达国家与交易所关于上市公司环境信息披露的国际经验，根据上市公司所处不同地域的发展水平、环保要求和不同行业的污染水平等差异，从上市公司环境信息披露的内容和方式以及社会监督、反馈整改机制等方面提出对上市公司环境信息披露制度改进的政策建议，推动上市公司 ESG 报告体系的建立，促进上市公司环境信息披露行为与上市公司环境表现的改善。

第 2 章　评估方案

本章从定期报告的环境信息披露和重大环境行政处罚信息披露两个方面评估上市公司 2018 年环境信息披露水平，就披露状况跟踪评估报告方法、真实性评估报告方法、综合评估报告方法和成效评估报告方法展开说明。

2.1　上市公司定期报告环境信息披露状况跟踪评估报告（2018 年）

2.1.1　评估依据

《公开发行证券的公司信息披露内容与格式准则第 2 号——年度报告的内容与格式（2017 年修订）》《公开发行证券的公司信息披露内容与格式准则第 3 号——半年度报告的内容与格式（2017 年修订）》（以下简称《准则》）中规定，属于环保部公布的重点排污单位的公司或其重要子公司，应当根据法律、法规及部门规章的规定披露以下主要环境信息：

（1）排污信息。包括但不限于主要污染物及特征污染物的名称、排放方式、排放口数量、排放口分布情况、排放浓度和总量、超标排放情况、执行的污染物排放标准、核定的排放总量。

（2）防治污染设施的建设和运行情况。

（3）建设项目环境影响评价及其他环境保护行政许可情况。

（4）突发环境事件应急预案。

（5）环境自行监测方案。

（6）其他应当公开的环境信息。

公司在报告期内以临时报告的形式披露环境信息内容的，应当说明后续进展或变化情况。如相关事项已在临时报告中披露且后续无进展或无变化的，仅需披露该事项概述，并提供临时报告披露网站的相关查询索引。

重点排污单位之外的公司可以参照上述要求披露其环境信息，若不披露，则应当充分说明原因。

鼓励公司自愿披露有利于保护生态、防治污染、履行环境责任的相关信息。环境信息核查机构、鉴证机构、评价机构、指数公司等第三方机构对公司环境信息存在核查、鉴定、评价的，鼓励公司披露相关信息。

2.1.2 评估范围

本次评估选择沪深两市中仅母公司属于重点排污单位的 299 家上市公司（具体评估名单见附表 1），并对其 2018 年的年度报告、社会责任报告、环境报告等报告中披露的环境信息进行评估。根据《准则》要求，上市公司须在年度报告和半年度报告的第五节“重要事项”中披露环境信息。信息的主要来源包括上市公司自身的官方网站、证券交易所网站和其他财经网站。上市公司按法规规定须在证券交易所网站披露定期报告。在交易所网站上可以找到几乎所有公司的年报和半年报以及上市公司有披露的社会责任报告，另外，大部分上市公司也会在其官方网站披露年度报告和半年度报告。除官网和证券交易所网站外，上市公司还会通过其他财经类网站如巨潮资讯网、中国证券网等披露相应的信息。

2.1.3 评分细则

根据《准则》要求，上市公司须在定期报告中披露 12 项常规环境信息，每项赋 1 分，具体的评分要求如下：

（1）主要污染物及特征污染物的名称：只要明确公布污染物名称即可得分。若仅公布排放因子（废气、废水、噪声等），该项不得分；若仅是在披露其他信息（如环保处罚信息、环保设施运行状况等）时提及污染物名称，不得分。

（2）排放方式：只要说明排放方式即可得分。披露的排放方式为污染物有组织（无组织）排放、连续（间断）排放，以及披露排放去向（接入城市污水管网、直接排入河流等）皆可得分；若披露的排放方式为“总排口”，也得分（适用于排放方式为直接排入河流的情况）。

（3）排放口数量：需明确说明排放口数量，只要有具体数字即可得分，或按不同子公司、污染物、污染因子等分类公布排放口数量的，也可得分。

（4）排放口分布情况：公布排放口在厂区内的分布（如厂区南侧、×楼的楼顶等）或地理位置（××河），该项得分。若仅笼统交代排污口位于“厂区内”，也可得分。

（5）排放浓度和总量：主要污染物或特征污染物的排放浓度或排放总量任意公布一项即可得分，但必须有具体浓度或数量。若披露排放浓度，则必须标明相应的污染物名称，否则不算披露；若披露排放总量，则必须标明污染物或排放因子（如大气污染物排放量），否则不算披露。仅披露二氧化碳排放总量不得分，仅披露固体废物总量不得分。

（6）超标排放情况：若没有明确说明超标排放情况如何，所有环境信息混杂在一段文字中，则该段文字中只要有说明达标、超标、符合标准或其他类似表述，即可得分。但若只有“加大环保投入，确保排放达标”或其他类似的较为空洞的表述，不算披露超标排放情况。

（7）执行的污染物排放标准：公布标准名称（如水污染物相关的排放标准、锅炉大气污染物相关的排放标准等）或标准号皆可得分；若不公布具体文件，公布标准限值，也可得分。但必须有具体的标准名称或标准值，仅笼统地说明“按照国家标准”不得分。

（8）核定的排放总量：按污染物公布核定排放总量可得分，仅按排放要素披露核定的排放总量（如大气污染物排放量）不得分。

（9）防治污染设施的建设和运行情况：防治污染设施的建设和运行情况只要披露其中一项即可得分。只要说明公司已建设了污染防治设施（污染处理设施、环境保护设施、在线监测设备或其他类似表述），或相关设备的改造升级（如污水处理改造工程），即认为披露了防治污染设施的建设情况；只要说明环保设施运行正常（或其他类似表述），即认为披露了防治污染设施的运行情况。此外，如果提及公司通过技术升级、生产线改造等方式减少污染物的产生和排放（如锅炉煤改气工程、引进先进加工线减少排放等），也可得分。

（10）建设项目环境影响评价及其他环境保护行政许可情况：只需简单说明公司已按要求进行环评审批、接受环评验收或公布了具体的项目名称或验收文件等，均可得分。

（11）突发环境事件应急预案：只需说明上市公司已编制环境应急预案、已在各级生态环境行政主管部门备案、有风险源介绍或备案编号等详细信息，均可得分。

（12）环境自行监测方案：若未披露监测项目、监测时间、监测点位等信息，只简单说明已制定自行监测方案，也可得分。

2.2　上市公司环境信息披露真实性评估报告（2018 年）

2.2.1　评估依据

1．法律法规要求

（1）《关于规范上市公司信息披露及相关各方行为的通知》（证监公司字〔2007〕128 号）。

一、上市公司及相关信息披露义务人应当严格按照《证券法》和《上市公司信息披露管理办法》（证监会令　第 40 号）的相关规定，切实履行信息披露义务，公平地向所有投资者披露可能对上市公司股票交易价格产生较大影响的重大事件（以下简称股价敏感重大信息），以使所有投资者均可以同时获悉同样的信息，不得有选择性地、提前向特定对象单独泄露。特定对象包括（但不限于）从事证券投资、证券分析、咨询及其他证券服务业的机构、个人及其关联人等。

二、上市公司的股东、实际控制人及筹划并购重组等重大事件过程中的相关人员，应及时主动向上市公司通报有关信息，并配合上市公司及时、准确、完整地进行披露。上市公司在获悉相关信息时，应及时向证券交易所申请停牌并披露影响股价的重大信息。

（2）《最高人民法院关于审理证券市场因虚假陈述引发的民事赔偿案件的若干规定》。

第十七条 证券市场虚假陈述，是指信息披露义务人违反证券法律规定，在证券发行或者交易过程中，对重大事件作出违背事实真相的虚假记载、误导性陈述，或者在披露信息时发生重大遗漏、不正当披露信息的行为。

对于重大事件，应当结合证券法第五十九条、第六十条、第六十一条、第六十二条、第七十二条及相关规定的内容认定。

虚假记载，是指信息披露义务人在披露信息时，将不存在的事实在信息披露文件中予以记载的行为。

误导性陈述，是指虚假陈述行为人在信息披露文件中或者通过媒体，作出使投资人对其投资行为发生错误判断并产生重大影响的陈述。

重大遗漏，是指信息披露义务人在信息披露文件中，未将应当记载的事项完全或者部分予以记载。

不正当披露，是指信息披露义务人未在适当期限内或者未以法定方式公开披露应当披露的信息。

（3）《存托凭证发行与交易管理办法（试行）》。

第十八条 境外基础证券发行人应当按照《证券法》《若干意见》、中国证监会规定以及证券交易所业务规则，按时披露定期报告，并及时就可能对基础证券、存托凭证及其衍生品种交易价格产生较大影响的重大事件披露临时报告。

第二十条 发生《证券法》第六十七条以及《上市公司信息披露管理办法》第三十条规定的重大事件，投资者尚未得知时，境外基础证券发行人应当立即披露，说明事件的起因、目前的状态和可能产生的法律后果。

（4）《关于加强派出机构上市公司监管工作的通知》（证监公司字〔2001〕98号）。

二、建立监管责任制度

对上市公司日常监管中的监管责任，各派出机构要提出明确、具体的要求，建立监管人员“尽责、问责、免责”的监管责任制度。

各派出机构要把对上市公司的监管放到监管工作的重要地位，尽快充实上市公司监管人员，按照每人监管5～10家上市公司的标准配备监管人员（上海、深圳等地可适当增加家数），将监管任务量化到人，责任到人。

监管责任制度应当要求每个监管人员熟悉自己负责的监管对象的历史状况和最新动态，建立监管日志，做好持续监管记录，对上市公司重大事件的信息披露、法人治理结构、募集资金使用、关联交易、资产重组、风险因素及重大隐患应当予以重点关注，对监管对象发生的异常状况（经营、财务状况异常、股价异常波动、重大事项等）要保持合理的怀疑，进行敏锐追踪，发现问题要及时处理和报告。各派出机构分管上市公司监管的主任和负责上市公司监管的处长对监管人员的工作承担督办、检查、及时处理的领导责任。

(5)《国务院关于促进市场公平竞争维护市场正常秩序的若干意见》(国发〔2014〕20 号)。

(二十六)发挥市场专业化服务组织的监督作用。支持会计师事务所、税务师事务所、律师事务所、资产评估机构等依法对企业财务、纳税情况、资本验资、交易行为等真实性合法性进行鉴证,依法对上市公司信息披露进行核查把关。

(6)《最高人民法院印发〈关于审理证券行政处罚案件证据若干问题的座谈会纪要〉的通知》(法〔2011〕225 号)。

四、关于上市公司信息披露违法责任人的证明问题

会议认为,根据证券法第六十八条规定,上市公司董事、监事、高级管理人员对上市公司信息披露的真实性、准确性和完整性应当承担较其他人员更严格的法定保证责任。人民法院在审理证券法第一百九十三条违反信息披露义务行政处罚案件时,涉及对直接负责的主管人员和其他直接责任人员处罚的,应当区分证券法第六十八条规定的人员和该范围之外其他人员的不同责任标准与证明方式。

监管机构根据证券法第六十八条、第一百九十三条规定,结合上市公司董事、监事、高级管理人员与信息披露违法行为之间履行职责的关联程度,认定其为直接负责的主管人员或者其他直接责任人员并给予处罚,被处罚人不服提起诉讼的,应当提供其对该信息披露行为已尽忠实、勤勉义务等证据。

对上市公司董事、监事、高级管理人员之外的人员,监管机构认定其为上市公司信息披露违法行为直接负责的主管人员或者其他直接责任人员并给予处罚的,应当证明被处罚人具有下列情形之一:(一)实际履行董事、监事和高级管理人员的职责,并与信息披露违法行为存在直接关联;(二)组织、参与、实施信息披露违法行为或直接导致信息披露违法。

(7)《上市公司信息披露管理办法》。

第三十条　发生可能对上市公司证券及其衍生品种交易价格产生较大影响的重大事件,投资者尚未得知时,上市公司应当立即披露,说明事件的起因、目前的状态和可能产生的影响。

前款所称重大事件包括:(十一)公司涉嫌违法违规被有权机关调查,或者受到刑事处罚、重大行政处罚;公司董事、监事、高级管理人员涉嫌违法违纪被有权机关调查或者采取强制措施。

(8)《公开发行证券的公司信息披露内容与格式准则第 2 号——年度报告的内容与格式(2017 年修订)》(中国证券监督管理委员会公告〔2017〕17 号)。

第四十五条　公司应当披露其他在报告期内发生的《证券法》《上市公司信息披露管理办法》所规定的重大事件,以及公司董事会判断为重大事件的事项。如前款所涉重大事项已作为临时报告在指定网站披露,仅需说明信息披露指定网站的相关查询索引及披露日期。

第四十六条　公司的子公司发生的本节所列重大事项，应当视同公司的重大事项予以披露。

(9)《公开发行证券的公司信息披露内容与格式准则第 3 号——半年度报告的内容与格式（2017年修订）》（中国证券监督管理委员会公告〔2017〕18号）。

第四十二条　公司应当披露其他在报告期内发生的《证券法》《上市公司信息披露管理办法》所规定的重大事件，以及公司董事会判断为重大事件的事项。如前款所涉重大事项已作为临时报告在指定网站披露，仅需说明信息披露指定网站的相关查询索引及披露日期。

第四十三条　公司的子公司发生的本节所列重大事项，应当视同公司的重大事项予以披露。

（10）《深圳证券交易所股票上市规则》。

7.8　上市公司控股子公司发生的本规则第九章、第十章和第十一章所述重大事件，视同上市公司发生的重大事件，适用前述各章的规定。

上市公司参股公司发生本规则第九章、第十一章所述重大事件，或者与上市公司的关联人发生第十章所述的有关交易，可能对上市公司股票及其衍生品种交易价格产生较大影响的，公司应当参照前述各章的规定，履行信息披露义务。

11.11.3　上市公司出现下列使公司面临重大风险情形之一的，应当及时向本所报告并披露：

（一）发生重大亏损或者遭受重大损失；

（二）发生重大债务、未清偿到期重大债务或者重大债权到期未获清偿；

（三）可能依法承担的重大违约责任或者大额赔偿责任；

（四）计提大额资产减值准备；

（五）公司决定解散或者被依法强制解散；

（六）公司预计出现资不抵债（一般指净资产为负值）；

（七）主要债务人出现资不抵债或者进入破产程序，公司对相应债权未提取足额坏账准备；

（八）主要资产被查封、扣押、冻结或者被抵押、质押；

（九）主要或者全部业务陷入停顿；

（十）公司因涉嫌违法违规被有权机关调查或者受到重大行政、刑事处罚；

（十一）公司董事、监事、高级管理人员因涉嫌违法违规被有权机关调查或者采取强制措施而无法履行职责，或者因身体、工作安排等其他原因无法正常履行职责达到或者预计达到三个月以上；

（十二）本所或者公司认定的其他重大风险情况。

上述事项涉及具体金额的，应当比照适用本规则第 9.2 条的规定。

（11）《上海证券交易所股票上市规则》。

7.7 上市公司控股子公司发生的本规则第九章、第十章和第十一章所述重大事项，视同上市公司发生的重大事项，适用前述各章的规定。

上市公司参股公司发生本规则第九章和第十一章所述重大事项，或者与上市公司的关联人进行第 10.1.1 条提及的各类交易，可能对上市公司股票及其衍生品种交易价格产生较大影响的，上市公司应当参照上述各章的规定，履行信息披露义务。

11.12.5 上市公司出现下列使公司面临重大风险的情形之一时，应当及时向本所报告并披露：

（一）发生重大亏损或者遭受重大损失；

（二）发生重大债务或者重大债权到期未获清偿；

（三）可能依法承担重大违约责任或者大额赔偿责任；

（四）计提大额资产减值准备；

（五）公司决定解散或者被有权机关依法责令关闭；

（六）公司预计出现股东权益为负值；

（七）主要债务人出现资不抵债或者进入破产程序，公司对相应债权未提取足额坏账准备；

（八）主要资产被查封、扣押、冻结或者被抵押、质押；

（九）主要或者全部业务陷入停顿；

（十）公司因涉嫌违法违规被有权机关调查，或者受到重大行政、刑事处罚；

（十一）公司法定代表人或者经理无法履行职责，董事、监事、高级管理人员因涉嫌违法违纪被有权机关调查或采取强制措施，或者受到重大行政、刑事处罚；

（十二）本所或者公司认定的其他重大风险情况。

上述事项涉及具体金额的，比照适用第 9.2 条的规定。

2. 合规披露形式与时点总结

对于重大环境行政处罚信息披露可以有几种不同的理解，因而适用的披露要求也不同，表 2-1 总结了重大环境行政处罚的不同解释及分别适用的披露要求。一方面，重大环境行政处罚可以归结为重大事件，需要 2 个工作日通过临时报告披露。但在重大事件的定义上也可能出现分歧，我们可以将全部重大环境行政处罚都看作重大事件，则具体披露要求如表中列（2）所示。在涉及具体金额时，证监会通常认为适用《上海证券交易所股票上市规则》及《深圳证券交易所股票上市规则》的 9.2 条，以“占上市公司最近一个会计年度经审计净利润的 10%以上，且绝对金额超过 1 000 万元”作为判别标准，如表中列（1）所示；另一方面，重大环境行政处罚可以仅视作重大行政处罚，则通过定期报告披露即可，具体要求如表中列（3）所示。

表 2-1 上市公司重大环境行政处罚合规披露形式与时点梳理总结

类别	重大事件		重大行政处罚
	（1）	（2）	（3）
披露范围	公司因环境管理不力被环境监管部门处以罚款数额超出交易产生的利润占上市公司最近一个会计年度经审计净利润的 10%以上，且绝对金额超过 1 000 万元的环境行政处罚	1. 责令停产停业； 2. 突发环境事故； 3. 公司因环境管理不力被环境监管部门处以责令停产停业等重大环境行政处罚； 4. 新公布的环境法律、法规、规章，可能对公司生产经营产生的重大影响	1. 责令停产停业； 2. 较大数额的罚款（达到案件管辖区域内举行行政处罚听证的最低罚款额度以及法律法规规章规定的重大行政处罚范围）
法律依据	1.《中华人民共和国证券法》（2014 年修正）； 2.《上市公司信息披露管理办法》第三十条； 3.《上海证券交易所股票上市规则》11.12.5； 4.《深圳证券交易所股票上市规则》11.11.3； 5.《股票发行与交易管理暂行条例》	1.《中华人民共和国证券法》（2014 年修正）； 2.《上市公司信息披露管理办法》第三十条； 3.《股票发行与交易管理暂行条例》第六十条	1.《上市公司证券发行管理办法》第九条； 2.《上市公司信息披露管理办法》第十九条、第二十条； 3.《公司债券发行与交易管理办法》第四十五条； 4.《公开发行证券的公司信息披露内容与格式准则第 2 号——年度报告的内容与格式（2017 年修订）》第三十七条； 5.《公开发行证券的公司信息披露内容与格式准则第 3 号——半年度报告的内容与格式（2017 年修订）》第三十五条； 6.《主板信息披露业务备忘录第 1 号——定期报告披露相关事宜》第二节一； 7.《中小企业板信息披露业务备忘录第 2 号：定期报告披露相关事项》一（二）； 8.《创业板信息披露业务备忘录第 10 号：定期报告披露相关事项》一
披露形式	临时报告、定期报告	临时报告、定期报告	定期报告；中期报告和年度报告（发行债券）
披露时点	（一）临时报告 1. 董事会或者监事会作出决议时； 2. 签署意向书或者协议（无论是否附加条件或者期限）时； 3. 公司（含任一董事、监事或者高级管理人员）知悉或者理应知悉重大事件发生时	（一）临时报告 1. 董事会或者监事会作出决议时； 2. 签署意向书或者协议（无论是否附加条件或者期限）时； 3. 公司（含任一董事、监事或者高级管理人员）知悉或者理应知悉重大事件发生时	1. 年度报告（4 月 30 日前）：每个会计年度结束之日起四个月内； 2. 一季度报告（4 月 30 日前）：每个会计年度前三个月结束后的一个月内，且不得早于上一年度的年度报告披露时间； 3. 半年度报告（8 月 31 日前）：每个会计年度的上半年结束之日起两个月内； 4. 三季度报告（10 月 31 日前）：每个会计年度前九个月结束后的一个月内
披露内容	（二）定期报告同重大行政处罚 说明事件的起因、目前的状态和可能产生的法律后果	（二）定期报告同重大行政处罚 说明事件的起因、目前的状态和可能产生的法律后果	行政处罚的具体内容、执行状态以及可能产生的法律后果

根据《上市公司信息披露管理办法》中对重大事件的信息披露义务的规定，对上市公司环境行政处罚的公布时间并未限定具体的时限，而以“及时”作为评价标准。但因行政处罚具有公开性，故应公布的行政处罚信息实质已有公众可知性，因此评估方法中将上市公司在临时报告和定期报告中的披露情况作为统计范围是妥当的。同时，建议上市公司所受环境行政处罚达到“重大事件”标准后，需发布临时报告予以披露。具体条款如下：

《上市公司信息披露管理办法》 第三十一条　上市公司应当在最先发生的以下任一时点，及时履行重大事件的信息披露义务：

（一）董事会或者监事会就该重大事件形成决议时；

（二）有关各方就该重大事件签署意向书或者协议时；

（三）董事、监事或者高级管理人员知悉该重大事件发生并报告时。

在前款规定的时点之前出现下列情形之一的，上市公司应当及时披露相关事项的现状、可能影响事件进展的风险因素：

（一）该重大事件难以保密；

（二）该重大事件已经泄露或者市场出现传闻；

（三）公司证券及其衍生品种出现异常交易情况。

3．披露违规法律后果

若上市公司环境信息披露违规，则可能在公开发行股份、定向增发及可转债、重大资产重组、银行贷款等方面受到限制，具体受限行为及受限时段如表2-2所示。

表2-2　上市公司环境信披违规受限行为及受限时段

	公开发行股份	定向增发及可转债	重大资产重组	银行贷款
是否受限	是	是	是	一定区域内受限
法律依据	**《中华人民共和国证券法》（2019年修改）** 第五十条　股份有限公司申请股票上市，应当符合下列条件：（四）公司最近三年无重大违法行为，财务会计报告无虚假记载。 **《首次公开发行股票并上市管理办法》（2020年修改）** 第二十五条　发行人不得有下列情形：（一）最近36个月内未经法定机关核准，擅自公开或者变相公开发行过证券；或者有关违法	**《中华人民共和国证券法》（2019年修改）** 第六十条　公司债券上市交易后，公司有下列情形之一的，由证券交易所决定暂停其公司债券上市交易：（一）公司有重大违法行为。 **《公司债券发行与交易管理办法》** 第十七条　存在下列情形之一的，不得公开发行公司债券：（一）最近三十	**《上市公司重大资产重组管理办法》（2020年修改）** 第十一条　上市公司实施重大资产重组，应当就本次交易符合下列要求作出充分说明，并予以披露：（一）符合国家产业政策和有关环境保护、土地管理、反垄断等法律和行政法	**《福建省企业环境信用动态评价实施方案（试行）》** （一）评价范围和方式 1．强制评价。根据原环境保护部、国家发展改革委、中国人民银行、原中国银监会四部委印发的《企业环境信用评价办法（试行）》的规定，原则将污染物排放总量大、环境风险高、生态环境影响大、环境违法问题突出的企业纳入环境信用强制评价范围。包括但不限于：存在污染物排放的上市企业，已核发国家版排污许可证的企业以及各地结合实际情况报经省生态环境厅同意纳入强制评价范围的其他企业。

	公开发行股份	定向增发及可转债	重大资产重组	银行贷款
法律依据	行为虽然发生在36个月前，但目前仍处于持续状态；（二）最近36个月内违反工商、税收、土地、环保、海关以及其他法律、行政法规，受到行政处罚，且情节严重。 **《首次公开发行股票并在创业板上市管理办法》（2018年修改）** 第二十条 发行人及其控股股东、实际控制人最近三年内不存在损害投资者合法权益和社会公共利益的重大违法行为。 **《上市公司证券发行管理办法》（2020年修改）** 第十一条 上市公司存在下列情形之一的，不得公开发行证券：（一）本次发行申请文件有虚假记载、误导性陈述或重大遗漏；（六）严重损害投资者的合法权益和社会公共利益的其他情形。 第三十九条 上市公司存在下列情形之一的，不得非公开发行股票：（一）本次发行申请文件有虚假记载、误导性陈述或重大遗漏；（六）最近一年及一期财务报表被注册会计师出具保留意见、否定意见或无法表示意见的审计报告。保留意见、否定意见或无法表示意见所涉及事项的重大影响已经消除或者本次发行涉及重大重组的除外；（七）严重损害投资者合法权益和社会公共利益的其他情形	六个月内公司财务会计文件存在虚假记载，或公司存在其他重大违法行为；（二）本次发行申请文件存在虚假记载、误导性陈述或者重大遗漏；（三）对已发行的公司债券或者其他债务有违约或者迟延支付本息的事实，仍处于继续状态；（四）严重损害投资者合法权益和社会公共利益的其他情形。 **《公开发行证券的公司信息披露内容与格式准则第24号——公开发行公司债券申请文件（2015年修订）》** 第三章 中介机构关于本次公司债券发行的文件 3-1 主承销商核查意见，主要内容应当包括：（4）对募集文件真实性、准确性和完整性的核查意见，包括募集文件中与发行条件相关的内容是否符合相关法律法规及部门规章规定的意见	规的规定。 **《上市公司收购管理办法》（2020年修改）** 第六条 任何人不得利用上市公司的收购损害被收购公司及其股东的合法权益。有下列情形之一的，不得收购上市公司：（一）收购人负有数额较大债务，到期未清偿，且处于持续状态；（二）收购人最近3年有重大违法行为或者涉嫌有重大违法行为；（三）收购人最近3年有严重的证券市场失信行为；（四）收购人为自然人的，存在《公司法》第一百四十六条规定情形；（五）法律、行政法规规定以及中国证监会认定的不得收购上市公司的其他情形	2．应约评价。根据原省环境保护厅、人行福州中心支行、原福建银监局、福建证监局、原福建保监局《关于加强绿色金融和环境信用评价联动助推高质量发展的实施意见》（闽环保总队〔2018〕44号），金融机构对其企业客户进行甄别，筛选出需要了解掌握其环境信用情况的企业客户并函告生态环境部门，由生态环境部门对其中未纳入强制评价和自愿评价的企业开展简化高效便捷的环境信用评价。 （二）信用等级和评价标准 1．企业环境信用等级。根据企业环境信用状况，将企业环境信用等级从高到低评定为：环保诚信企业、环保良好企业、环保警示企业、环保不良企业，分别以绿牌、蓝牌、黄牌、红牌标识。 企业环境信用等级评定采用评分制。总得分高于90分为环保诚信企业；高于70分（含）低于90分（含）为环保良好企业；高于60分（含）低于70分为环保警示企业；低于60分或符合“一票否决”情形的为环保不良企业。 2.“一票否决”情形。参评企业有下列情形之一的，实行“一票否决”，直接评定为“环保不良企业”：（1）造成较大及以上突发环境事件的；（2）拒不执行环境行政处罚决定的；（3）相关责任人因环境问题被行政拘留的；（4）涉嫌环境犯罪并移送公安机关立案侦办的；（5）依照相关规定应当评定为“环保不良企业”的其他情形。 六、评价结果应用 按照守信激励、失信惩戒原则，参照原环保部等4部委印发的《企业环境信用评价办法（试行）》（环发〔2013〕150号）、国家发改委等31部委印发的《〈关于对环境保护领

	公开发行股份	定向增发及可转债	重大资产重组	银行贷款
法律依据	**《公开发行证券的公司信息披露内容与格式准则第 36 号——创业板上市公司非公开发行股票预案和发行情况报告书》**第十一条　发行对象属于本准则第六条、第七条规定的情况的，发行对象的基本情况说明应当包括：（三）发行对象及其董事、监事、高级管理人员（或者主要负责人）最近五年受过行政处罚（与证券市场明显无关的除外）、刑事处罚或者涉及与经济纠纷有关的重大民事诉讼或者仲裁的，应当披露处罚机关或者受理机构的名称、处罚种类、诉讼或者仲裁结果以及日期、原因和执行情况			域失信生产经营单位及其有关人员开展联合惩戒的合作备忘录〉的通知》（发改财金〔2016〕1580 号）和原省环保厅等 5 部门出台的《关于加强绿色金融和环境信用评价联动助推高质量发展的实施意见》（闽环保总队〔2018〕44 号）要求，充分应用我省生态文明试验区改革成果，各级生态环境部门和其他有关部门可根据企业环境信用评价结果对企业及其法定代表人、主要负责人和其他负有直接责任人员（以下简称“责任人员”）实施“守信联合激励，失信联合惩戒”措施。其中，对评为“环保诚信企业”及其责任人员实施绿色金融、行政许可、评先评优、减少检查频次等激励措施；对评为“环保良好企业”及其责任人员原则上不奖励、不限制、不惩戒；对评为“环保警示企业”从严监管，可采取约束性措施；对评为“环保不良企业”及其责任人员实施相应惩戒措施。企业环境信用等级发生调整的，各级生态环境部门和其他有关部门应按照调整后的企业环境信用等级实施相应激励或惩戒措施
受限时间	主板（36 个月） 创业板公开发行股票（24 个月）/非公开发行股票（5 年）	36 个月	36 个月	每评审年度期内

2.2.2　重大环境行政处罚判别

目前我国还没有全国统一的重大行政处罚判断标准，但由于目前实行重大行政处罚备案制度，部分省（区、市）已在其重大行政处罚备案规定中对重大行政处罚进行了定义，但针对环保行政处罚规定的较少。对于已在关于重大行政处罚决定备案的相关规定中明确了重大环境行政处罚标准的地区，本报告以该地区的地方法规作为重大行政处罚判别依据。对于没有明确规定重大环境行政处罚标准的地区，本报告在梳理《环境行政处罚办法》、各地区重大行政处罚备案相关规定、行政处罚听证相关规定、环保行政处罚执行规范等文件中相关标准的基础上，构建了重大环境行政处罚判别标准。

1. 现有地方重大环境行政处罚判别标准

在省级重大行政处罚备案规定中，仅《山西省重大行政处罚决定备案办法》中针对重大环境行政处罚做出了明确定义。山西省的部分地级市（如吕梁市、运城市）进一步规范了市级重大行政处罚备案制度，但对重大环境行政处罚的定义与《山西省重大行政处罚决定备案办法》中相同。此外，《攀枝花市环境保护重大行政处罚备案制度》中也对重大环境行政处罚进行了定义。具体如表2-3所示。

表2-3 部分地区对重大环境行政处罚的定义

地区	重大行政处罚判别标准	文件名称
山西省	（一）对公民、法人或者其他组织处以较大数额罚款或者没收同等数额的违法所得和非法财物； （二）责令停产停业； （三）吊销许可证或者企业营业执照； （四）10日以上的行政拘留或者其他限制人身自由的行政处罚。 环保行政处罚的较大数额罚款是指省级环保部门罚款30万元、市级环保部门罚款20万元、县级环保部门罚款10万元	《山西省重大行政处罚决定备案办法》
攀枝花市	“重大环境行政处罚决定”是指环境保护行政主管部门依照环境保护法律、法规、规章作出责令停止生产或使用、吊销许可证或者处以较大数额罚款。 “较大数额罚款”是指对个人处以5 000元以上罚款、对法人或者其他组织处以50 000元以上罚款	《攀枝花市环境保护重大行政处罚备案制度》

2. 其他地区重大环境行政处罚判别标准构建

对于没有明确规定重大环境行政处罚标准的地区，本报告在梳理相关规定的基础上构建重大环境行政处罚判别标准。若某一地方性政策文件中规定了重大行政处罚的判别标准，但没有针对重大环境行政处罚的规定，则认为该地区未明确规定重大环境行政处罚标准，仅将该文件作为构建重大环境行政处罚判别标准的参考。目前，我国法律、政策规范中涉及“重大行政处罚”词条的，部门规章1部，地方政府规章11部，地方规范性文件67部，地方工作文件23件。其中，对于“重大行政处罚”的范围进行专门性规定的规范较少。部门规章是指1996年交通部颁布的《交通行政执法重大行政处罚决定备案审查制度》，其中第二条所述重大行政处罚决定是指交通行政管理部门作出的吊销证照、责令停产停业、5 000元以上罚款的行政处罚决定。

重大环境行政处罚判别标准具体如下：

（1）是否在行政处罚决定书中告知听证权利。

现阶段，各行政机关对于重大行政处罚的界定基本遵循《行政处罚法》第四十二条第一款以及《环境行政处罚办法》的规定，具体如下：

①《行政处罚法》第四十二条　行政机关作出责令停产停业、吊销许可证或者执照、较大数额罚款等行政处罚决定之前，应当告知当事人有要求举行听证的权利；当事人要求听证的，行政机关应当组织听证。

②《环境行政处罚办法》第四十八条【处罚告知和听证】　在作出行政处罚决定前，应当告知当事人有关事实、理由、依据和当事人依法享有的陈述、申辩权利。在作出暂扣或吊销许可证、较大数额的罚款和没收等重大行政处罚决定之前，应当告知当事人有要求举行听证的权利。

③《环境行政处罚办法》第七十八条【较大数额罚款的界定】　本办法第四十八条所称“较大数额”罚款和没收，对公民是指人民币（或者等值物品价值）5 000 元以上、对法人或者其他组织是指人民币（或者等值物品价值）50 000 元以上。地方性法规、地方政府规章对“较大数额”罚款和没收的限额另有规定的，从其规定。

也有部分地方性法规中将“符合适用听证程序的行政处罚”作为重大行政处罚定义的一部分，如《连云港市市级重大行政处罚决定备案办法》《青岛市重大行政处罚备案审查规定》等。

（2）依据处罚类型、罚款金额及拘留。

在实际评估过程中，由于数据限制，可能并不是所有行政处罚都可以看到行政处罚决定书，也可能存在罚款数额较大但没有告知听证权利的。因此还需要依据处罚决定进行判断。除重大行政处罚备案规定外，少数省（区、市）的环境行政处罚执行规范也有重大行政处罚的定义，但相关规定较少，且属于各级生态环境行政主管部门内部操作标准，对上市公司不具有普遍约束意义，因此仅作为构建重大行政处罚判别标准的参考。此外，《环境行政处罚办法》和部分省（区、市）的听证程序规定中对告知听证权利的行政处罚的判定标准也可以作为重大行政处罚判别的参考。

绝大部分地方法规将责令停产停业、吊销许可证或者执照、较大数额的罚款的行政处罚定义为重大行政处罚，但对罚款的“较大数额”定义有所不同，主要有 1 万元以上、2 万元以上、5 万元以上、10 万元以上、20 万元以上等。目前，我国法律、政策规范中涉及“较大数额罚款”词条的，地方政府规章 3 部，地方规范性文件 7 部、地方工作文件 1 件，行政许可批复 3 件。大多数的法律规范按照主体的不同划分较大数额罚款的范围，鉴于本报告是围绕上市公司的环境信息披露行为作评估，故以法人作为“较大数额罚款”的主体。各地的规定差异不小，部分地方不仅有省级较大数额罚款金额标准，其省会城市也印发了听证程序相关办法，并制定了市级较大数额罚款金额标准。具体的金额规定见表 2-4。

表 2-4　全国各地较大数额罚款标准

地区	较大数额罚款标准	条文依据
北京市	3 万元以上	**《北京市行政处罚听证程序实施办法》** 第二条　本市各级行政机关（含经依法授权或者受委托的行政执法组织，下同）对当事人依法作出责令停产停业、吊销许可证或者执照、对公民处以超过 1 000 元的罚款，对法人或者其他组织处以超过 30 000 元的罚款，以及市人民政府规定的其他行政处罚决定前，当事人要求举行听证的，依照行政处罚法和本办法执行
天津市	较大数额罚款金额以有关法律、法规、规章规定的对某类违法行为罚款最高限额的百分之五十（含百分之五十）为标准	**《天津市人民政府关于确定行政处罚听证案件中“较大数额罚款”标准的通知》** 二、“较大数额罚款”的确定，以有关法律、法规、规章规定的对某类违法行为罚款最高限额的百分之五十（含百分之五十）为标准。但有下列情形之一的，不视为“较大数额罚款”： （一）对非经营活动中的违法行为罚款数额不足 500 元（不含 500 元）的； （二）对经营活动中的违法行为罚款数额不足 1 万元（不含 1 万元）的
上海市	5 万元以上（或者等值物品价值）	**《上海市行政处罚听证程序规定》** 第四条【较大数额标准】　本规定所称的较大数额，对个人是指 5 000 元以上（或者等值物品价值）；对法人或者其他组织是指 5 万元以上（或者等值物品价值）。市政府可以根据经济社会发展的情况，对前述较大数额标准进行调整并予以公布。行政机关可以规定低于前款标准的较大数额标准，并应当予以公布
重庆市	2 万元以上	**《重庆市行政处罚听证程序规定》** 第三条　行政机关作出下列重大行政处罚决定之前，应当告知当事人有要求举行听证的权利。当事人要求听证的，行政机关应当组织听证：（三）较大数额罚款。 前款第（三）项所称较大数额罚款，是指对非经营活动中的违法行为处以 1 000 元以上，对经营活动中的违法行为处以 20 000 元以上罚款。本市行政机关需要执行高于上述标准的规定的，应当报经市人民政府批准
广东省	10 万元以上	**《广东省行政处罚听证程序实施办法》** 第五条　行政机关以及法律、法规授权的具有管理公共事务职能的组织（以下简称行政机关）作出下列行政处罚（以下简称适用听证程序的行政处罚）决定之前，应当告知当事人有要求举行听证的权利；当事人要求听证的，行政机关应当组织听证： （一）责令停产停业； （二）吊销许可证或者执照； （三）较大数额罚款； （四）法律、法规规定可以要求听证的其他行政处罚。 本条前款所称较大数额罚款，是指对公民的违法行为处以 5 000 元以上罚款，对法人或者其他组织的违法行为处以 10 万元以上罚款。
海南省	10 万元以上	**《海南省行政处罚听证程序规定》** 第二条　本省行政区域内的行政机关，作出责令停产停业、吊销许可证或者执照、较大数额罚款等行政处罚的，适用本规定。 前款所称较大数额罚款系指：公民为 10 000 元以上；法人或者其他组织为 100 000 元以上

地区	较大数额罚款标准	条文依据
内蒙古自治区	3 万元以上	**《内蒙古自治区行政处罚听证程序规定》**第二条　自治区内各级行政机关或者法律、法规授权组织拟作出责令停产停业、吊销许可证或者执照、较大数额罚款的行政处罚，当事人要求听证的，适用本规定。 前款较大数额罚款是指对公民处以 2 000 元以上、对法人或者其他组织处以 30 000 元以上的罚款。行政机关或者法律、法规授权组织根据本系统实际，需要高于或低于本规定罚款数额标准的，应将拟确定的罚款数额报自治区人民政府法制机构批准公布。 实行垂直领导的国务院有关行政主管部门和公安机关对较大数额罚款作出具体规定的，从其规定
新疆维吾尔自治区	2 万元以上	**《新疆维吾尔自治区行政处罚听证程序实施办法》**第三条　自治区各级行政机关（含经依法授权或者受委托的行政执法组织）对当事人依法作出责令停产停业、吊销许可证或者执照、对公民处以 500 元以上、对法人或者其他组织处以 20 000 元以上罚款等行政处罚的，在作出处罚决定前，当事人要求举行听证的，依照行政处罚法和本办法执行。国务院有关部门对"较大数额罚款"的听证金额另有规定的，自治区有关部门可按其规定执行
西藏自治区	1 万元以上（含 1 万元）	**《西藏自治区人民政府关于行政处罚听证范围中较大数额罚款标准规定》** 一、对公民处以 1 000 元（含 1 000 元）以上罚款、对法人或者其他组织处以 10 000 元（含 10 000 元）以上罚款属于"较大数额罚款"。 二、法律、法规和国务院有关行政主管部门对行政处罚听证范围中"较大数额罚款"标准另有规定的，从其规定
宁夏回族自治区	2 万元以上	**《宁夏回族自治区行政听证程序规定》**第二十四条　拟作出的具体行政行为有下列情形之一的，行政机关在作出行政行为之前，应当书面告知当事人或者申请人、利害关系人有要求举行听证的权利：（二）对非经营活动中，公民的违法行为处以 1 000 元以上的罚款，法人或者其他组织的违法行为处以 10 000 元以上的罚款；对经营活动中，公民的违法行为处以 5 000 元以上的罚款，法人或者其他组织的违法行为处以 20 000 元以上的罚款的； 前款第（二）项规定的罚款数额，实行垂直领导的国务院有关行政主管部门和公安部门对较大数额罚款作出具体规定的，从其规定
广西壮族自治区	较大数额罚款金额为自治区人民政府所属行政执法机关处以 3 万元以上（含本数，下同），地区行政公署和自治区区辖市人民政府所属行政执法机关处以 2 万元以上，县级人民政府所属行政执法机关处以 1 万元以上	**《广西壮族自治区行政执法程序规定》**第四十二条　行政执法机关作出责令停产停业、吊销许可证或者执照，以及作出下列规定的罚款等行政处罚决定之前，应告知相对人有要求举行听证的权利；相对人要求听证的，行政执法机关应按本规定组织听证： （一）自治区人民政府所属行政执法机关对公民个人在非经营性活动中的违法行为作出五千元（含本数在内，下同）以上或在经营性活动中的违法行为作出一万元以上，对法人或者其他组织在非经营性活动中的违法行为作出一万元以上或在经营性活动中的违法行为作出三万元以上罚款的； （二）地区行政公署和自治区区辖市人民政府所属行政执法机关对公民个人在非经营性活动中的违法行为作出三千元以上或者在经营性活动中的违法行为作出五千元以上，对法人或者其他组织在非经营性活动中的违法行为作出五千元以上或在经营性活动中的违法行为作出二万元以上罚款的； （三）县级人民政府所属行政执法机关对公民个人在非经营性活动中的违法行为作出二千元以上或在经营性活动中的违法行为作出三千元以上，对法人或者其他组织在非经营性活动中的违法行为作出三千元以上或在经营性活动中的违法行为作出一万元以上罚款的。 公安机关、实行垂直领导的有关行政执法机关对罚款数额的听证范围，分别按国务院公安部门、实行垂直领导的有关行政主管部门的规定执行。 自治区行政执法机关对罚款数额的听证范围有特殊要求的，由该行政执法机关提出具体方案，经自治区人民政府法制工作机构审查后，报自治区人民政府批准实施

地区	较大数额罚款标准	条文依据
黑龙江省	1万元以上	**《黑龙江省行政处罚监督办法》**第八条 行政机关和有关组织作出重大行政处罚决定后，应当在7日内按本办法第九条的规定报送备案： （一）对非经营活动中的违法行为罚款超过1 000元的； （二）对经营活动中的违法行为罚款超过1万元或者没收的违法所得和非法财物价值超过5万元的； （三）责令停产停业的； （四）吊销许可证或执照的。 法定罚款数额较大的部门按本条前款规定的标准报送备案确有困难的，可根据本系统的实际情况，由省级行政执法部门提出其他标准，报省政府法制局审定后另行发布执行
吉林省	5 000元以上	**《吉林省人民政府关于行政处罚听证范围中“较大数额罚款”数额的规定》** 一、对个人处以1 000元以上罚款的，对法人或者其他组织处以5 000元以上罚款的，在作出行政处罚决定前，应当告知当事人有要求举行听证的权利，当事人要求听证的，应当组织听证。 二、法律、法规或公安部以及实行垂直领导的国务院有关行政主管部门对行政处罚听证范围中“较大数额罚款”数额另有规定的，从其规定
辽宁省	1万元以上	**《辽宁省行政处罚听证程序暂行规定》**第三条 行政机关或组织作出责令停产停业、吊销许可证或者执照、对公民罚款1 000元以上、对个体经营业者罚款2 000元以上、对法人和其他组织罚款10 000元以上的行政处罚决定，被处罚当事人要求听证的，作出行政处罚的机关或组织应当组织听证。实行垂直领导的国务院有关行政主管部门和公安机关对较大数额罚款作出具体规定的，按其规定执行
山西省	较大数额罚款金额没有违法所得的为1万元以上，有违法所得的为3万元以上	**《山西省人民政府关于贯彻实施〈中华人民共和国行政处罚法〉的通知》** 六、积极进行行政执法制度改革的探索和实践 听证范围中的“较大数额的罚款”一项，我省暂定为对非经营活动中的违法行为处以1 000元以上的罚款；对经营活动中的违法行为，没有违法所得的处以10 000元以上的罚款，有违法所得的处以30 000元以上的罚款
山东省	2万元以上	**《山东省行政处罚听证程序实施办法》**第二条 本省行政区域内各级行政机关（含经依法授权的行政执法组织，下同）对当事人依法作出下列行政处罚之前，应当告知当事人有要求举行听证的权利：（三）对公民处以500元以上罚款，对法人或者其他组织处以20 000元以上罚款。 法律、法规或者规章对举行听证的罚款数额另有规定的，从其规定
河北省	1万元以上	**《河北省人民政府关于行政处罚听证范围中较大数额罚款数额的通知》**对从事非经营活动的公民处以500元以上罚款，对从事非经营活动的法人或者其他组织处以5 000元以上罚款；对从事经营活动的公民处以1 000元以上罚款，对从事经营活动的法人或者其他组织处以10 000元以上罚款，在作出行政处罚决定之前，应当告知当事人要求举行听证的权利；当事人要求听证的，应当组织听证。 国务院公安部门、实行垂直领导的国务院有关行政主管部门对较大数额罚款的数额另有规定的，按其规定执行

地区	较大数额罚款标准	条文依据
河南省	较大数额罚款金额无违法所得的为 1 万元以上，有违法所得的为 3 万元以上	**《〈河南省行政机关执法条例〉实施办法》** 第二十条　有下列情形之一的罚款为较大数额罚款： （一）对非经营活动中的违法行为实施罚款一次达到或者超过 1 000 元的； （二）对无违法所得的经营性违法行为实施罚款一次达到或者超过 10 000 元的； （三）对有违法所得的经营性违法行为实施罚款一次达到或者超过 30 000 元的。 需要注意的是：《〈河南省行政机关执法条例〉实施办法》的上位法已被废止。《河南省行政执法条例》自 2016 年 6 月 1 日起施行，《河南省行政机关执法条例》同时废止。目前，《河南省行政执法条例》未规定新的数额标准
湖南省	2 万元以上（含 2 万元）	**《湖南省行政处罚听证程序规定》** 第七条　行政机关作出下列重大行政处罚决定之前，应当书面告知当事人有要求举行听证的权利：（三）对公民处罚款在 1 000 元以上（含 1 000 元），对法人或者其他组织处罚款在 2 万元以上（含 2 万元）。海关、金融、国税、国家安全、外汇管理等部门对本部门举行听证的罚款数额另有规定的，从其规定
湖北省	较大数额罚款金额有非法所得的为 3 万元以上，没有违法所得的为 1 万元以上	**《湖北省行政处罚听证规则》** 第二条　本条前款所称“较大数额罚款”的具体标准为：对非经营活动中的违法行为处以 1 000 元以上的罚款；对经营活动中的违法行为，有非法所得的处以 30 000 元以上、没有违法所得的处以 10 000 元以上的罚款。国务院部门经国务院批准规定了具体标准的，从其规定
浙江省	5 万元以上	**《浙江省人民政府法制办公室关于明确实施行政处罚适用听证程序较大数额罚款标准的函》** 浙江省实施行政处罚适用听证程序较大数额罚款标准
四川省	5 万元以上	**《四川省行政处罚听证程序规定》** 第四条　本规定所称较大数额，是指对非经营活动中公民的违法行为处以罚款或者没收财产 2 000 元以上、法人或者其他组织的违法行为处以罚款或者没收财产 2 万元以上；对在经营活动中的违法行为处以罚款或者没收财产 5 万元以上。 国务院有关部门规定的较大数额标准低于前款规定的，从其规定
江西省	2 万元以上	**《江西省行政处罚听证程序规定》** 第二条　本省行政区域内各级行政机关或者法律、法规授权的组织（以下简称行政处罚实施机关）对当事人依法作出下列行政处罚之前，应当告知当事人有要求举行听证的权利：（三）对非经营活动中公民的违法行为处以 500 元以上、法人或者其他组织的违法行为处以 5 000 元以上的罚款，对经营活动中的违法行为处以 20 000 元以上的罚款。但法律、法规、规章对举行听证的罚款限额另有规定的，从其规定
青海省	1 万元以上	**《青海省行政处罚听证程序暂行规则》** 第二条　本规则适用于本省行政区域内拟作出停产停业、吊销许可证或者执照、较大数额罚款等行政处罚的行政机关和法律、法规授权的具有管理公共事务职能的组织（以下统称行政机关）以及与听证相关的公民、法人和其他组织。 前款所称较大数额罚款，是指对非经营活动中公民的违法行为处以 500 元以上、法人或其他组织的违法行为处以 1 000 元以上，对经营活动中的违法行为处以 10 000 元以上的罚款。行政机关确需拟定高于或者低于上述规定的较大数额罚款标准的，应报青海省人民政府法制局批准并公布后方可实施

地区	较大数额罚款标准	条文依据
贵州省	1万元以上（含1万元）	**《贵州省人民政府关于行政处罚较大数额罚款标准的规定》** 一、法律、法规、规章对某类违法行为罚款没有最高限额规定的，对非经营活动中公民的违法行为处1 000元（含1 000元）以上罚款、法人或者其他组织的违法行为处5 000元（含5 000元）以上罚款为“较大数额罚款”；对经营活动中公民的违法行为处3 000元（含3 000元）以上罚款、法人或者其他组织的违法行为处1万元（含1万元）以上罚款为“较大数额罚款”。 二、法律、法规、规章对某类违法行为罚款有最高限额规定（含具体罚款金额和违法所得百分比、倍数规定）的，罚款数额超过最高限额百分之五十（含百分之五十）的为“较大数额罚款”。但对非经营活动中的违法行为罚款数额不足1 000元（不含1 000元）、经营活动中的违法行为罚款数额不足3 000元（不含3 000元）的，不视为“较大数额罚款”。 三、法律、法规、规章、国务院有关行政主管部门对行政处罚听证范围中“较大数额罚款”标准另有规定的，从其规定。 四、行政机关确需拟定高于或者低于上述规定的较大数额罚款标准的，应报经省人民政府批准并向社会公布30日后方可实施
云南省	3万元以上	**《云南省行政处罚程序规范》**第二十五条　行政处罚机关在作出责令停产停业、吊销许可证或者执照、较大数额罚款、没收较大数额财产和违法所得等行政处罚决定前，应当在《行政处罚事先告知书》中告知当事人依法享有申请听证的权利。 听证告知的内容应当包括提出听证申请的期限，未如期提出申请的法律后果，以及受理听证申请的行政处罚机关名称、地址等内容。 本条第一款所称较大数额，是指对公民为1 000元以上、个体工商户为1万元以上、法人或者其他组织为3万元以上
甘肃省	3万元以上	**《甘肃省行政处罚听证程序暂行规定》**第三条　本省各级行政机关对当事人依法作出责令停产停业、吊销许可证或者执照、较大数额罚款（指对公民处1 000元以上的罚款，对法人或者其他组织处以3万元以上的罚款）前，当事人要求举行听证的，依照行政处罚法和本规定执行。 行政机关拟订的较大数额罚款听证标准低于或者高于上述标准的，应当报甘肃省人民政府法制局批准予以公布。 法律、法规和省人民政府对听证范围和较大数额罚款另有规定的，从其规定。 公安部门、实行垂直领导的国务院有关部门在甘机构，其较大数额罚款的听证标准，从其上级主管部门的规定
安徽省	1万元以上	**《安徽省行政处罚听证程序规定》**第三条　行政机关作出责令停产停业、吊销许可证或者执照、较大数额罚款等行政处罚决定之前，应当告知当事人有要求举行听证的权利；当事人要求听证的，该行政机关应当组织听证。 前款中较大数额罚款是指对公民处以1 000元以上的罚款；对法人或其他组织处以10 000元以上的罚款。国家有关部门对较大数额罚款已有规定的，从其规定
江苏省	2万元以上	**《江苏省行政处罚听证程序规则（试行）》**第二条　前款所称的较大数额罚款，是指对非经营活动中公民的违法行为处以500元以上、法人或者其他组织的违法行为处以1 000元以上、对经营活动中的违法行为处以20 000元以上罚款。行政机关确需拟定高于或者低于上述规定的较大数额罚款标准的，应当报江苏省人民政府法制局批准并公布后方可实施。 按国务院规定应当由国务院有关主管部门确定较大数额罚款标准的，有关部门按照其主管部门确定的标准执行
深圳市	5万元以上	**《深圳市行政听证办法》**第四十七条　本办法中所称“较大数额罚款”，是指对个人处以5 000元以上、对法人或者其他组织处以50 000元以上罚款

地区	较大数额罚款标准	条文依据
南京市	2 万元以上	**《南京市行政处罚听证程序规定》** 第三条　本规定第二条中所称的较大数额罚款是指：（一）对非经营活动中公民的违法行为处以 500 元以上的罚款；（二）对非经营活动中法人或者其他组织的违法行为处以 1 000 元以上的罚款；（三）对经营活动中的违法行为处以 20 000 元以上的罚款
石家庄市	1 万元以上	**《石家庄市行政处罚听证程序实施办法》** 第二条　本市具有行政处罚权的行政机关（含经依法授权或者受委托的组织，下同）依法对当事人作出下列行政处罚决定以前，当事人要求举行听证的，按本办法执行。（一）责令停产停业；（二）吊销许可证或者执照；（三）对从事非经营活动的公民处以五百元以上罚款、对从事非经营活动的法人或者其他组织处以五千元以上罚款，对从事经营活动的公民处以一千元以上罚款、对从事经营活动的法人或者其他组织处以一万元以上罚款（国务院公安部门和实行垂直领导的部门另有规定的，从其规定）；（四）法律法规或规章规定应进行听证的行政处罚
乌鲁木齐市	2 万元以上	**《乌鲁木齐市行政处罚听证程序规定》** 第二条　本市各级行政机关（含经依法授权或者受委托的行政执法组织）对当事人依法作出责令停产停业、吊销许可证或者执照、对公民处以 500 元以上罚款、对法人或者其他组织处以 20 000 元以上罚款等行政处罚决定前，当事人要求举行听证的，依照《中华人民共和国行政处罚法》和本规定执行
杭州市	3 万元以上	**《杭州市行政处罚听证程序实施规定》** 第二条　本条前款的较大数额罚款，是指对非经营活动中的违法行为处以 1 000 元以上、对经营活动中的违法行为处以 30 000 元以上的罚款。行政机关拟订较大数额罚款标准高于或者低于上述标准的，应当报杭州市人民政府法制局批准并予以公布。公安机关的较大数额罚款限额标准，由其上级主管部门确定
郑州市	较大数额罚款金额无违法所得的为 1 万元以上，有违法所得的为 3 万元以上	**《郑州市行政处罚听证程序规定》** 第四条　行政机关作出责令停产停业、吊销许可证或者执照、较大数额罚款等行政处罚决定之前，当事人要求听证的，行政机关应当组织听证。前款所称较大数额罚款是指：（一）对非经营活动中的违法行为实施罚款一次达到或者超过 1 000 元的；（二）对无违法所得的经营性违法行为实施罚款一次达到或者超过 10 000 元的；（三）对有违法所得的经营性违法行为实施罚款一次达到或者超过 30 000 元的
贵阳市	2 万元以上	**《贵阳市行政处罚听证程序办法（试行）》** 第三条　行政机关作出责令停产、停业、吊销许可证或者执照，较大数额罚款等行政处罚决定之前，应当书面告知当事人有要求举行听证的权利。 前款中较大数额罚款是指对非经营活动中公民处以 1 000 元以上、法人或者其他组织处以 5 000 元以上的罚款，对经营活动中公民处以 2 000 元以上，法人或者其他组织处以 2 万元以上的罚款。国家有关部门对较大数额罚款已有规定的，从其规定
抚顺市	1 万元上	**《抚顺市人民政府办公厅关于进一步加强重大行政处罚备案审查工作的通知》（抚政办发〔2017〕24 号）** 第三条　本规则所称重大行政处罚包括：（一）较大数额的罚款；（二）没收非法所得或者非法财物；（三）责令停产停业；（四）吊销许可证或者执照。 较大数额是指县区政府、市政府所属行政执法部门对公民处以罚款和没收违法所得或者没收非法财物 1 000 元以上，对个体经营业主处以罚款和没收违法所得或者没收非法财物 2 000 元以上，对法人或者其他组织处以罚款和没收违法所得或者没收非法财物 10 000 元以上。 乡镇政府及县区政府所属行政执法部门的较大数额标准由县区政府规定或参照本规则的标准执行。 法律、法规和规章对重大行政处罚范围另有规定的，从其规定

此外，2010年3月1日起施行的《环境行政处罚办法》属于部门规章，其第七十八条规定，本办法第四十八条所称“较大数额”罚款和没收，对公民是指人民币（或者等值物品价值）5 000元以上、对法人或者其他组织是指人民币（或者等值物品价值）5万元以上。地方性法规、地方政府规章对“较大数额”罚款和没收的限额另有规定的，从其规定。2011年2月1日起施行的《环境行政处罚听证程序规定》第五条规定，环境保护主管部门在作出以下行政处罚决定之前，应当告知当事人有申请听证的权利；当事人申请听证的，环境保护主管部门应当组织听证：拟对法人、其他组织处以人民币5万元以上或者对公民处以人民币5 000元以上罚款的。第四十七条规定，地方性法规、地方政府规章另有规定的，从其规定。

还有部分省市的重大行政处罚定义中还包含处以行政拘留的行政处罚，但对拘留天数的规定不同（表2-5）。此外，在全国生态环境系统深化“放管服”改革转变政府职能视频会议上的讲话中还提出“推动商业银行将按日计罚、行政拘留等重大行政处罚文书纳入信贷审批和贷后监管流程”。

表2-5　不同法规对重大行政处罚行政拘留天数的规定

拘留天数	相关法规
无天数规定	《西藏自治区重大行政处罚决定备案制度》《黄山市重大行政处罚备案规定》《哈密地区重大行政处罚决定备案审查办法》《葫芦岛市重大行政处罚处理决定备案暂行办法》《中山市重大行政处罚备案实施办法》《陕西省环境行政处罚程序规定》等
10日以上	《河北省重大行政处罚备案办法》《内蒙古自治区重大行政处罚备案监督办法》《山西省重大行政处罚决定备案办法》《吕梁市人民政府办公厅关于进一步规范重大行政处罚决定备案》《扬州市重大行政处罚备案审查办法》《辛集市人民政府关于贯彻实施河北省重大行政处罚备案办法的通知》《滨州市重大行政处罚决定备案办法（暂行）》《晋城市重大行政处罚决定备案办法》《呼和浩特市人民政府法制办公室关于加强重大行政处罚案件备案管理工作的通知》《大同市重大行政处罚决定备案审查规定》《衢州市重大行政处罚备案审查办法》《贵阳市重大行政处罚决定备案制度实施办法（试行）》《洛南县人民政府办公室关于建立重大行政处罚案件备案制度的通知》等
15日	《承德市人民政府关于印发承德市重大行政处罚备案规定的通知》《杭州市重大行政处罚决定备案审查规定》《石家庄市重大行政处罚备案规定（试行）》《万州区重大行政处罚备案暂行办法》《阳泉市人民政府法制办公室关于贯彻执行山西省重大行政处罚决定备案办法的通知》《南京市重大行政处罚备案暂行规定》等

现有法规规定的重大行政处罚罚款数额多为5万～10万元，由于目前上市公司对环境行政处罚重视不足，因此在这些法规规定的基础上选择较严格的重大行政处罚判别标准，即以10万元以上为“较大数额”罚款标准。尽管大部分规定以10日以上为行政拘留天数要求，但由于环境行政处罚通常不对责任人进行行政拘留，因此只要出现行政拘留，即认为该上市公司受到了重大环境行政处罚。

3. 总结

本报告的重大环境行政处罚判别标准如表 2-6 所示。

表 2-6　重大环境行政处罚判别标准

地区	处罚级别	判别标准
山西省	省级	①责令停产停业； ②吊销许可证或执照； ③处以 30 万元以上罚款； ④对主要责任人行政拘留 10 日以上
	市级	①责令停产停业； ②吊销许可证或执照； ③处以 20 万元以上罚款； ④对主要责任人行政拘留 10 日以上
	县级	①责令停产停业； ②吊销许可证或执照； ③处以 10 万元以上罚款； ④对主要责任人行政拘留 10 日以上
攀枝花市	市级、县级	①责令停产停业； ②吊销许可证或执照； ③处以 5 万元以上罚款
其他地区	省级、市级、县级	①在行政处罚决定书中告知听证权利； ②责令停产停业； ③吊销许可证或执照； ④处以 10 万元以上罚款； ⑤对主要责任人行政拘留

2.2.3　评分方法

本报告评估所有上市公司 2018 年临时报告和定期报告中披露的重大环境行政处罚信息，其中定期报告包括 2018 年年报与半年报。临时报告与定期报告均可通过证券交易所网站查到（部分上市公司官网也可查到）。按照上述重大行政处罚判别标准判断统计各上市公司一年内受到的重大环境行政处罚数量，并对 2018 年有受到重大环境行政处罚的上市公司的信息披露情况进行评估。

（1）若公司有受到重大行政处罚，但临时报告与定期报告都未予以披露：该项 0 分。

（2）若公司有受到重大行政处罚，且临时报告中有披露信息的情况，根据以下标准赋分：

① 若临时报告中披露了报告期内所受到的全部行政处罚信息，得 4 分；

② 若临时报告未披露全部行政处罚信息，但所披露的行政处罚信息数量占该上市公司在报告期内所受到的行政处罚总数的 70%（含）以上，得 3 分；

③ 若临时报告中所披露的行政处罚信息数量占该上市公司在报告期内所受到的行政

处罚总数的50%（含）～70%，得2分；

④ 若临时报告中所披露的行政处罚信息数量不到该上市公司在报告期内所受到的行政处罚总数的50%，得1分；

⑤ 若临时报告中披露了行政处罚信息后，定期报告中又披露了临时报告网页链接，加1分；

⑥ 若临时报告中所披露的行政处罚信息较为详细，包括具体的时间、地点、处罚内容、处罚金额及后续整改信息，可加0.5分，总分最多不超过5分。

（3）若公司有受到重大行政处罚，但临时报告未披露信息，定期报告中有披露的情况，按如下标准赋分：

① 若定期报告中披露了报告期内所受到的全部行政处罚信息，得4分；

② 若定期报告未披露全部行政处罚信息但所披露的行政处罚信息数量占该上市公司在报告期内所受到的行政处罚总数的70%以上（含），得3分；

③ 若定期报告中所披露的行政处罚信息数量占该上市公司在报告期内所受到的行政处罚总数的50%（含）～70%，得2分；

④ 若定期报告中所披露的行政处罚信息数量不到该上市公司在报告期内所受到的行政处罚总数的50%，得1分；

⑤ 若定期报告中所披露的行政处罚信息较为详细，包括具体的时间、地点、处罚内容、处罚金额及后续整改信息，可加0.5分，总分最多不超过5分；

⑥ 若定期报告中仅披露行政处罚信息索引（非上市公司临时报告索引），则在原得分基础上扣1分，最终得分最低不低于1分。

（4）若公司有受到重大行政处罚，且临时报告与定期报告都有披露，但披露数不同，按披露数量较多的一类评分。

2.2.4 数据来源

本报告评估的上市公司环境行政处罚信息来自生态环境部执法局统计数据。上市公司所披露的重大环境行政处罚信息来自上市公司年报、半年报和临时报告，报告通过上市公司自身的官方网站、证券交易所网站和其他财经网站获取。

2.3 上市公司环境信息披露综合评估报告（2018年）

基于以上本章所述上市公司定期报告环境信息披露状况跟踪评估和重大环境行政处罚信息披露评估结果，对属于重点排污监控单位的上市公司2018年的环境信息披露状况进行综合评估。上市公司环境信息披露综合评估包括定期报告环境信息披露合规性和重大环境行政处罚信息披露两部分，得分满分为100分。

（1）定期报告环境信息披露：评估上市公司年报中应披露的 12 项常规环境信息的披露情况，评分方法与 2.1 节相同，占满分的 60%。

（2）重大环境行政处罚信息披露：评估上市公司 2018 年受到各级生态环境行政主管部门重大行政处罚的信息披露情况，占满分的 40%。若某一上市公司 2018 年未受到重大环境行政处罚，则认为该上市公司此项满分；若某一上市公司 2018 年有受到重大环境行政处罚，则评分方法与 2.1 节相同。

上市公司环境信息披露综合得分计算公式如下：

上市公司环境信息披露综合得分 = 定期报告环境信息披露得分 × 5 + 重大环境行政处罚信息披露得分 × 8

2.4　上市公司环境信息披露成效评估报告（2018 年）

为分析上市公司环境信息披露是否影响上市公司的环境绩效，评估上市公司环境信息披露政策的效果，本报告引用《基于固定源环境监管数据的上市公司环境绩效评价研究报告》的结果，选取该报告所评估的上市公司中母公司属于重点排污监控单位的公司共 125 家，评估其环境信息披露综合得分是否对其环境绩效产生影响。采用以下模型对结果进行回归分析：

$$E_i = \alpha + \beta_1 S_i + \beta_2 X_i + \beta_3 Z_i + \beta_4 P_i + \beta_5 V_i + \beta_6 R_i + \delta_c + \delta_d + \varepsilon_{it}$$

式中：E_i——上市公司 i 的环境绩效总得分；

S_i——上市公司 i 的环境信息披露综合评估得分；

X_i——公司性质（央企、国企、私企）；

Z_i——上市公司上市的证券交易所（上交所、深交所）；

P_i——公司总资产，这里选择截至 2018 年 12 月 31 日的总资产，百万元；

V_i——公司的市值，这里选取 2018 年 12 月 31 日的公司市值，百万元；

R_i——公司 2018 年的营业收入，百万元；

δ_c——地区固定效应，控制到省份层面；

δ_d——行业固定效应，控制到行业门类；

ε_{it}——残差项。

第3章　上市公司定期报告环境信息披露状况跟踪评估结果

3.1　2018年评估结果

3.1.1　整体结果

本次评估的公司共299家，评估分为两部分，一部分是年报中环境信息得分，另一部分是补充了环境报告后的评估总分。补充环境报告前，上市公司年报环境信息披露的平均分为8.68分（满分12分），标准差为4.57；补充了环境报告后上市公司定期报告环境信息披露的平均分为8.73分（满分12分），标准差为4.50。未评估环境报告前，对不同得分的公司数量分别统计，结果如表3-1和图3-1所示，2018年有49家公司得分为0，即未公布《准则》[①]中所要求公布的任何环境信息，占比约为16%；有137家公司得分为满分，即完全按照《准则》要求公布所有环境信息，占比约为46%，约为0分公司数量的3倍；得分在1～9分的公司数量皆不超过20家，占比均不超过5%。得分为10分、11分的公司数量分别有18家、40家，占比分别为6.02%、13.38%。评估环境报告后，对不同得分的公司数量分别统计，结果如表3-2和图3-2所示，2018年有45家公司得分为0，占比约为15%；有137家公司得分为满分，占比约为46%，仍约为0分公司数量的3倍；得分在1～9分的公司数量皆不超过20家，占比均不超过5%。得分为10分、11分的公司数量分别有18家、40家，占比分别为6.02%、13.38%。评估环境报告后结果与评估环境报告前总体区别不大，主要是0分、5分公司减少，而得1分、2分、4分、7分、8分公司数量有所增加。

以3分（含）以下为环境信息披露严重不达标标准，10分（含）以上为公司环境信息披露的合格标准。未补充环境报告时，2018年不达标的公司占比约为35%，达标公司占比约为65%；补充环境报告后，2018年不达标的公司占比约为35%，达标公司占比约为65%。评估前后结果相同。但是严格按照证监会的要求，得分为满分的公司依然不足一半。因此，2018年环境信息披露情况整体虽较好，但仍有提升空间，相关部门应继续加强监管，落实惩罚措施，督促公司依法披露环境信息。

---

①《公开发行证券的公司信息披露内容与格式准则第2号——年度报告的内容与格式（2017年修订）》《公开发行证券的公司信息披露内容与格式准则第3号——半年度报告的内容与格式（2017年修订）》的总称，简称《准则》。

此外，从图 3-1 和图 3-2 中可以直观地看出，公司信息披露存在两极分化现象。2018 年得分为 0 和满分的公司超过了总数的一半。其中，得满分的公司数量是得分为 0 的公司数量的近 3 倍，得分为 1～7 分的公司数量近似，且数量均较少；得分从 5 分开始，随着分数的提高，公司数量逐渐增多，其中，得分为 12 分的公司数量约为得分为 11 分的公司数量的 3.4 倍。

表 3-1　定期报告环境信息披露评估整体结果（仅评估年报）

得分	公司数量/家	公司占比/%
0	49	16.39
1	4	1.34
2	3	1.00
3	7	2.34
4	3	1.00
5	5	1.67
6	5	1.67
7	6	2.01
8	8	2.68
9	14	4.68
10	18	6.02
11	40	13.38
12	137	45.82
总计	299	100.00

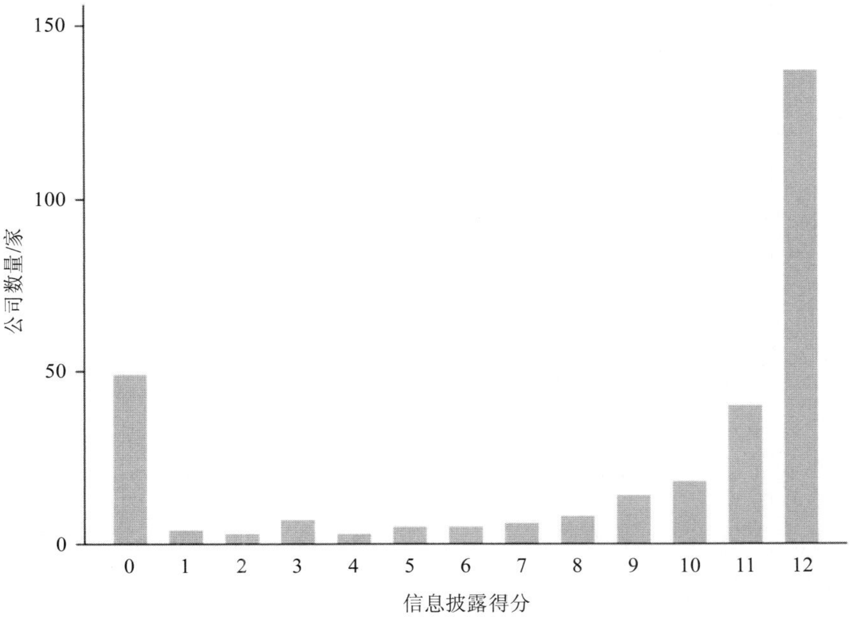

图 3-1　定期报告环境信息披露评估整体结果（仅评估年报）

表 3-2 定期报告环境信息披露评估整体结果（补充评估环境报告后）

得分	公司数量/家	公司占比/%
0	45	15.05
1	5	1.67
2	4	1.34
3	7	2.34
4	4	1.34
5	4	1.34
6	5	1.67
7	7	2.34
8	9	3.01
9	14	4.68
10	18	6.02
11	40	13.38
12	137	45.82
总计	299	100.00

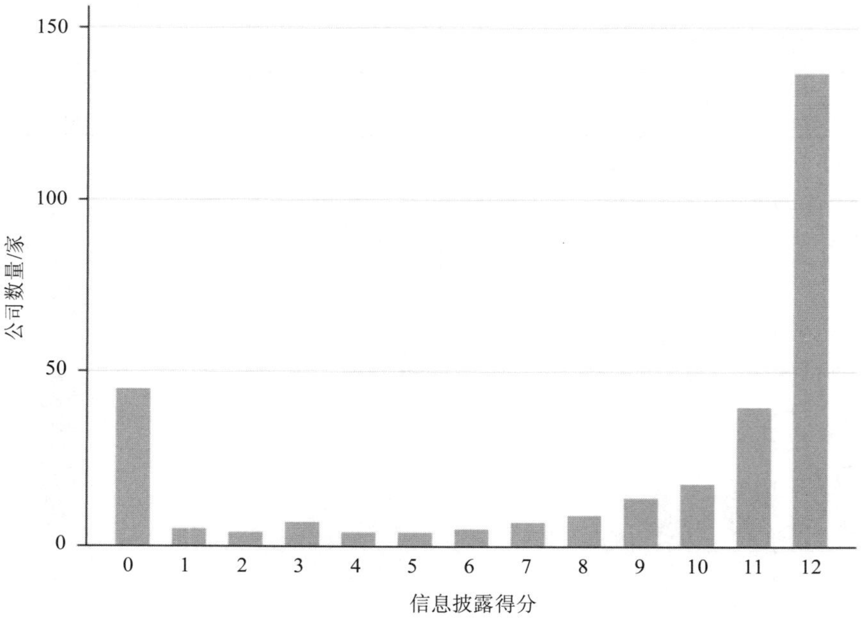

图 3-2 定期报告环境信息披露评估整体结果（补充评估环境报告后）

3.1.2 各项得分比较

根据《准则》要求，上市公司要对 12 项常规环境信息进行披露，这 12 项指标每项分值为 1 分。未补充环境报告前，各项指标披露的公司数量占比分布均在 56%～84%；有 4

项指标披露的公司数量占比低于 70%；7 项披露的公司数量占比在 70%～80%；1 项披露的公司数量占比超过 80%；补充环境报告后，整体结果没有太大变化，在排放浓度和排放总量，超标排放情况，执行的污染物排放标准，防治污染设施的建设和运行情况这 4 项指标上有略微提高，如表 3-3 和表 3-4 与图 3-3 和图 3-4 所示。

总体来说，各指标之间差距较小。从各指标具体披露情况来看，12 项指标中“防治污染设施的建设和运行情况”的披露情况最好，未补充环境报告前，有 83%的公司披露；补充了环境报告后，有 84%的公司披露。披露情况最差的指标是“核定的排放总量”，补充环境报告前后均只有 57%的公司披露。其次是“排放口分布情况”，补充环境报告前后均只有 60%的公司披露。“排放口分布情况”指标得分较低的原因，不仅部分公司未对该项指标进行任何披露描述，以及部分公司在该项指标对应的披露内容处，披露了不相关内容（如重复披露了排放口数量），并没有说明分布的位置。因此相关部门应当对该项指标披露内容提出更明确的要求。此外，从评估结果来看（补充环境报告后），“突发环境事件应急预案”和“环境自行监测方案”指标得分较高，并列第二，有 79%的公司披露此项内容，但是大部分公司只是含糊地指出有备案，很少披露具体的方案细节，以及环境自行监测方案方面很多公司仅提到有自行监测，但没有提及自行监测的具体方法、监测点位以及结果情况。因此需引起相关部门的重视，对环境信息披露内容与形式提出更明确的要求。

表 3-3　各项得分比较（仅评估年报）

披露内容	平均分	公司数量/家	公司占比%
1. 主要污染物和特征污染物名称	0.76	226	75.59
2. 排放方式	0.76	227	75.92
3. 排放口数量	0.64	190	63.55
4. 排放口分布情况	0.60	179	59.87
5. 排放浓度和排放总量	0.70	209	69.90
6. 超标排放情况	0.76	227	75.92
7. 执行的污染物排放标准	0.72	216	72.24
8. 核定的排放总量	0.57	169	56.52
9. 防治污染设施的建设和运行情况	0.83	249	83.28
10. 建设项目环境影响评价及其他环境保护行政许可情况	0.77	230	76.92
11. 突发环境事件应急预案	0.79	237	79.26
12. 环境自行监测方案	0.79	235	78.60

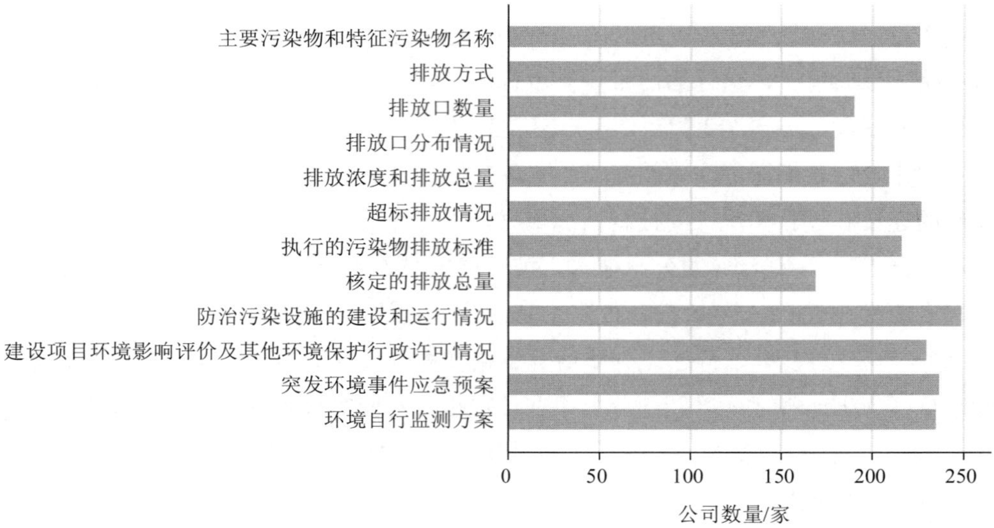

图 3-3 各项得分比较（仅评估年报）

表 3-4 定期报告环境信息披露评估整体结果（补充评估环境报告后）

披露内容	平均分	公司数量/家	公司占比%
1．主要污染物和特征污染物名称	0.76	228	76.25
2．排放方式	0.76	228	76.25
3．排放口数量	0.64	191	63.88
4．排放口分布情况	0.60	179	59.87
5．排放浓度和排放总量	0.71	211	70.57
6．超标排放情况	0.77	230	76.92
7．执行的污染物排放标准	0.73	219	73.24
8．核定的排放总量	0.57	169	56.52
9．防治污染设施的建设和运行情况	0.84	252	84.28
10. 建设项目环境影响评价及其他环境保护行政许可情况	0.77	230	76.92
11．突发环境事件应急预案	0.79	237	79.26
12．环境自行监测方案	0.79	237	79.26

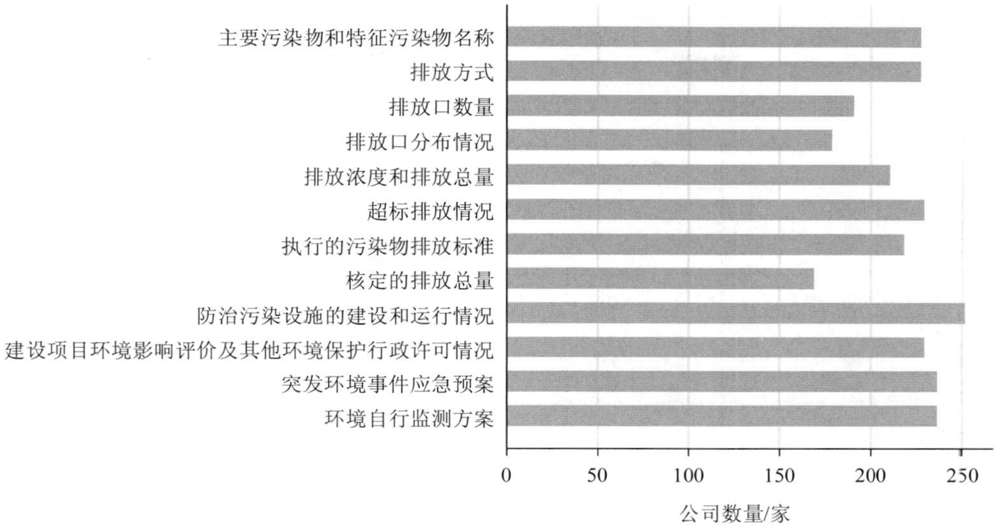

图 3-4　各项得分比较（补充评估环境报告后）

3.1.3　影响因素分析

1．地区差异

299 家上市公司的总部分布于 31 个省（区、市）。如表 3-5 所示，有 19 个省（区、市）所设上市公司总部数量少于 10 家；10 个省（区、市）所设上市公司总部数量为 10（含）～30（含）家；1 个省（区、市）所设上市公司总部数量为 30（不含）～50 家。1 个省（区、市）所设上市公司总部数量超过 50 家。从各省份统计结果分别来看，总部设在浙江的公司数量最多，达 54 家，其次是江苏、山东和广东，分别设有 36 家、30 家、24 家。总部设在甘肃、内蒙古、青海、新疆、云南这 5 个省区的公司数量仅为 1 家。分东（辽宁、北京、天津、河北、山东、江苏、上海、浙江、福建、广东、广西、海南）、中（山西、内蒙古、吉林、黑龙江、安徽、江西、河南、湖北、湖南）、西（陕西、甘肃、青海、宁夏、新疆、四川、重庆、云南、贵州、西藏）部来看①，东部公司数量最多，共有 200 家公司；中部其次，分布有 62 家公司；西部公司数量最少，仅 37 家。

未补充评估环境报告前，有 19 个省（区、市）得分超过全国平均分 8.68 分，12 个省（区、市）得分低于全国平均分。有 1 个市均分低于 6 分，有 18 个省（区、市）均分为 6～10 分，有 12 个省（区、市）均分在 10 分以上。补充评估环境报告后，有 19 个省（区、市）得分超过评估后全国平均分 8.73 分，12 个省（区、市）得分低于全国平均分。有 1

① 分类方法参考自《中国卫生统计年鉴》。

表 3-5 各省（区、市）环境信息披露情况汇总表

省（区、市）	数量	占比/%	年报披露均分	年报及环境报告披露均分
上海	11	3.68	7.73	7.82
云南	1	0.33	12.00	12.00
内蒙古	1	0.33	12.00	12.00
北京	5	1.67	4.60	4.60
吉林	2	0.67	11.00	11.00
四川	11	3.68	8.09	8.09
天津	4	1.34	8.50	8.50
宁夏	5	1.67	9.40	9.40
安徽	15	5.02	9.00	9.13
山东	30	10.03	8.90	8.90
山西	4	1.34	11.50	11.50
广东	24	8.03	8.67	8.67
广西	3	1.00	10.33	10.33
新疆	1	0.33	12.00	12.00
江苏	36	12.04	6.83	6.83
江西	11	3.68	10.73	10.73
河北	10	3.34	9.20	9.20
河南	10	3.34	7.80	7.80
浙江	54	18.06	8.81	8.94
海南	2	0.67	11.00	11.00
湖北	9	3.01	10.44	10.44
湖南	6	2.01	9.83	9.83
甘肃	1	0.33	12.00	12.00
福建	11	3.68	9.55	9.55
西藏	2	0.67	6.50	6.50
贵州	6	2.01	11.67	11.67
辽宁	10	3.34	8.40	8.40
重庆	5	1.67	8.00	8.60
陕西	4	1.34	6.00	7.00
青海	1	0.33	12.00	12.00
黑龙江	4	1.34	6.50	6.50

个市均分低于 6 分，有 18 个省（区、市）均分为 6～10 分，有 12 个省（区、市）均分在 10 分以上，与仅评估年报情况相同。从各省（区、市）得分情况看，甘肃、内蒙古、青海、新疆、云南这 5 个省（区）平均分最高，均为满分；其次依次是贵州、山西、海

南、吉林均分都在 11 分（含）以上；北京的披露情况较差，均分低于 5。在被评估的上市公司数量超过 20 家的 4 个省（区、市）中，广东和江苏的平均分都低于全国信息披露平均水平。补充评估环境报告后，上海、安徽、浙江、重庆、陕西 5 个省（市）均分提高了。从各省（区、市）信息披露得分分布情况来看，补充环境报告后，得分为 4～9 分的公司数量有所增加，得分为 0～3 分的公司数量有所减少，得分为 10～12 分的公司数量无变化。

总体来看（图 3-5），有 27 个省（区、市）信息披露达标的公司占比超过 50%。其中甘肃、贵州、海南、吉林、内蒙古、青海、山西、新疆、云南整体得分较高，得分均为 10～12 分；上海、黑龙江、西藏、北京 4 个省（区、市）整体披露情况较差，北京、上海得分为 0～9 分的公司占比超过 60%，西藏的公司的得分全部集中在 4～9 分。相关部门应该加强对浙江、上海、江苏、天津、北京等上市公司数量密集且披露信息水平较低的省（区、市）的监管并提高要求。

从满分公司的分布来看，补充评估环境报告前后结果相同，有 4 个省（区、市）的满分公司数量大于 10 家，其中浙江满分公司最多，达 23 家；有 24 个省（区、市）的满分公司数量为 1～9 家；只有 3 个省（区、市）没有满分公司，分别是黑龙江、吉林和西藏。

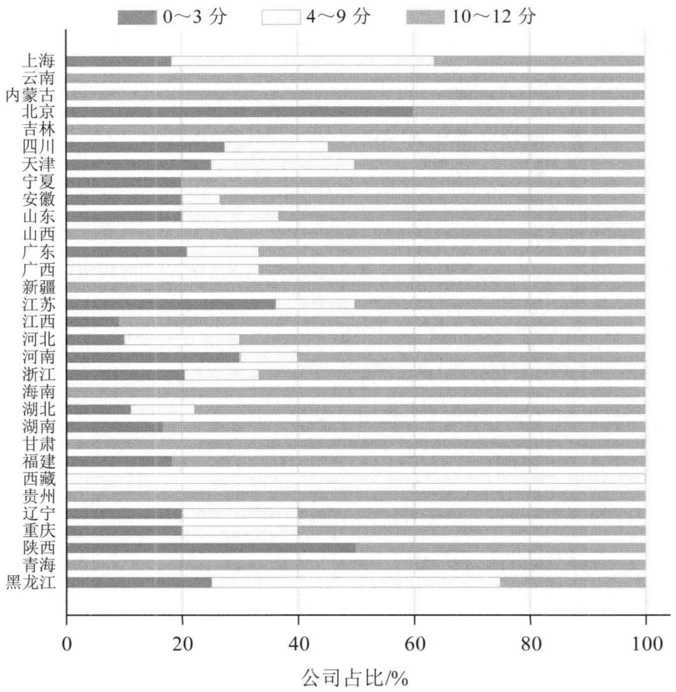

图 3-5　各省（区、市）定期报告环境信息披露得分分布（仅评估年报）

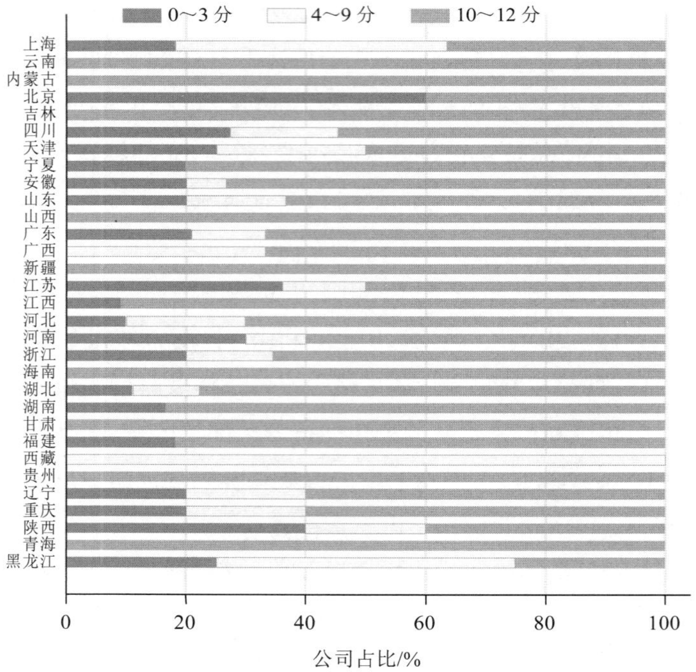

图3-6 各省（区、市）定期报告环境信息披露得分分布（补充评估环境报告后）

不同地区的定期报告环境信息披露得分显示，未评估环境报告前，2018年东部地区公司年平均得分为8.37分，低于全国平均得分（8.68分）；中、西部地区公司平均得分分别为9.52分和8.95分，均高于全国平均得分。评估环境报告后，2018年东部地区公司年平均得分为8.41分，低于全国平均得分（8.73分），中、西部地区公司平均得分分别为9.55分和9.14分，均高于全国平均得分。

从各地区不同得分的公司分布来看，未评估环境报告前（表3-6和图3-7），在得0分的公司中，东、中、西部分别有39家、5家、5家，分别占得0分的公司总数的79.6%、10.2%、10.2%；得分为12分的公司中，东、中、西部分别有85家、31家和21家，分别占得12分的公司总数的62.0%、22.6%和15.3%。从图3-7中可以看到，东部地区得分为"0～3分"占比较中部和西部更大，三个地区"10～12分"的公司数量占该地区公司总数的比例相近，均在61%～68%，这与东部公司数量远高于其他两个地区有关。中部地区"4～9分"占比最小，相同的是三个地区均是"10～12分"这个区间占比较大；补充评估环境报告后（表3-7和图3-8），与报告前总体区别不大，东部、中部、西部的0分公司数量都有所减少，东部和西部"4～9分"占比增加，对"10～12分"占比无影响。

总体来看，2018年东部、中部、西部地区高分公司占比皆比较多，中部地区评分情况比较好，东部地区评分情况比较差，相关部门既要督促东部众多不达标公司按要求进行环境信息披露，也要重视西部地区环境信息披露情况。

表 3-6　各地区环境信息披露情况汇总（仅评估年报）　单位：家

得分	东部	中部	西部	全国
0	39	5	5	49
1	1	1	2	4
2	2	1	0	3
3	4	3	0	7
4	2	1	0	3
5	2	1	2	5
6	5	0	0	5
7	6	0	0	6
8	5	2	1	8
9	11	1	2	14
10	11	4	3	18
11	27	12	1	40
12	85	31	21	137
平均分	8.37	9.52	8.95	8.68

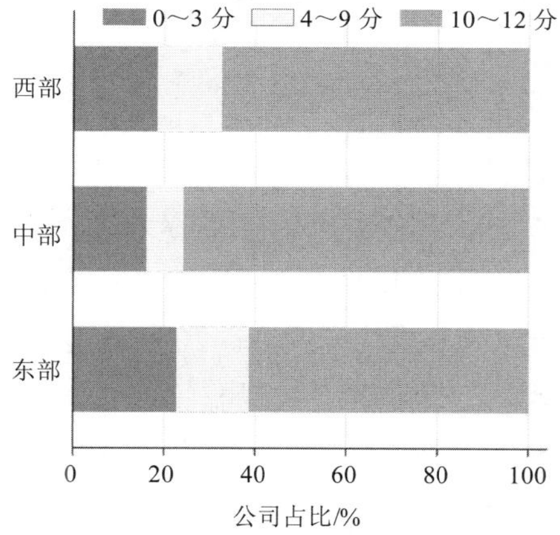

图 3-7　各地区定期报告环境信息披露得分分布（仅评估年报）

表 3-7　各地区环境信息披露情况汇总（补充评估环境报告后）　单位：家

得分	东部	中部	西部	全国
0	37	4	4	45
1	2	1	2	5
2	2	2	0	4
3	4	3	0	7
4	2	1	1	4
5	2	1	1	4
6	5	0	0	5
7	7	0	0	7
8	5	2	2	9
9	11	1	2	14
10	11	4	3	18
11	27	12	1	40
12	85	31	21	137
平均分	8.41	9.55	9.14	8.73

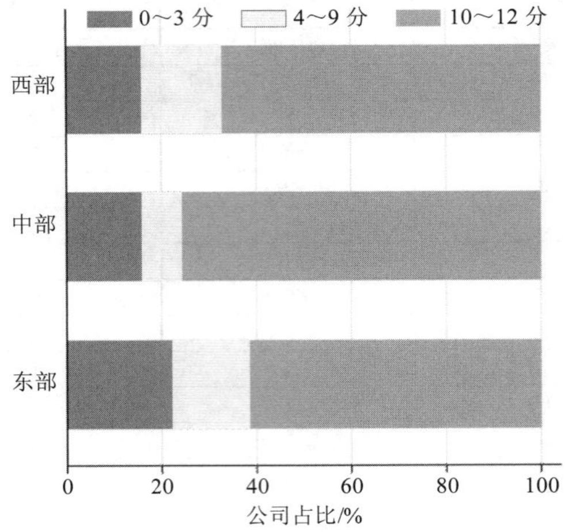

图 3-8 各地区定期报告环境信息披露得分分布（补充评估环境报告后）

2. 行业差异

根据证监会的行业分类标准《上市公司行业分类指引》（2012 年修订），299 家上市公司行业分类分布在 10 个行业门类，其中 91%（299 家）的公司均属于制造业门类。从得分情况来看，由表 3-8 可知，补充环境报告前后评估结果除了制造业分数有所升高，平均分从 8.69 分变为 8.75 分，其余均分结果均未改变。2018 年度信息传输、软件和信息技术服务业，农、林、牧、渔业，水利、环境和公共设施管理业，综合 4 类行业的环境信息披露情况最优，均为满分；而批发和零售业与交通运输、仓储和邮政业的环境信息披露情况最差，均在 7 分以下，尤其是批发和零售业，不仅只有一家公司，分数还仅为 3 分。

表 3-8 各行业门类定期报告环境信息披露均分

行业	公司数量/家	年报信息披露均分	年报及环境报告披露均分
交通运输、仓储和邮政业	9	6.11	6.11
信息传输、软件和信息技术服务业	1	12.00	12.00
农、林、牧、渔业	1	12.00	12.00
制造业	272	8.69	8.75
建筑业	1	11.00	11.00
水利、环境和公共设施管理业	1	12.00	12.00
电力、热力、燃气及水生产和供应业	6	9.33	9.33
采矿业	6	9.67	9.67
综合	1	12.00	12.00
批发和零售业	1	3.00	3.00
总计	299	8.68	8.68

从各行业门类的得分分布情况来看，评估环境报告前后，除了制造业有部分影响，对其他行业没有影响。如表 3-9 和表 3-10 与图 3-9 和图 3-10 所示，信息传输、软件和信息技术服务业，农、林、牧、渔业，制造业，建筑业，水利、环境和公共设施管理业，电力、热力、燃气及水生产和供应业，采矿业和综合 8 个门类均有 50%及以上的公司达到了最高分数段水平（10 分及以上），除了建筑业的环境信息披露最高分为 11 分，上述其他企业均达到了满分 12 分，交通运输、仓储和邮政业与批发和零售业评分较差，高分数段水平不足 50%，其中批发和零售业评分均在 0～3 分的低分数段。

表 3-9　各行业门类定期报告环境信息披露高、低分汇总（仅评估年报）

行业	0～3 分		10～12 分		最高分
	公司数量/家	占比/%	公司数量/家	占比/%	
交通运输、仓储和邮政业	3	33.33	3	33.33	12
信息传输、软件和信息技术服务业	0	0.00	1	100.0	12
农、林、牧、渔业	0	0.00	1	100.0	12
制造业	58	21.32	179	65.81	12
建筑业	0	0.00	1	100.0	11
水利、环境和公共设施管理业	0	0.00	1	100.0	12
电力、热力、燃气及水生产和供应业	1	16.67	4	66.67	12
批发和零售业	1	100.00	0	0.00	3
采矿业	0	0.00	4	66.67	12
综合	0	0.00	1	100.0	12

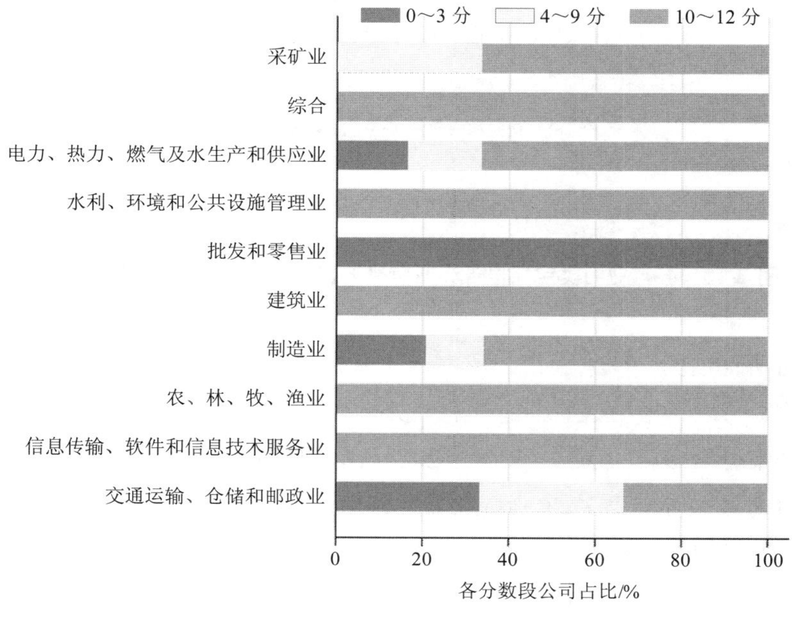

图 3-9　各行业门类定期报告环境信息披露得分分布（仅评估年报）

表 3-10 各行业门类定期报告环境信息披露高、低分汇总（补充评估环境报告后）

行业	0～3 分		10～12 分		最高分
	公司数量/家	占比/%	公司数量/家	占比/%	
交通运输、仓储和邮政业	3	33.33	3	33.33	12
信息传输、软件和信息技术服务业	0	0.00	1	100.0	12
农、林、牧、渔业	0	0.00	1	100.0	12
制造业	56	20.59	179	65.81	12
建筑业	0	0.00	1	100.0	11
水利、环境和公共设施管理业	0	0.00	1	100.0	12
电力、热力、燃气及水生产和供应业	1	16.67	4	66.67	12
批发和零售业	1	100.00	0	0.00	3
采矿业	0	0.00	4	66.67	12
综合	0	0.00	1	100.0	12

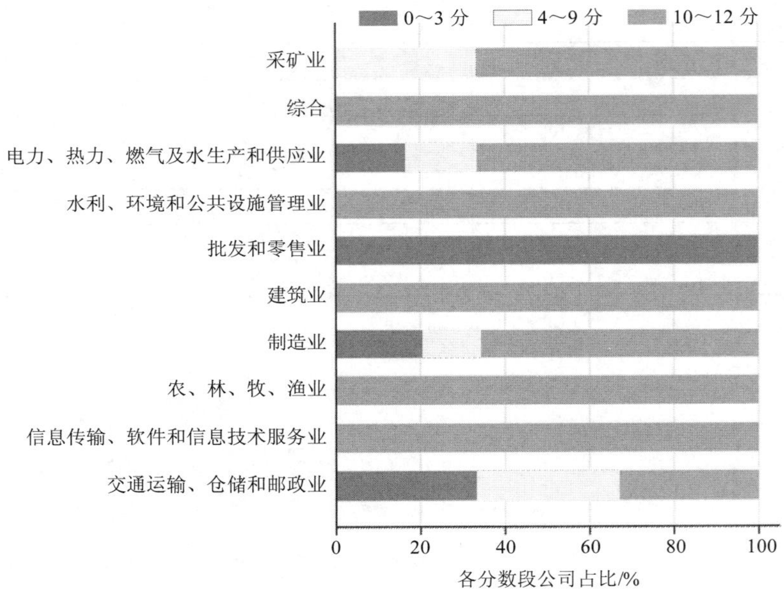

图 3-10 各行业门类定期报告环境信息披露得分分布（补充评估环境报告后）

本报告所评估的299家上市公司中绝大部分都属于制造业，因此可将制造业上市公司做进一步细分。以下根据证监会的行业分类标准《上市公司行业分类指引》（2012年修订）可将制造业细分至多种大类进行分析。2018年，属于制造业的上市公司环境信息披露平均得分为8.69分，共分布于27个制造业大类。补充评估环境报告前，纺织服装、服饰业，其他制造业，木材加工及木、竹、藤、棕、草制品业，皮革、毛皮、羽毛及其制品和制鞋业，造纸及纸制品业，黑色金属冶炼及压延加工业，酒、饮料和精制茶制造业，化学纤维制造业，有色金属冶炼及压延加工业，纺织业，石油加工、炼焦及核燃料加工业这11个大类环境信息披露状况表现良好，平均分都高于 10 分；其中，纺织服装、服饰业和其他制造业信息披露平均分均达到了满分 12 分。而农副食品加工业，通用设备制造业，家具制造业和废弃资源综合利用业这 4 个大类的平均分都低于 7 分，其中废弃资源综合利用业的一家公司得分为 0 分。补充了环境报告后，仅电气机械及器材制造业，黑色金属冶炼及压延加工业，计算机、通信和其他电子设备制造业，有色金属冶炼及压延加工业这 4 个大类披露平均分有所提高，其中黑色金属冶炼及压延加工业补评环境报告前后分数提高最多，提高了 0.38 分，如表 3-11 所示。

表 3-11　制造业大类定期报告环境信息披露均分

制造业分类	公司数量/家	年报信息披露均分	年报及环境报告披露均分
电气机械及器材制造业	14	7.86	8.14
纺织服装、服饰业	1	12	12
纺织业	10	10.6	10.6
非金属矿物制品业	10	7.1	7.1
废弃资源综合利用业	1	0	0
黑色金属冶炼及压延加工业	8	10.5	10.88
化学纤维制造业	6	10.83	10.83
化学原料及化学制品制造业	49	9.76	9.78
计算机、通信和其他电子设备制造业	27	7.19	7.44
家具制造业	2	3	3
金属制品业	14	7	7
酒、饮料和精制茶制造业	13	10.85	10.85
木材加工及木、竹、藤、棕、草制品业	1	11	11
农副食品加工业	5	5.4	5.4
皮革、毛皮、羽毛及其制品和制鞋业	1	11	11
其他制造业	1	12	12
汽车制造业	14	9.07	9.07
石油加工、炼焦及核燃料加工业	2	10	10
食品制造业	4	8	8
铁路、船舶、航空航天和其他运输设备制造业	3	7.33	7.33
通用设备制造业	14	5.14	5.14
橡胶和塑料制品业	6	8.5	8.5
医药制造业	34	9.5	9.5
仪器仪表制造业	3	7.67	7.67
有色金属冶炼及压延加工业	10	10.5	10.7
造纸及纸制品业	5	11	11
专用设备制造业	14	7.64	7.64

由表 3-12 和表 3-13 与图 3-11 和图 3-12 可知，从得分分布情况来看，补充评估环境报告前后区别不大，绝大部分制造业大类中得分在 10～12 分的上市公司比例较高，尤其在纺织服装、服饰业，木材加工及木、竹、藤、棕、草制品业，皮革、毛皮、羽毛及其制品

和制鞋业，其他制造业这 4 个大类中，得分为 10～12 分的上市公司比例为 100%。而废弃资源综合利用业，家具制造业和通用设备制造业 3 个大类，0～3 分的上市公司占比较高，导致其平均得分较低。其中废弃资源综合利用业 0～3 分的上市公司占比 100%。补充评估环境报告后，有 3 个大类的得分分布发生了变化，电气机械及器材制造业和计算机、通信和其他电子设备制造业 0～3 分公司占比减少，相应的 4～9 分公司占比增多，纺织业 4～9 分公司占比减少，相应的 10～12 分公司占比增多。

表 3-12　制造业大类定期报告环境信息披露得分分布（仅评估年报）

制造业大类	0～3 分		4～9 分		10～12 分	
	公司数量/家	占比/%	公司数量/家	占比/%	公司数量/家	占比/%
电气机械及器材制造业	4	28.57	2	14.29	8	57.14
纺织服装、服饰业	0	0.00	0	0.00	1	100.0
纺织业	0	0.00	3	30.00	7	70.00
非金属矿物制品业	4	40.00	0	0.00	6	60.00
废弃资源综合利用业	1	100.00	0	0.00	0	0.00
黑色金属冶炼及压延加工业	0	0.00	2	25.00	6	75.00
化学纤维制造业	0	0.00	2	33.33	4	66.67
化学原料及化学制品制造业	8	16.33	3	6.12	38	77.55
计算机、通信和其他电子设备制造业	10	37.04	2	7.41	15	55.56
家具制造业	1	50.00	1	50.00	0	0.00
金属制品业	4	28.57	3	21.43	7	50.00
酒、饮料和精制茶制造业	0	0.00	2	15.38	11	84.62
木材加工及木、竹、藤、棕、草制品业	0	0.00	0	0.00	1	100.00
农副食品加工业	3	60.00	0	0.00	2	40.00
皮革、毛皮、羽毛及其制品和制鞋业	0	0.00	0	0.00	1	100.00
其他制造业	0	0.00	0	0.00	1	100.00
汽车制造业	2	14.29	3	21.43	9	64.29
石油加工、炼焦及核燃料加工业	0	0.00	1	50.00	1	50.00
食品制造业	1	25.00	0	0.00	3	75.00
铁路、船舶、航空航天和其他运输设备制造业	1	33.33	0	0.00	2	66.67
通用设备制造业	7	50.00	2	14.29	5	35.71
橡胶和塑料制品业	1	16.67	2	33.33	3	50.00
医药制造业	5	14.71	4	11.76	25	73.53
仪器仪表制造业	1	33.33	0	0.00	2	66.67
有色金属冶炼及压延加工业	1	10.00	0	0.00	9	90.00
造纸及纸制品业	0	0.00	1	20.00	4	80.00
专用设备制造业	4	28.57	3	21.43	7	50.00

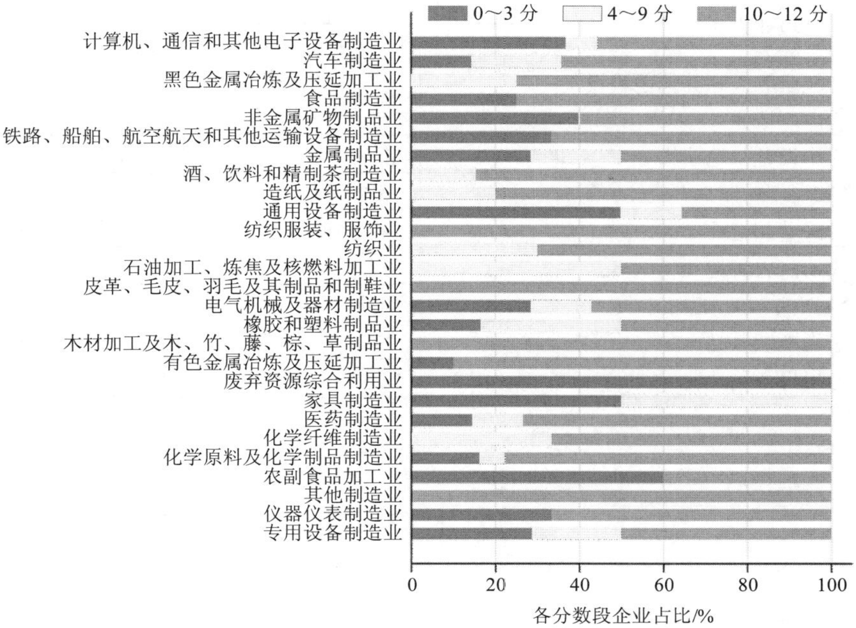

图 3-11　制造业大类定期报告环境信息披露得分分布（仅评估年报）

表 3-13　制造业大类定期报告环境信息披露得分分布（补充评估环境报告后）

制造业大类	0～3 分		4～9 分		10～12 分	
	公司数量/家	占比/%	公司数量/家	占比/%	公司数量/家	占比/%
电气机械及器材制造业	3	21.43	3	21.43	8	57.14
纺织服装、服饰业	0	0.00	0	0.00	1	100.0
纺织业	0	0.00	2	20.00	8	80.00
非金属矿物制品业	4	40.00	0	0.00	6	60.00
废弃资源综合利用业	1	100.00	0	0.00	0	0.00
黑色金属冶炼及压延加工业	0	0.00	2	25.00	6	75.00
化学纤维制造业	0	0.00	2	33.33	4	66.67
化学原料及化学制品制造业	8	16.33	3	6.12	38	77.55
计算机、通信和其他电子设备制造业	9	33.33	3	11.11	15	55.56
家具制造业	1	50.00	1	50.00	0	0.00
金属制品业	4	28.57	3	21.43	7	50.00
酒、饮料和精制茶制造业	0	0.00	2	15.38	11	84.62
木材加工及木、竹、藤、棕、草制品业	0	0.00	0	0.00	1	100.00
农副食品加工业	3	60.00	0	0.00	2	40.00
皮革、毛皮、羽毛及其制品和制鞋业	0	0.00	0	0.00	1	100.00
其他制造业	0	0.00	0	0.00	1	100.00
汽车制造业	2	14.29	3	21.43	9	64.29
石油加工、炼焦及核燃料加工业	0	0.00	1	50.00	1	50.00
食品制造业	1	25.00	0	0.00	3	75.00

制造业大类	0～3 分		4～9 分		10～12 分	
	公司数量/家	占比/%	公司数量/家	占比/%	公司数量/家	占比/%
铁路、船舶、航空航天和其他运输设备制造业	1	33.33	0	0.00	2	66.67
通用设备制造业	7	50.00	2	14.29	5	35.71
橡胶和塑料制品业	1	16.67	2	33.33	3	50.00
医药制造业	5	14.71	4	11.76	25	73.53
仪器仪表制造业	1	33.33	0	0.00	2	66.67
有色金属冶炼及压延加工业	1	10.00	0	0.00	9	90.00
造纸及纸制品业	0	0.00	1	20.00	4	80.00
专用设备制造业	4	28.57	3	21.43	7	50.00

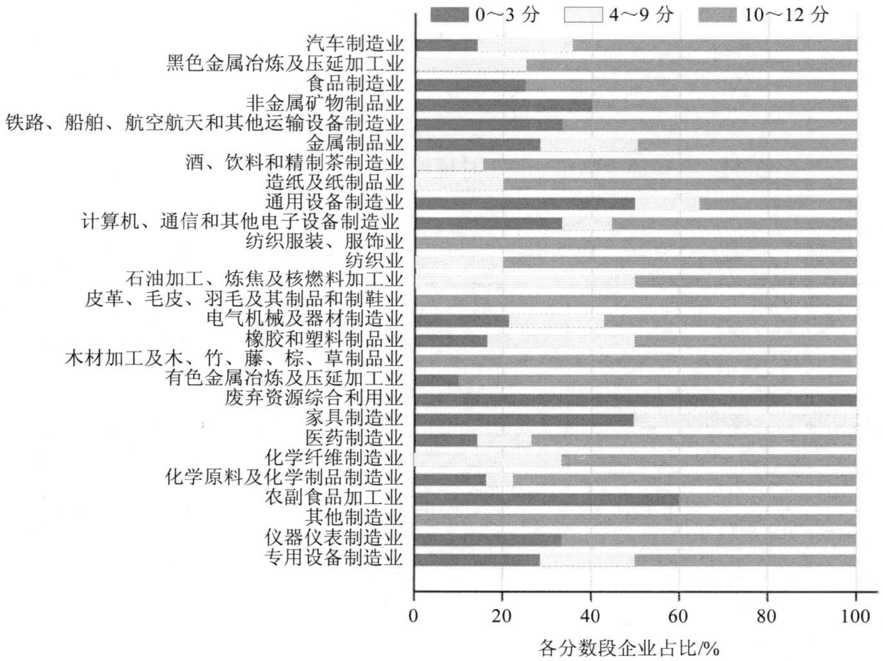

图 3-12 制造业大类定期报告环境信息披露得分分布（补充评估环境报告）

3. 公司性质

本次评估中，共有国有企业 84 家，私有企业 215 家。评估环境报告前后平均分差距不大。未评估环境报告前（图 3-13），国企的平均分为 9.38 分，私企的平均分为 8.40 分。评估环境报告后（图 3-14），国企的平均分为 9.44 分，私企平均分从 8.40 分变为 8.45 分，均有所上涨。

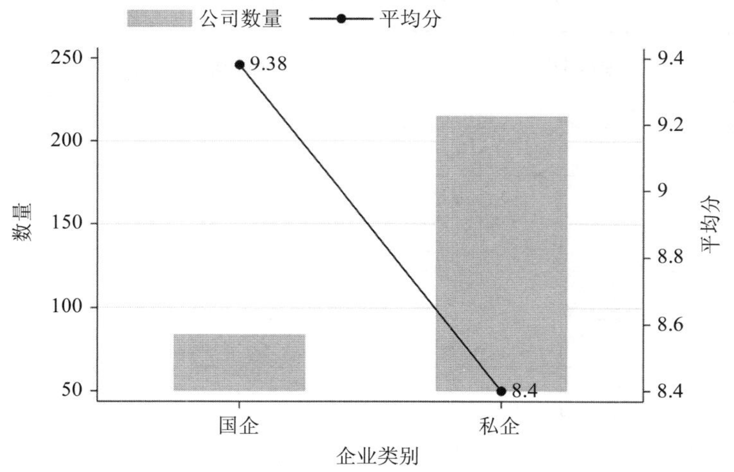

图 3-13　不同性质公司定期报告环境信息披露均分及公司数量（仅评估年报）

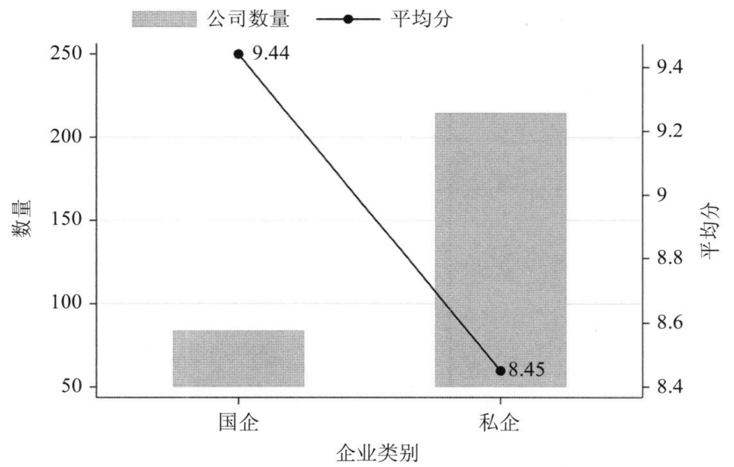

图 3-14　不同性质公司定期报告环境信息披露均分及公司数量（补充评估环境报告后）

从公司的得分分布情况来看，补充评估环境报告前后区别不大，未评估环境报告前（表 3-14、图 3-15），国企和私企的高分数段（10～12 分）公司数量占比均超过 50%，国企的高分数段要略高于私企。不过私企的低分数段（0～3 分）公司数量较多，尤其是 0 分公司数量。补充评估环境报告后（表 3-15、图 3-16），对国企几乎没有影响，除了减少了一家 0 分公司，其他不变；对于私企，0 分公司减少了 3 家，其他影响不大，对高分数段评分情况均无影响。

表 3-14 不同性质公司定期报告环境信息披露得分分布（仅评估年报）

分数	国企		私企	
	公司数量/家	占比/%	公司数量/家	占比/%
0	8	9.52	41	19.07
1	0	0.00	4	1.86
2	0	0.00	3	1.40
3	3	3.57	4	1.86
4	1	1.19	2	0.93
5	2	2.38	3	1.40
6	2	2.38	3	1.40
7	2	2.38	4	1.86
8	4	4.76	4	1.86
9	5	5.95	9	4.19
10	5	5.95	13	6.05
11	12	14.29	28	13.02
12	40	47.62	97	45.12
总计	84	100.00	215	100.00

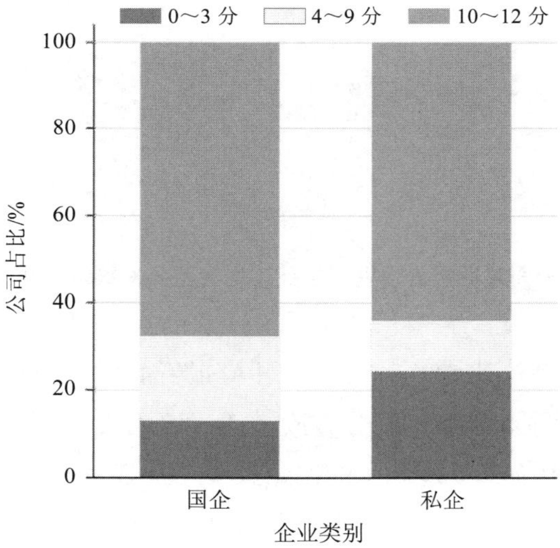

图 3-15 不同性质公司定期报告环境信息披露得分分布（仅评估年报）

表 3-15　不同性质公司定期报告环境信息披露得分分布（补充评估环境报告后）

分数	国企		私企	
	公司数量/家	占比/%	公司数量/家	占比/%
0	7	8.33	38	17.67
1	0	0.00	5	2.33
2	0	0.00	4	1.86
3	3	3.57	4	1.86
4	2	2.38	2	0.93
5	2	2.38	2	0.93
6	1	2.38	4	1.86
7	3	2.38	4	1.86
8	4	4.76	5	2.33
9	5	5.95	9	4.19
10	5	5.95	13	6.05
11	12	14.29	28	13.02
12	40	47.62	97	45.12
总计	84	100.00	215	100.00

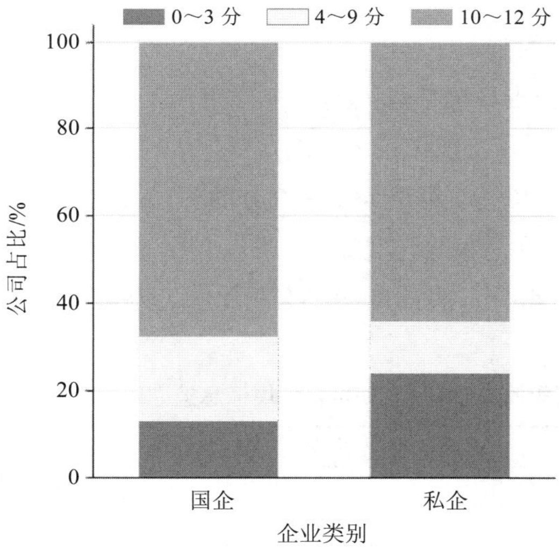

图 3-16　不同性质公司定期报告环境信息披露得分分布（补充评估环境报告后）

4．所在证券交易所

本次评估的公司中有 132 家在上海证券交易所上市，167 家在深圳证券交易所上市。总体来看，深交所上市公司的环境信息披露状况优于上交所的。从平均得分来看，深交所上市公司的环境信息披露平均分为 8.99 分，而上交所的为 8.27 分（图 3-17）。

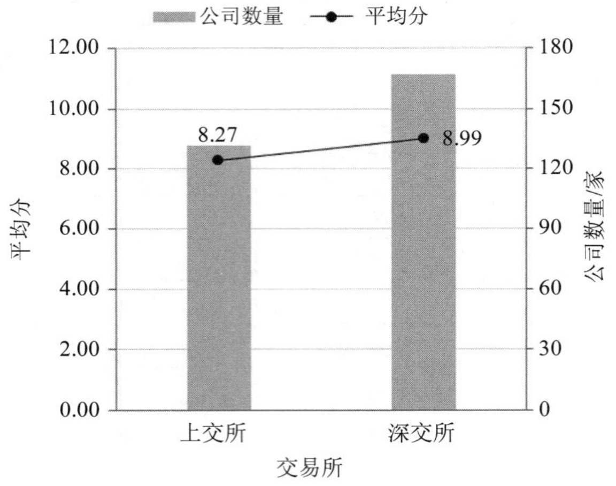

图 3-17　不同证券交易所定期报告环境信息披露均分及公司数量（仅评估年报）

在补充评估环境报告前，从得分分布情况来看，高分数段中，深交所有超过73%的上市公司得分为10分及以上，其中得满分的有100家，占比超过59%；而上交所得分为10～12分的公司比例约为55%，得满分的有37家，占比约为28%。低分数段中，深交所有超过23%的公司得分为0～3分，其中0分公司有31家；而上交所得分为0～3分的公司约占18%，共18家得0分的公司。

根据沪深两市定期报告环境信息披露得分分布（仅评估年报，如表3-16与图3-18和图3-19所示）可以看出，深交所上市公司的定期报告环境信息披露得分两极分化明显，超过七成的公司得分为11～12分，得分为1～10分的公司占比均不足3%。上交所的定期报告环境信息披露得分同样存在两极分化现象，但较深交所的分布更平缓一些。上交所大部分上市公司得分为9～12分，得分为11～12分的公司比例仅为42.42%，比深交所的占比小很多。

表 3-16　不同证券交易所定期报告环境信息披露得分分布（仅评估年报）

分数	上海证券交易所		深圳证券交易所	
	公司数量/家	占比/%	公司数量/家	占比/%
0	18	13.64	31	18.56
1	1	0.76	3	1.80
2	2	1.52	1	0.60
3	3	2.27	4	2.40
4	3	2.27	0	0.00
5	4	3.03	1	0.60
6	5	3.79	0	0.00
7	4	3.03	2	1.20
8	6	4.55	2	1.20

分数	上海证券交易所		深圳证券交易所	
	公司数量/家	占比/%	公司数量/家	占比/%
9	13	9.85	1	0.60
10	17	12.88	1	0.60
11	19	14.39	21	12.57
12	37	28.03	100	59.88
总计	132	100.00	167	100.00

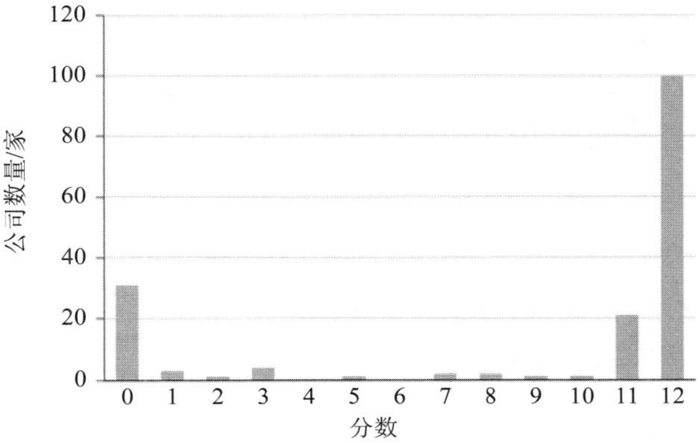

图 3-18　深交所定期报告环境信息披露得分分布（仅评估年报）

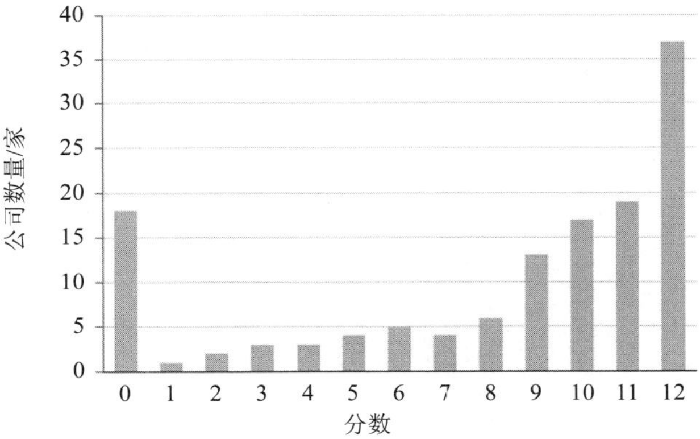

图 3-19　上交所定期报告环境信息披露得分分布（仅评估年报）

如表 3-17 与图 3-20 和图 3-21 所示，在补充社会责任报告、环境报告书等报告的披露信息后，深交所的环境信息披露平均分没有发生变化，仍为 8.99 分。上交所上市公司的环境信息披露平均分上升了 0.13 分，达 8.40 分，主要是由于 4 家原在年度报告中得 0 分的公司在其社会责任报告、环境报告书等对环境信息均有所披露。

表3-17 不同证券交易所定期报告环境信息披露得分分布（补充评估环境报告后）

分数	上海证券交易所		深圳证券交易所	
	公司数量/家	占比/%	公司数量/家	占比/%
0	14	10.61	31	18.56
1	2	1.52	3	1.80
2	3	2.27	1	0.60
3	3	2.27	4	2.40
4	4	3.03	0	0.00
5	3	2.27	1	0.60
6	5	3.79	0	0.00
7	5	3.79	2	1.20
8	7	5.30	2	1.20
9	13	9.85	1	0.60
10	17	12.88	1	0.60
11	19	14.39	21	12.57
12	37	28.03	100	59.88
总计	132	100.00	167	100.00

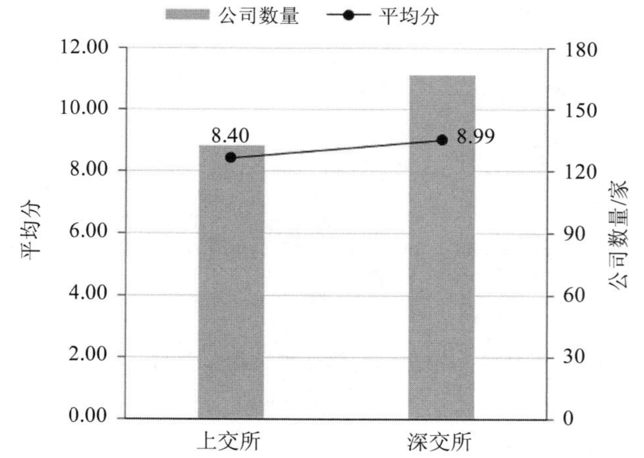

图3-20 不同证券交易所定期报告环境信息披露均分及公司数量（补充评估环境报告后）

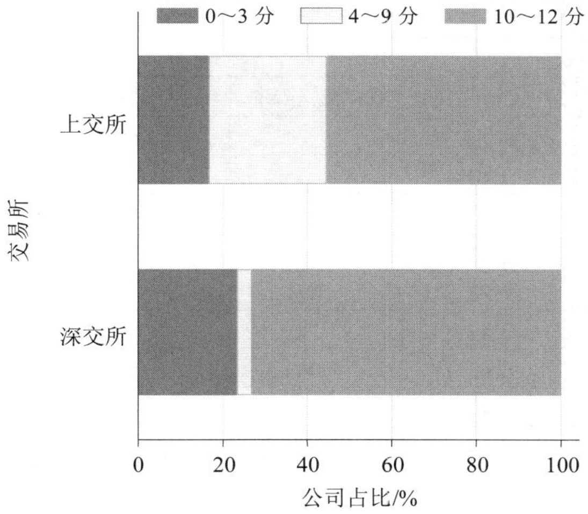

图 3-21 不同证券交易所定期报告环境信息披露得分分布（补充评估环境报告后）

综上所述，深交所上市公司的环境信息披露平均分较高，且得分分布集中在高分数段，但两极分化明显；而上交所上市公司的环境信息披露平均分较低，且各分数段的公司分布较为均衡，整体披露情况参差不齐。这表明深交所上市公司对《准则》的执行更好，可能是由于深交所的环境信息披露监管较上交所更为严格。此外，上交所个别公司未按规定在年报中对其环境信息进行披露，而是披露于其社会责任报告或环境报告书中。政府应督促上交所完善其监督管理机制，监督公司按规定披露环境信息。

5. 所在上市板块

对不同上市板块的公司的年度报告环境信息披露情况得分进行分类分析。本报告所评估的 299 家上市公司中，有 165 家为主板上市公司，其均分为 8.55 分；86 家公司在中小企业板上市，均分为 9.15 分；创业板上市公司仅 48 家，均分为 8.25 分。具体的得分分布如表 3-18 所示。从低分公司数量和占比来看，主板上市公司中 0 分公司占比最低，且得分为 0～3 分的公司占比也为最低，为 18.18%；中小企业板上市的 0 分公司 16 家，占比 18.60%，没有得分为 1～2 分的上市公司；创业板上市的 0 分公司 13 家，得分为 0～3 分的公司占比为 31.25%。从高分分布来看，中小企业板得分为满分公司占比和得分为 10～12 分的公司占比都很高，满分公司占比为 61.63%，10～12 分公司占比为 73.26%；其次为创业板，满分公司占比为 60.42%，10～12 分公司占比为 68.75%。主板上市公司的满分和高分公司占比最小，满分公司占比仅 33.33%，10～12 分公司占比为 60.00%。无论从均分还是得分分布来看，中小企业板上市公司的定期报告环境信息披露情况都最好，其次为创业板，主板上市公司的定期报告环境信息披露情况最差。

表 3-18 不同上市板块定期报告环境信息披露得分分布（仅评估年报）

分数	主板		中小企业板		创业板	
	公司数量/家	占比/%	公司数量/家	占比/%	公司数量/家	占比/%
0	20	12.12	16	18.60	13	27.08
1	4	2.42	0	0.00	0	0.00
2	2	1.21	0	0.00	1	2.08
3	4	2.42	2	2.33	1	2.08
4	3	1.82	0	0.00	0	0.00
5	4	2.42	1	1.16	0	0.00
6	5	3.03	0	0.00	0	0.00
7	4	2.42	2	2.33	0	0.00
8	6	3.64	2	2.33	0	0.00
9	14	8.48	0	0.00	0	0.00
10	17	10.30	0	0.00	1	2.08
11	27	16.36	10	11.63	3	6.25
12	55	33.33	53	61.63	29	60.42
总计	165	100.00	86	100.00	48	100.00

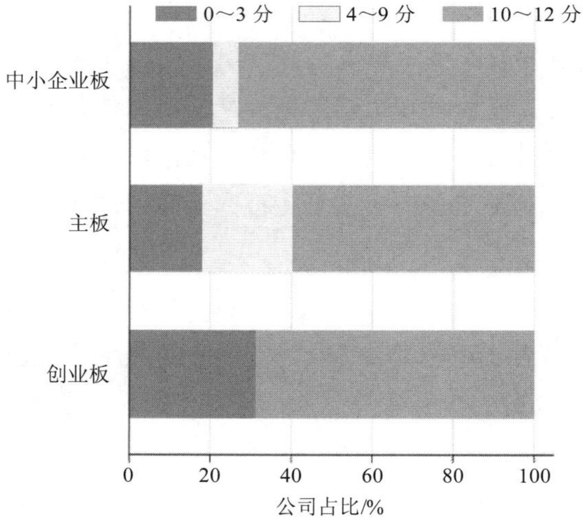

图 3-22 不同上市板块定期报告环境信息披露得分分布（仅评估年报）

在补充社会责任报告、环境报告书等报告的披露信息后，中小企业板和创业板的环境信息披露平均分没有发生变化，仍分别为 9.15 分和 8.25 分。主板上市公司的环境信息披露平均分上升了 0.1 分，达到 8.65 分，主要是由于 4 家原在年度报告中得 0 分的公司在其社会责任报告、环境报告书等对环境信息有所披露，其环境信息披露得分有所上升，如图 3-24 与表 3-19 所示。

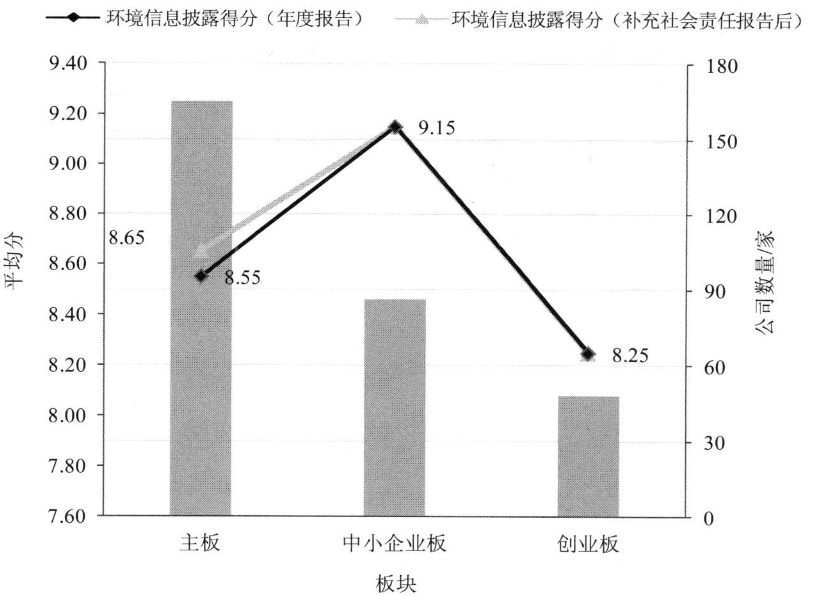

图 3-23 不同上市板块定期报告环境信息披露均分及公司数量

表 3-19 不同上市板块定期报告环境信息披露得分分布（补充评估环境报告后）

分数	主板		中小企业板		创业板	
	公司数量/家	占比/%	公司数量/家	占比/%	公司数量/家	占比/%
0	16	9.70	16	18.60	13	27.08
1	5	3.03	0	0.00	0	0.00
2	3	1.82	0	0.00	1	2.08
3	4	2.42	2	2.33	1	2.08
4	4	2.42	0	0.00	0	0.00
5	3	1.82	1	1.16	0	0.00
6	5	3.03	0	0.00	0	0.00
7	5	3.03	2	2.33	0	0.00
8	7	4.24	2	2.33	0	0.00
9	14	8.48	0	0.00	0	0.00
10	17	10.30	0	0.00	1	2.08
11	27	16.36	10	11.63	3	6.25
12	55	33.33	53	61.63	29	60.42
总计	165	100.00	86	100.00	48	100.00

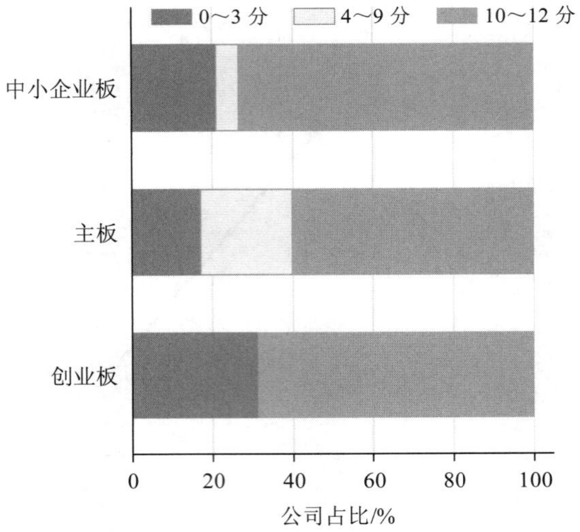

图3-24　不同上市板块定期报告环境信息披露得分分布（补充评估环境报告后）

中小企业板和创业板公司仅在深交所上市，因此进一步对深交所的不同上市板块公司的定期报告环境信息披露情况进行分析比较。本报告评估的299家上市公司中，共有167家在深交所上市，其中主板上市公司33家，中小企业板上市公司86家，创业板上市公司48家；主板上市公司均分9.67分，中小企业板上市公司均分9.15分，创业板上市公司均分8.25分。从得分分布来看（表3-20和图3-25），中小企业板的0分上市公司占比最高，其次为创业板；主板上市公司中0分公司占比最低，且其0～3分公司占比也最低。中小企业板和创业板的满分公司占比不相上下，均超过了60%；主板的满分公司占比虽然最低，但10～12分公司占比均高于中小企业板和创业板，达78.79%。总体来看，主板上市公司的定期报告环境信息披露水平最高，其次为中小企业板上市公司，而创业板上市公司的定期报告环境信息披露情况最差。深交所的主板上市公司信息披露状况优于中小企业板上市公司，说明前文发现的主板上市公司定期报告环境信息披露情况最差主要是由于上交所上市公司定期报告环境信息披露水平较低。补充环境报告后的情况与年报情况相同，此外不再赘述。

表3-20　深交所不同上市板块定期报告环境信息披露得分分布

分数	主板		中小企业板		创业板	
	公司数量/家	占比/%	公司数量/家	占比/%	公司数量/家	占比/%
0	2	6.06	16	18.60	13	27.08
1	3	9.09	0	0.00	0	0.00
2	0	0.00	0	0.00	1	2.08
3	1	3.03	2	2.33	1	2.08

分数	主板		中小企业板		创业板	
	公司数量/家	占比/%	公司数量/家	占比/%	公司数量/家	占比/%
4	0	0.00	0	0.00	0	0.00
5	0	0.00	1	1.16	0	0.00
6	0	0.00	0	0.00	0	0.00
7	0	0.00	2	2.33	0	0.00
8	0	0.00	2	2.33	0	0.00
9	1	3.03	0	0.00	0	0.00
10	0	0.00	0	0.00	1	2.08
11	8	24.24	10	11.63	3	6.25
12	18	54.55	53	61.63	29	60.42
总计	33	100.00	86	100.00	48	100.00

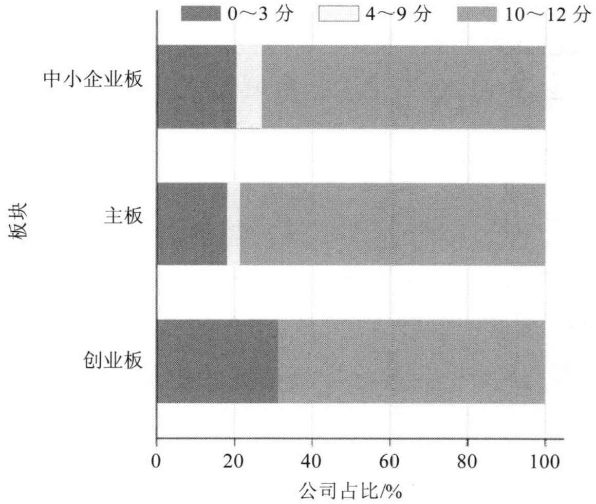

图 3-25　深交所不同上市板块定期报告环境信息披露得分分布

6. 公司经营状况

分别以公司 2018 年的全年营业收入、总资产、2018 年最后一个交易日的总市值表征公司的经营状况，分别进行统计分析，相关的上市公司经济数据来自 Wind 金融数据库。其中年营业收入和总资产由 Wind 金融数据库整理各上市公司的年报数据获得。

（1）全年营业收入。

本报告评估的 299 家母公司为中间排污监控单位的上市公司的 2018 年全年营业收入分布如图 3-27 所示。大部分公司的营业收入都在 100 亿元以内，半数以上的公司 2018 年营业收入在 50 亿元以内，但仍有 1 家公司 2018 年营业收入超过 1 000 亿元。

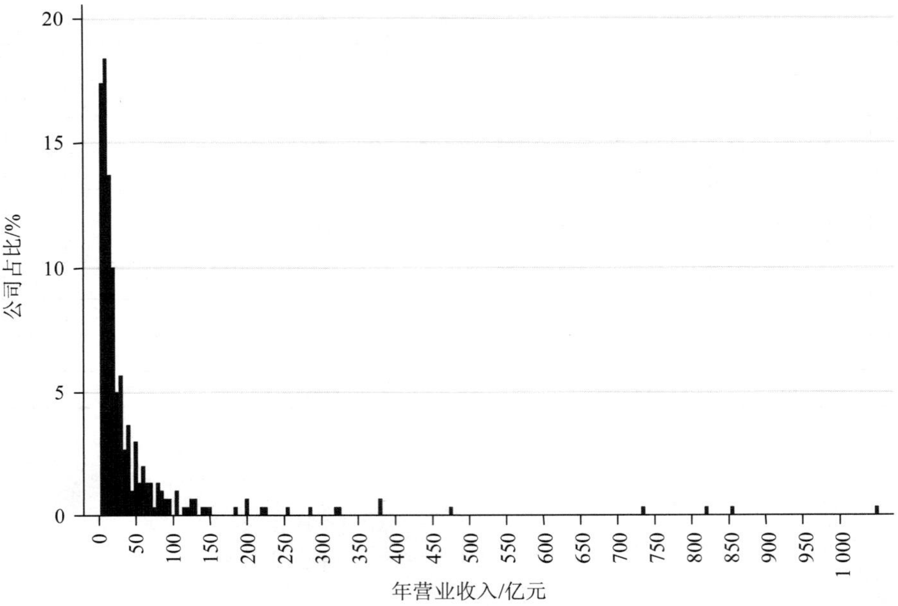

图 3-26 上市公司 2018 年营业收入分布

根据营业收入将所评估的 299 家公司分为收入低于 10 亿元、10 亿～20 亿元、20 亿～50 亿元、50 亿～100 亿元和 100 亿元以上 5 类，分别进行统计分析。如表 3-21 所示，2018 年营业收入在 10 亿以下的公司有 81 家，均分 8.15 分，是这 5 类公司中均分最低的一类。随着营业收入的增加，上市公司的定期报告环境信息披露均分总体变化趋势为增加，但有所波动。营业收入在 50 亿～100 亿元的上市公司定期报告环境信息披露均分是 5 类公司中最高的，达到 9.35 分。营业收入达到 100 亿元以上时，均分有所回落，营业收入超过 100 亿元的上市公司定期报告环境信息披露均分为 9.25 分。本次评估的上市公司均分为 8.68 分，营业收入在 10 亿～20 亿元、50 亿～100 亿元和 100 亿元以上的 3 类公司均分都超过了总均分，而营业收入在 10 亿元以下和 20 亿～50 亿元的两类公司的均分都没有达到总均分。

表 3-21 2018 年营业收入分类统计

营业收入	公司数量/家	公司占比/%	均分
10 亿元以下	81	27.09	8.15
10 亿～20 亿元	84	28.09	8.96
20 亿～50 亿元	72	24.08	8.38
50 亿～100 亿元	34	11.37	9.35
100 亿元以上	28	9.36	9.25

如表 3-22 所示，从得分分布来看，随着营业收入的提高，得分在 3 分（含）以下的公司所占比例呈下降趋势；收入在 50 亿～100 亿元的公司中 3 分（含）以下的公司所占比例最低，为 11.76%；其次为收入超过 100 亿元的公司，占比为 14.29%。营业收入在 10 亿元以下的公司中 0 分公司占比最高，收入在 100 亿元以上的公司中 0 分公司占比最低。随着营业收入的提高，各类公司中得分为满分和 10～12 分的公司所占比例也呈下降趋势。收入在 10 亿元以下的公司得满分的占比最高；收入在 10 亿～20 亿元的公司中 10～12 分的占比最高。定期报告环境信息披露得分高分段公司占比随营业收入的增加而缓慢减少，但低分段公司占比随营业收入的增加而大幅下降，因此定期报告环境信息披露均分随着营业收入的增长而提高。总体来说，营业收入在 50 亿元以上的公司的定期报告环境信息披露表现优于营业收入在 50 亿元以下的公司；其中营业收入在 50 亿～100 亿元的上市公司定期报告环境信息披露水平最高，无论是均分还是得分分布情况都明显好于其他 4 类公司。但营业收入与信息披露得分之间并不存在明显的相关关系。

表 3-22　2018 年不同营业收入公司定期报告环境信息披露得分分布（仅评估年报）

得分	10 亿元以下		10 亿～20 亿元		20 亿～50 亿元		50 亿～100 亿元		100 亿元以上	
	公司数量/家	占比/%	公司数量/家	占比/%	公司数量/家	占比/%	公司数量/家	占比/%	公司数量/家	占比/%
0	19	23.46	12	14.29	14	19.44	3	8.82	1	3.57
1	1	1.23	0	0.00	2	2.78	0	0.00	1	3.57
2	2	2.47	1	1.19	0	0.00	0	0.00	0	0.00
3	2	2.47	1	1.19	1	1.39	1	2.94	2	7.14
4	0	0.00	0	0.00	2	2.78	1	2.94	0	0.00
5	0	0.00	2	2.38	2	2.78	0	0.00	1	3.57
6	2	2.47	1	1.19	0	0.00	1	2.94	1	3.57
7	0	0.00	4	4.76	0	0.00	2	5.88	0	0.00
8	1	1.23	5	5.95	0	0.00	1	2.94	1	3.57
9	1	1.23	2	2.38	4	5.56	3	8.82	4	14.29
10	4	4.94	8	9.52	4	5.56	1	2.94	1	3.57
11	8	9.88	10	11.90	11	15.28	6	17.65	5	17.86
12	41	50.62	38	45.24	32	44.44	15	44.12	11	39.29
合计	81	100.00	84	100.00	72	100.00	34	100.00	28	100.00

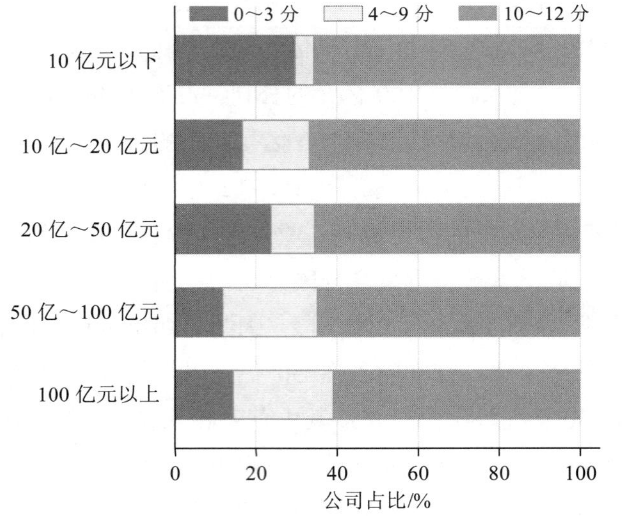

图 3-27　2018 年不同营业收入公司定期报告环境信息披露得分分布（仅评估年报）

在补充社会责任报告、环境报告书等报告的披露信息后，营业收入为 50 亿元以下的公司的环境信息披露平均分略有上升，而 50 亿元以上的公司得分增加较多（图 3-28 与表 3-23）。可以看出，在年度报告中未按规定披露其环境信息的公司中，营业收入较高者会在其社会责任报告、环境报告书等中对环境信息有所披露。

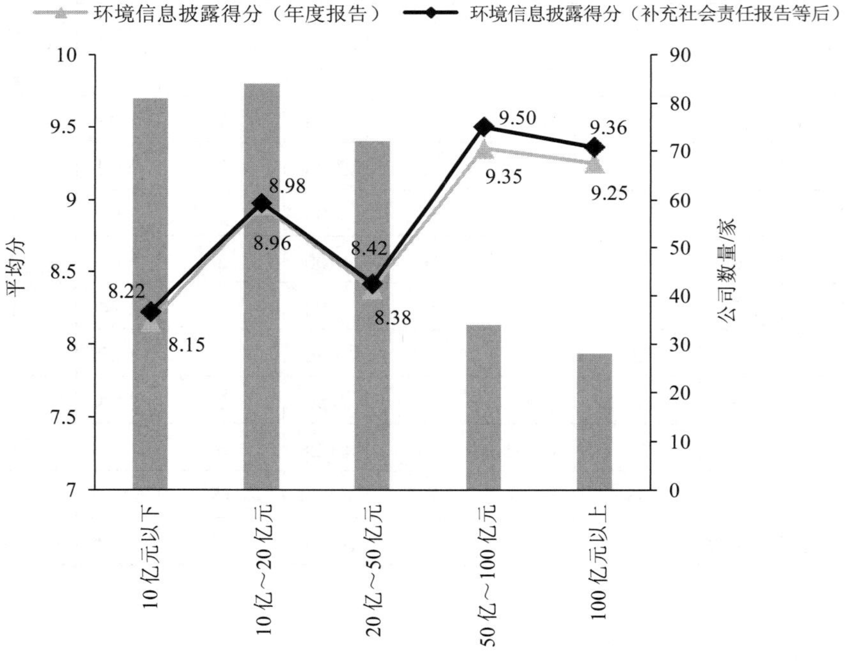

图 3-28　不同营业收入公司定期报告环境信息披露均分及公司数量

表 3-23　2018 年不同营业收入公司定期报告环境信息披露得分分布（补充评估环境报告后）

得分	10 亿元以下		10 亿～20 亿元		20 亿～50 亿元		50 亿～100 亿元		100 亿元以上	
	公司数量/家	占比/%	公司数量/家	占比/%	公司数量/家	占比/%	公司数量/家	占比/%	公司数量/家	占比/%
0	18	22.22	11	13.10	13	18.06	2	5.88	1	3.57
1	1	1.23	1	1.19	2	2.78	0	0.00	1	3.57
2	2	2.47	1	1.19	1	1.39	0	0.00	0	0.00
3	2	2.47	1	1.19	1	1.39	1	2.94	2	7.14
4	0	0.00	0	0.00	2	2.78	2	5.88	0	0.00
5	0	0.00	2	2.38	2	2.78	0	0.00	0	0.00
6	3	3.70	1	1.19	0	0.00	0	0.00	1	3.57
7	0	0.00	4	4.76	0	0.00	3	8.82	0	0.00
8	1	1.23	5	5.95	0	0.00	1	2.94	2	7.14
9	1	1.23	2	2.38	4	5.56	3	8.82	4	14.29
10	4	4.94	8	9.52	4	5.56	1	2.94	1	3.57
11	8	9.88	10	11.90	11	15.28	6	17.65	5	17.86
12	41	50.62	38	45.24	32	44.44	15	44.12	11	39.29
合计	81	100.00	84	100.00	72	100.00	34	100.00	28	100.00

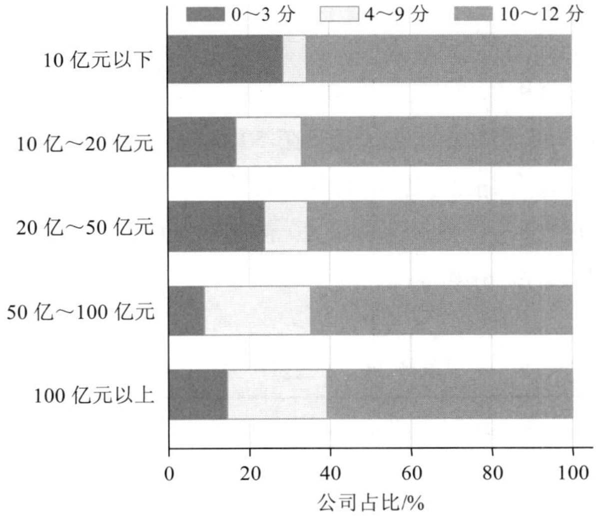

图 3-29　2018 年不同营业收入公司定期报告环境信息披露得分分布（补充评估环境报告后）

（2）全年总资产。

本次评估的 299 家上市公司的总资产分布如图 3-30 所示，以公司在 2018 年年报中所披露的总资产为准。与 2018 年上市公司营业收入分布情况类似，大部分公司的总资产都在 100 亿元以内，但仍有 3 家公司总资产超过 1 000 亿元，资产总额最高达 1 598 亿元。

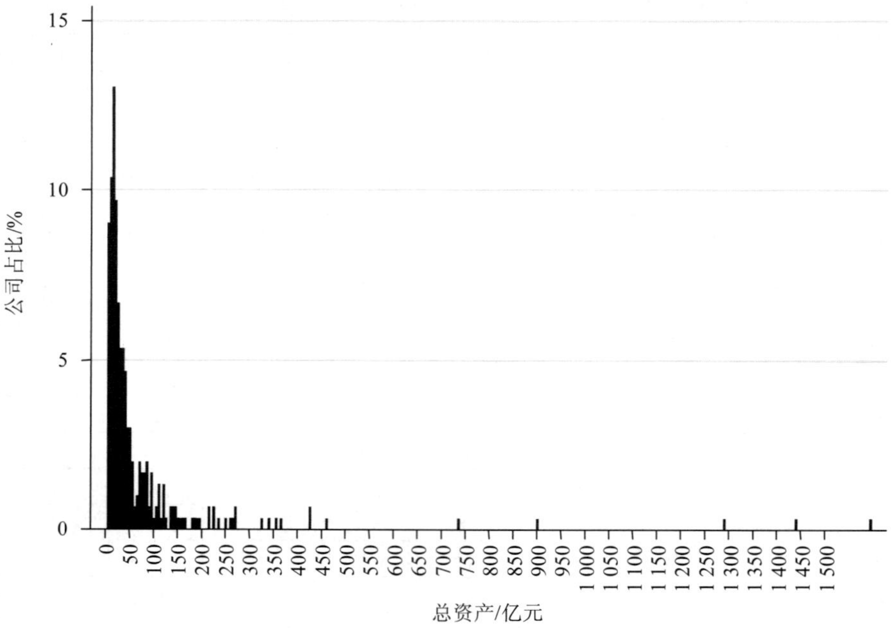

图 3-30　上市公司总资产统计

根据总资产将所评估的 299 家公司分为总资产 20 亿元以下、总资产 20 亿～50 亿元、总资产 50 亿～100 亿元和总资产超过 100 亿元 4 类，分别进行统计分析。从均分来看（表 3-24），4 类公司中均分最高的是总资产在 50 亿～100 亿元的公司，均分为 9.02 分，这也是 4 类公司中唯一均分超过了全体上市公司总均分的一类；其次为总资产超过 100 亿元的公司，均分为 8.63 分；总资产在少于 20 亿元和 20 亿～50 亿元的上市公司信息披露均分相差微小，分别为 8.61 分和 8.60 分。

表 3-24　公司资产分类统计

总资产	公司数量	公司占比/%	均分
20 亿元以下	111	37.12	8.61
20 亿～50 亿元	93	31.1	8.60
50 亿～100 亿元	46	15.38	9.02
100 亿元以上	49	16.39	8.63

从得分分布来看（表 3-25、图 3-31），总资产在 20 亿元以下的公司中 0 分公司占比最高，达 18.92%；同时满分公司占比也最高，为 53.15%。总资产在 100 亿元以上的公司中 0 分公司占比最低，仅有 8.16%；同时满分公司占比也最低，为 36.73%。从分数段分布来看，资产在 20 亿元以下的公司 0～3 分占比最高，而且 10～12 分的公司占比也最高，两极分化明显。总体来看，总资产不同公司的环境信息披露没有表现出明显的规律。

表 3-25　不同总资产公司得分分布（仅评估年报）

得分	20 亿元以下		20 亿～50 亿元		50 亿～100 亿元		100 亿元以上	
	公司数量/家	占比/%	公司数量/家	占比/%	公司数量/家	占比/%	公司数量/家	占比/%
0	21	18.92	17	18.28	7	15.22	4	8.16
1	1	0.90	1	1.08	0	0.00	2	4.08
2	3	2.70	0	0.00	0	0.00	0	0.00
3	3	2.70	1	1.08	0	0.00	3	6.12
4	0	0.00	0	0.00	1	2.17	2	4.08
5	0	0.00	3	3.23	1	2.17	1	2.04
6	2	1.80	1	1.08	1	2.17	1	2.04
7	1	0.90	3	3.23	0	0.00	2	4.08
8	3	2.70	2	2.15	2	4.35	1	2.04
9	2	1.80	4	4.30	4	8.70	4	8.16
10	5	4.50	7	7.53	4	8.70	2	4.08
11	11	9.91	16	17.20	4	8.70	9	18.37
12	59	53.15	38	40.86	22	47.83	18	36.73
合计	111	100.00	93	100.00	46	100.00	49	100.00

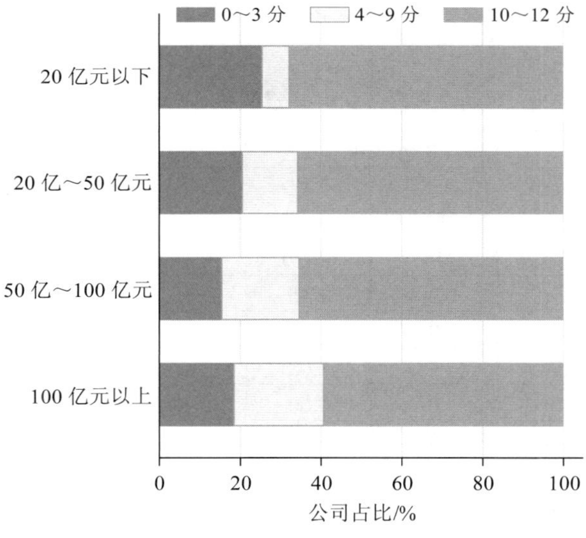

图 3-31　不同资产公司得分分布（仅评估年报）

如表 3-26 和图 3-32 所示，在补充社会责任报告、环境报告书等报告的披露信息后，总资产在 20 亿～100 亿元的上市公司的环境信息披露平均分几乎没有发生变化，增加了 0.01～0.02 分。而总资产在 20 亿元以下和 100 亿元以上的上市公司环境信息披露平均分变化超过 0.05 分，尤其是总资产在 100 亿元以上的公司，其平均分增加了 0.15 分。可以看出，在年度报告中未按规定披露其环境信息的公司中，总资产较大或较小的公司更可能在其社会责任报告、环境报告书等中披露。

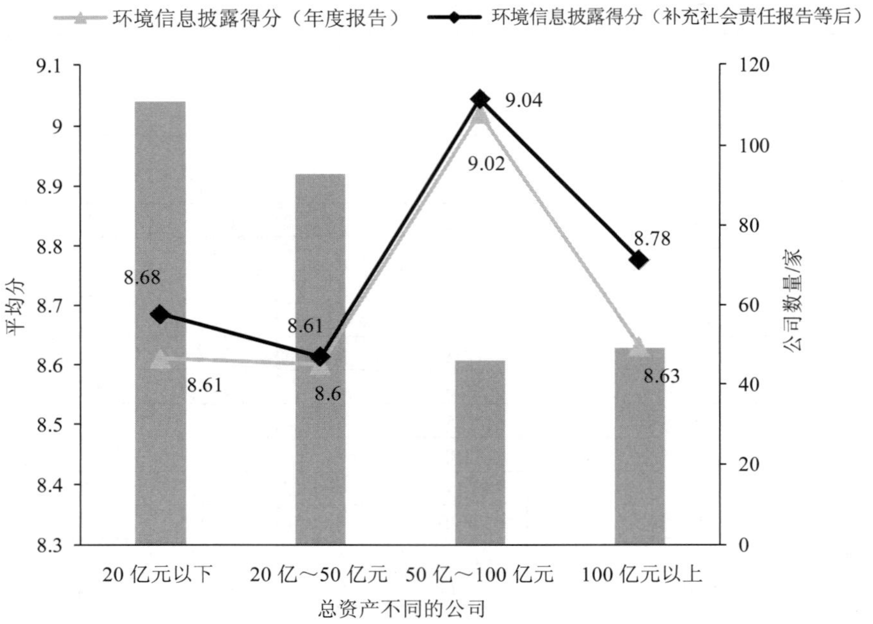

图 3-32　不同总资产公司定期报告环境信息披露均分及公司数量

表 3-26　不同总资产公司得分分布（补充评估环境报告后）

得分	20亿元以下		20亿～50亿元		50亿～100亿元		100亿元以上	
	公司数量/家	占比/%	公司数量/家	占比/%	公司数量/家	占比/%	公司数量/家	占比/%
0	19	17.12	16	17.20	7	15.22	3	6.12
1	1	0.90	2	2.15	0	0.00	2	4.08
2	4	3.60	0	0.00	0	0.00	0	0.00
3	3	2.70	1	1.08	0	0.00	3	6.12
4	0	0.00	0	0.00	1	2.17	3	6.12
5	0	0.00	3	3.23	1	2.17	0	0.00
6	3	2.70	1	1.08	0	0.00	1	2.04
7	1	0.90	3	3.23	1	2.17	2	4.08
8	3	2.70	2	2.15	2	4.35	2	4.08
9	2	1.80	4	4.30	4	8.70	4	8.16
10	5	4.50	7	7.53	4	8.70	2	4.08
11	11	9.91	16	17.20	4	8.70	9	18.37
12	59	53.15	38	40.86	22	47.83	18	36.73
合计	111	100.00	93	100.00	46	100.00	49	100.00

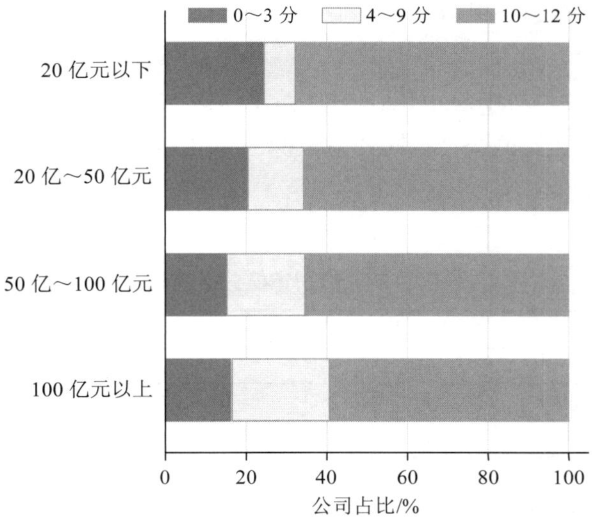

图 3-33　不同总资产公司得分分布（补充评估环境报告）

（3）2018 年最后一个交易日总市值。

以 2018 年 12 月 31 日收盘时的市值为准，对 299 家上市公司的总市值分布进行统计制图。如图 3-34 所示，2018 年最后一个交易日总市值与营业收入和总资产分布情况类似，大部分公司的总市值都在 100 亿元以内，但仍有 3 家公司总市值超过 1 000 亿元，市值最高达 7 412 亿元。没有总市值小于 1 亿元的上市公司。

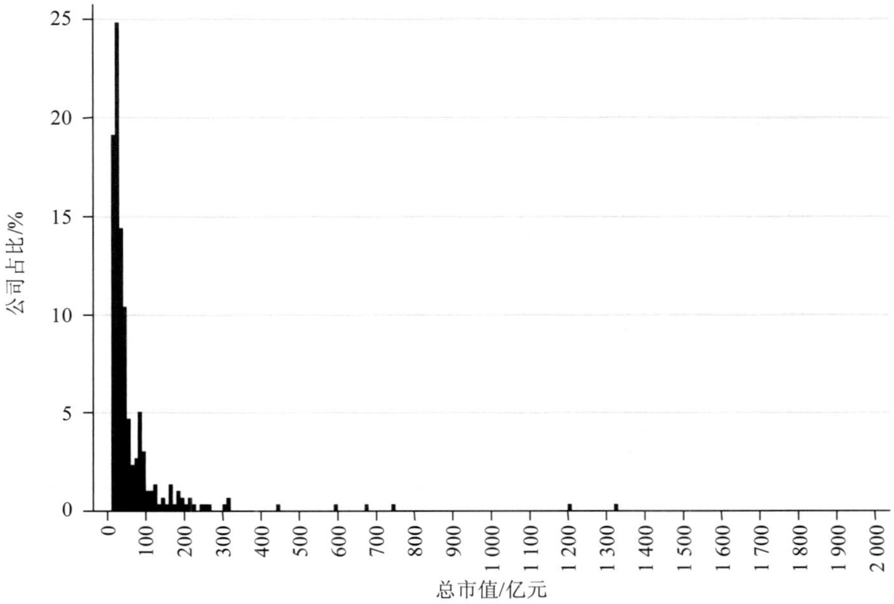

图 3-34　上市公司市值统计

如表3-27所示，根据总市值将所评估的299家公司分为总市值低于50亿元、总市值50亿～100亿元和总市值100亿元以上3类，三类公司的数量分别为205家、53家和41家。从均分来看，3类公司中总市值在100亿元以上的公司均分最高，为9.32分；其次为市值在50亿～100亿元的公司，均分为8.64分；市值在50亿元以下的公司均分最低，为8.56分，低于全体公司的总均分（8.68分）。

表3-27 公司市值分类统计

总市值	公司数量/家	公司占比/%	均分
50亿元以下	205	68.56	8.56
50亿～100亿元	53	17.73	8.64
100亿元以上	41	13.71	9.32

如表3-28、图3-35所示，从得分分布来看，市值在50亿元以下的公司得分两极分化最为严重，具体表现在0分公司、满分公司占比为三类公司中最高；0～3分的公司占比、10～12分的公司占比也是三类公司中最高的。这也与这类公司均分最低的结果相一致。三类公司中，市值在100亿元以上的公司的满分占比和10～12分占比虽然都不是最高的，但其0分公司占比最低、0～3分的公司占比也为最低。总体来看，市值在100亿元以上的公司的定期报告环境信息披露情况最好，其次为市值50亿～100亿元的公司，市值在50亿元以下的公司信息披露水平最低。

表3-28 不同市值公司得分分布（仅年报）

得分	50亿元以下		50亿～100亿元		100亿元以上	
	公司数量/家	占比/%	公司数量/家	占比/%	公司数量/家	占比/%
0	39	19.02	7	13.21	3	7.32
1	3	1.46	1	1.89	0	0.00
2	3	1.46	0	0.00	0	0.00
3	3	1.46	3	5.66	1	2.44
4	0	0.00	1	1.89	2	4.88
5	3	1.46	1	1.89	1	2.44
6	3	1.46	1	1.89	1	2.44
7	4	1.95	1	1.89	1	2.44
8	6	2.93	0	0.00	2	4.88
9	6	2.93	4	7.55	4	9.76
10	11	5.37	5	9.43	2	4.88
11	25	12.20	8	15.09	7	17.07
12	99	48.29	21	39.62	17	41.46
合计	205	100.00	53	100.00	41	100.00

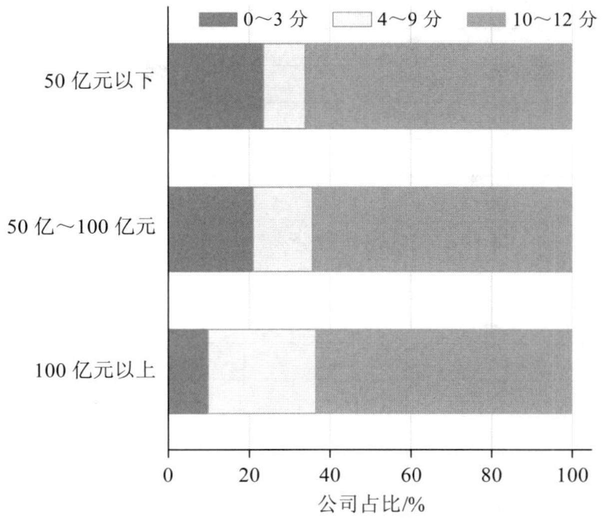

图 3-35　不同市值公司得分分布（仅评估年报）

在补充社会责任报告、环境报告书等报告的披露信息后，市值在 50 亿元以下的公司环境信息披露平均分仅增加了 0.01 分，而市值高于 50 亿元的公司的环境信息披露平均分上升较大，尤其是 100 亿元以上的公司，其环境信息披露平均分增加了 0.37 分。可以看出，在年度报告中未按规定披露其环境信息的公司中，市值更大的公司更可能在其社会责任报告、环境报告书等中进行披露。

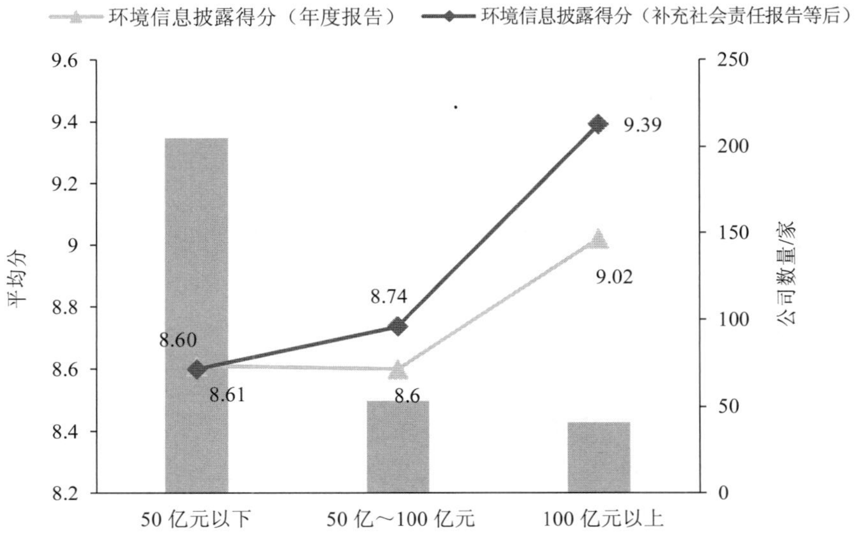

图 3-36　不同市值公司定期报告环境信息披露均分及公司数量

表 3-29 公司市值分类统计（补充评估环境报告后）

总市值	公司数量/家	公司占比/%	均分
50 亿元以下	205	68.56	8.60
50 亿～100 亿元	53	17.73	8.74
100 亿元以上	41	13.71	9.39

表 3-30 不同市值公司得分分布（补充评估环境报告后）

得分	50 亿元以下		50 亿～100 亿元		100 亿元以上	
	公司数量/家	占比/%	公司数量/家	占比/%	公司数量/家	占比/%
0	36	17.56	6	11.32	3	7.32
1	4	1.95	1	1.89	0	0.00
2	4	1.95	0	0.00	0	0.00
3	3	1.46	3	5.66	1	2.44
4	0	0.00	2	3.77	2	4.88
5	3	1.46	1	1.89	0	0.00
6	4	1.95	0	0.00	1	2.44
7	4	1.95	2	3.77	1	2.44
8	6	2.93	0	0.00	3	7.32
9	6	2.93	4	7.55	4	9.76
10	11	5.37	5	9.43	2	4.88
11	25	12.20	8	15.09	7	17.07
12	99	48.29	21	39.62	17	41.46
合计	205	100.00	53	100.00	41	100.00

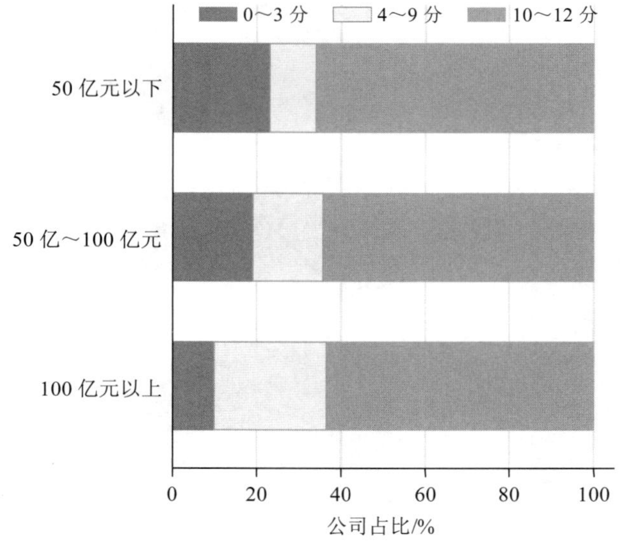

图 3-37 不同市值公司得分分布（补充评估环境报告后）

7．各因素对公司得分影响分析

为了更好地分析不同因素对上市公司环境信息披露情况的影响，采用以下模型对结果进行回归分析。

$$S_{it} = \alpha + \beta_1 X_i + \beta_2 Z_i + \beta_3 P_i + \beta_4 V_i + \beta_5 R_i + \delta_c + \delta_d + \varepsilon_{it}$$

式中：S_{it}——上市公司 i 在第 t 年的评估得分；

X_i——公司性质（央企、国企、私企）；

Z_i——上市公司上市的证券交易所（上交所、深交所）；

P_i——公司总资产，这里选择截至 2018 年 12 月 31 日的总资产，亿元；

V_i——公司的市值，这里选取 2018 年 12 月 31 日的公司市值，亿元；

R_i——公司 2018 年的营业收入，亿元；

δ_c——地区固定效应，控制到省一级层面；

δ_d——行业固定效应，控制到行业门类；

ε_{it}——残差项。

表 3-31 为回归分析的结果。在控制地区固定效应、行业固定效应后，各因素对公司环境信息披露得分均没有显著影响。在补充社会责任报告、环境报告书等报告的披露信息后，回归结果如表 3-32 所示，与年报评估结果类似，各因素对公司环境信息披露得分均没有显著影响。

表 3-31　各因素对定期报告环境信息披露得分影响分析（仅年报）

	环境信息披露得分
是否在深交所上市	0.564 （0.590）
总资产	0.000 917 （0.005）
营业收入	0.001 37 （0.006）
市值	−0.000 179 （0.001）
是否为普通国企	0.448 （1.238）
是否为私企	−1.213 （1.125）
常数项	4.488* （2.546）
样本量	299

注：*t* statistics in parentheses。

* $p<0.1$，** $p<0.05$，*** $p<0.01$。

表 3-32 各因素对定期报告环境信息披露得分影响分析（补充评估环境报告后）

	环境信息披露得分（补充评估环境报告后）
是否在深交所上市	0.437 （0.581）
总资产	0.000 984 （0.004）
营业收入	0.001 66 （0.006）
市值	−0.000 245 （0.001）
是否为普通国企	0.587 （1.220）
是否为私企	−1.078 （1.108）
常数项	4.399* （2.508）
样本量	299

注：*t* statistics in parentheses。

* $p<0.1$，** $p<0.05$，*** $p<0.01$。

3.2 2017—2018年纵向得分比较

3.2.1 总分比较

将2018年上市公司定期报告环境信息披露的评估结果与2017年的评估结果相比较，识别上市公司环境信息披露水平随时间的变化，从而评估上市公司环境信息披露政策的实施效果，可从总分以及不同指标方面进行比较。

2017年的评估对象为母公司属于2017年重点排污单位名单的377家上市公司，评估指标共12项，评估平均得分为8.83分；2018年的评估对象为仅母公司属于2018年重点排污单位名单的299家上市公司，评估指标共12项，评估平均得分为8.67分。两年的评估对象有所不同，其中共有148家上市公司重合，但评估内容完全相同。

图3-38、图3-39分别为2017年和2018年上市公司定期报告环境信息披露得分分布的柱形图和箱型图。从图中可以看出，两年的得分都呈现出两极分化的趋势，但2017年的得分分布比2018年更加平均一些，2018年得分为1～8分的公司占比都不足3%，且其0分占比和满分占比均高于2017年。2017年和2018年的得分均集中在较高的分数段中，分别有65.25%和65.22%，且其上四分位数均为满分12分，中位数均为11分；但2018年的得分更为分散，2017年的下四分位数为8分，而2018年的为6分。

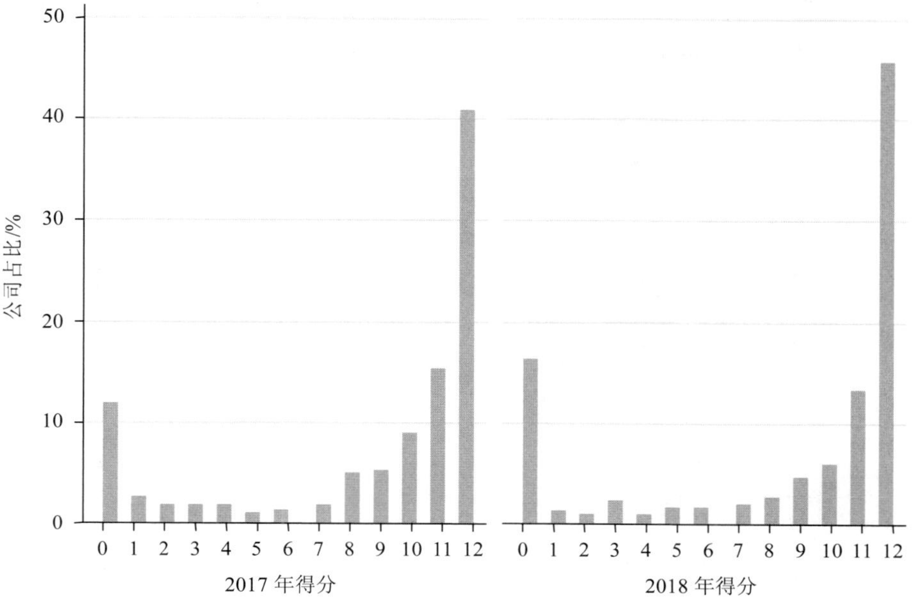

图 3-38　2017 年、2018 年得分分布对比柱形图

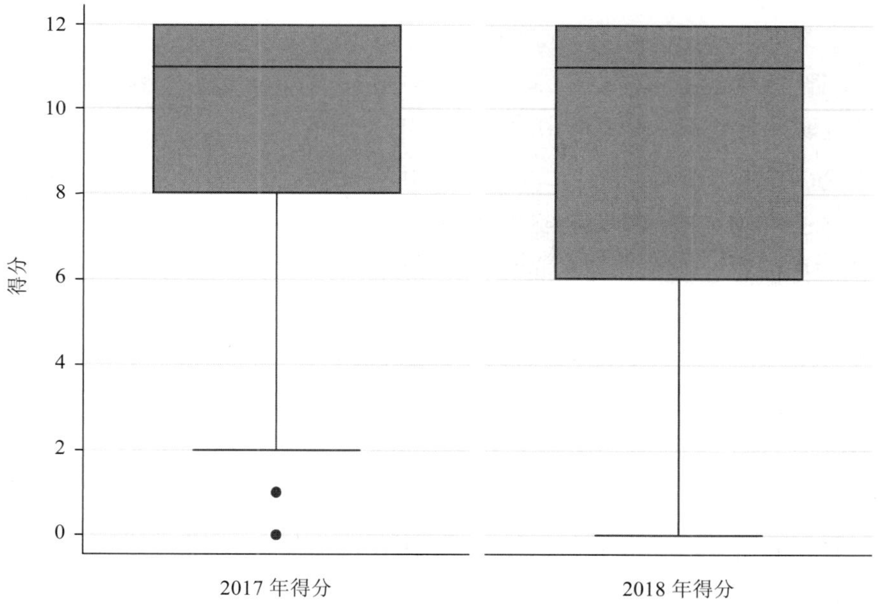

图 3-39　2017 年、2018 年得分分布对比箱型图

从 0 分、满分的公司占比来看，如图 3-40 所示，2017 年的 0 分公司占比为 11.94%，而 2018 年的 0 分公司占比达 16.39%；2017 年的满分公司占比仅有 40.85%，而 2018 年满

分公司占比提高到了45.82%。无论是从得分的分布趋势还是0分、满分公司占比来看，2018年的上市公司定期报告环境信息披露水平两极分化较2017年越发严重。

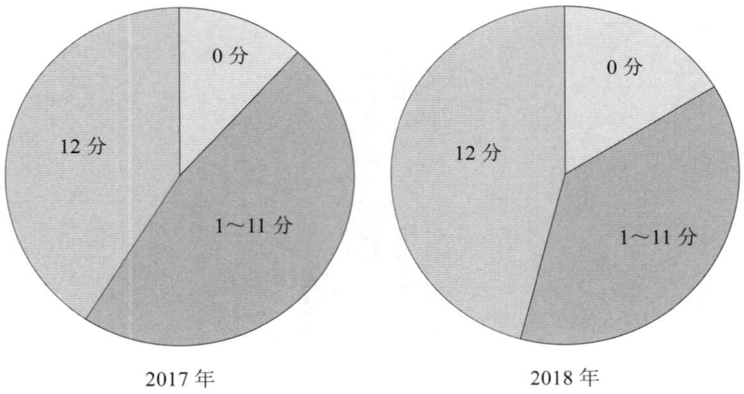

图3-40 2017年、2018年0分、满分公司占比对比

3.2.2 不同指标对比

上市公司2018年年报中要求披露的12项环境指标与上市公司2017年年报需要披露的指标相同。表3-33与图3-42统计了2017年和2018年这12项指标的均分。由于我们采用的是0～1评分方法，若上市公司有信息披露则得1分，无信息披露则得0分，因此各项指标的均分实际就是有披露该指标的上市公司占比。

2018年各项指标的披露情况与2017年的相差不大，两年的同一指标均分相差不超过0.12分；各项指标均分的分布趋势也大体相似，同一年里的各项指标均分差异都较小。2018年有六项指标的均分较2017年的情况有所上升，同时其余六项指标均分较2017年有所下降。2017年披露最好的三项指标分别为执行的污染物排放标准、防治污染设施的建设和运行情况、主要污染物及特征污染物名称。2018年披露最好的指标为防治污染设施的建设和运行情况、突发环境事件应急预案、环境自行监测方案三项。2017年披露水平最低的指标是排放口分布情况；2018年指标核定的排放总量与排放口分布情况为披露水平最低分数，均低于0.6分。2018年的各项指标均分差异较2017年略有扩大。2017年均分最高与均分最低的指标的均分差值为0.194分，而2018年的差值有0.268分。

从各项指标的两年均分差值来看（图3-41），均分下降最多的指标是执行的污染物排放标准与核定的排放总量，分别下降了0.118分和0.106分。均分提高最多的指标是建设项目环境影响评价及其他环境保护行政许可情况，其次为自行监测情况，这两项指标的2018年均分分别提高了0.082分和0.078分。由于2017年各项指标的披露均分都超过了0.6分，因此2018年的提升空间较小。

表 3-33　2017 年、2018 年各项得分对比

项目	2017 年均分	2018 年均分	差值
主要污染物及特征污染物名称	0.767	0.756	–0.011
排放方式	0.740	0.759	0.019
排放口数量	0.735	0.635	–0.099
排放口分布情况	0.647	0.599	–0.049
排放浓度和总量	0.753	0.699	–0.054
超标排放情况	0.708	0.759	0.051
执行的污染物排放标准	0.841	0.722	–0.118
核定的排放总量	0.671	0.565	–0.106
防治污染设施的建设和运行情况	0.828	0.833	0.005
建设项目环境影响评价及其他环境保护行政许可情况	0.687	0.769	0.082
突发环境事件应急预案	0.748	0.793	0.045
环境自行监测方案	0.708	0.786	0.078

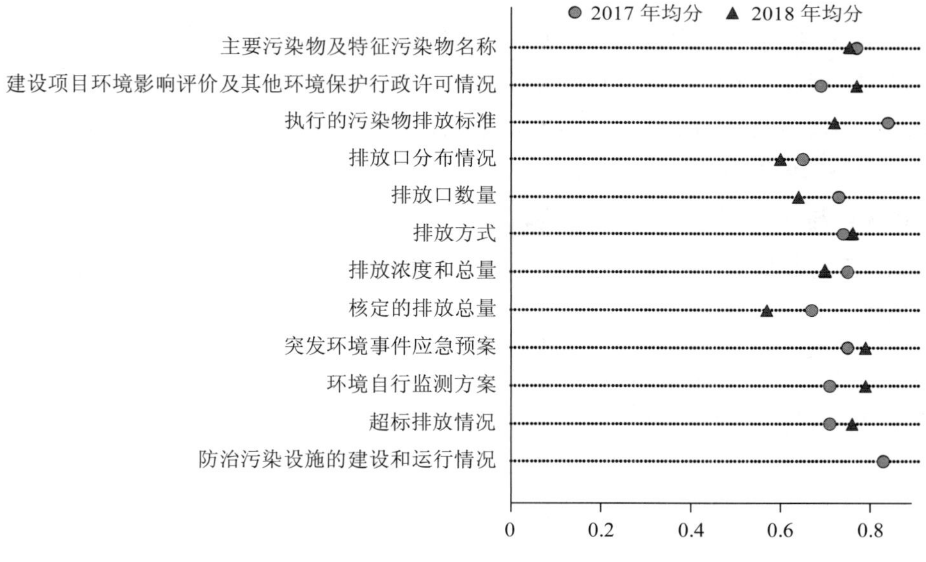

图 3-41　2017 年、2018 年各项得分对比

总体来看，2018 年上市公司定期报告环境信息披露情况较 2017 年变化不大，但 2018 年得分分布的两极分化情况较 2017 年更加显现。近年来，证监会和生态环境部对上市公司环境信息披露工作十分重视，社会对上市公司环境信息披露的关注程度也不断提高，政府监管力度也不断加强，上市公司定期报告环境信息披露的意识已经形成，披露行为的规范性也保持稳定水平，使得大部分上市公司都能够在年报中系统地披露《准则》要求披露的各项环境信息。在评估过程中我们还发现，许多上市公司都有更新过年报、补充披露环

境信息，这主要是由于证券交易所会对上市公司的年报进行审核，若发现公司年报中未披露环境信息，会要求该公司补充披露。监管力度的加强是上市公司定期报告环境信息披露水平提高的重要原因。

3.3 2016—2018年纵向得分比较

2016年的评估对象为母公司属于2016年重点排污单位名单的264家上市公司，评估范围为上市公司2016年年报，评估指标共9项；2017年的评估对象为母公司属于2017年重点排污单位名单的377家上市公司，评估范围为上市公司2017年年报，评估指标共12项；2018年的评估对象为母公司属于2018年重点排污单位名单的299家上市公司，评估范围为上市公司2018年年报及评估环境报告、社会责任报告等，评估指标共12项。三年的评估对象、评估范围与评估内容都不完全相同，因此仅进行简单对比。

首先从均分来看，2016年满分为9分，均分为3.43分，不到满分的一半；2017年和2018年满分12分，评估平均得分分别为8.83分和8.67分，超过满分的2/3。从满分和零分的占比来看，2016年的0分公司占比达29.55%，2017年的0分公司占比仅有11.54%，2018年为16.39%；2016年的满分公司占比仅有15.91%，而2017年满分公司占比提高到了40.81%；2018年进一步提高到了45.82%。总体来看，2017—2018年上市公司环境信息披露形式合规性较2016年有了极大提高，说明近两年来上市公司环境信息披露政策效果显著；2017年与2018年的披露水平均较高且两年基本持平，说明上市公司环境信息披露形式合规性进一步改善空间已不大，今后环境信息披露政策应更注重所披露的信息内容的真实有效性。

第 4 章　上市公司重大环境行政处罚信息披露评估结果

4.1　2018 年上市公司重大环境行政处罚信息披露评估结果

4.1.1　评分结果

总体来看，上市公司环境行政处罚信息披露严重不足。依据前述重大行政处罚判别标准，2018 年受到各级生态环境行政主管机构重大行政处罚的上市公司共 166 家，这些公司中仅有 41 家在定期报告或临时报告中披露了环境行政处罚信息，披露占比仅为 24.70%。在有信息披露的 41 家公司中，得满分的有 28 家，超过有信息披露的 50%。有环境行政处罚信息披露的上市公司的信息披露状况及披露得分如附表 5 所示。

评分标准为若某上市公司依据相关法规完整、详细地披露了 2018 年所受的重大环境行政处罚情况，不仅在处罚后发布了相关的临时报告以披露详细的行政处罚信息，还在定期报告中提供了临时报告的索引，可得 5 分；若某上市公司较完整地披露了该公司 2018 年所受到的重大环境行政处罚信息，但在信息披露方式、信息详细程度方面还存在一定问题，如未发布临时报告、未披露具体的处罚时间、地点、处罚内容、处罚金额及后续整改等信息，可得 4 分（含）～5 分（不含）。本报告以得分为 4 分（含）～5 分（含）作为上市公司重大环境行政处罚信息披露合格的标准，结果显示，披露合格公司共 32 家，占所有受到重大环境行政处罚的公司的 19.28%；有信息披露但不合格的公司共 9 家，占所有受到重大环境行政处罚的公司的 5.42%；无披露的公司有 125 家，占比达到 75.3%，比例如图 4-1 所示。

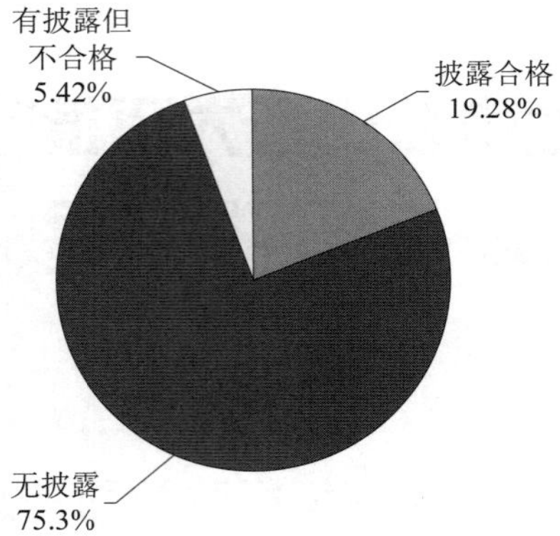

图 4-1 行政处罚信息披露结果统计

4.1.2 处罚结果分析

表 4-1 分别统计了行政处罚信息披露合格的上市公司、有信息披露但不合格（得分不足 4 分）的上市公司、有信息披露的全部上市公司（包括 4 分以上及 4 分以下）和无信息披露的上市公司的处罚结果情况。图 4-2 和图 4-3 分别统计了信息披露合格的上市公司、有信息披露但不合格（得分不足 4 分）的上市公司和无信息披露的上市公司的平均处罚次数和平均罚款总额。平均而言，受罚较多、处罚较重的上市公司更可能有相关的处罚信息披露，但未必披露合格。相较于未披露重大环境行政处罚信息的上市公司，有信息披露的上市公司的平均受处罚次数和被罚款总额都更高。有信息披露的 157 家上市公司的 2018 年平均受罚次数为 6.49 次，平均罚款总额为 210.75 万元；而未披露环保行政处罚信息的公司 2018 年平均受罚次数为 2.69 次，平均罚款总额为 70.55 万元。但受罚较多、处罚较重的上市公司环境行政处罚信息披露质量并不会更高。有信息披露但不合格的上市公司的平均受处罚次数和被罚款总额都显著高于合格的上市公司。

表 4-1 不同公司处罚结果统计

	平均处罚次数	平均罚款总额/万元
合格公司	2.16	83.11
有披露但不合格的公司	4.33	127.64
有披露的全部公司	6.49	210.75
无披露的公司	2.69	70.55

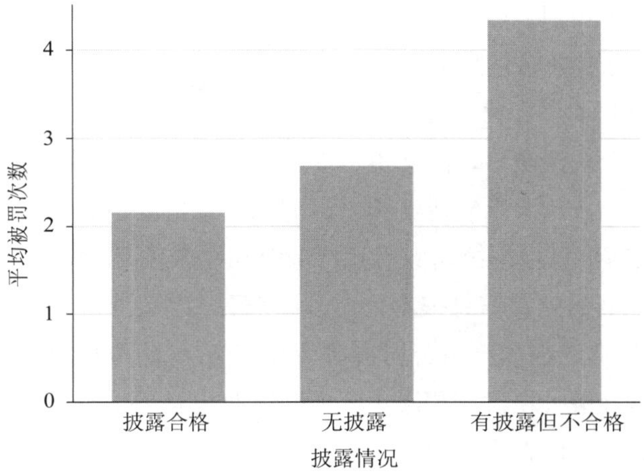

图 4-2　不同披露情况平均被罚次数统计

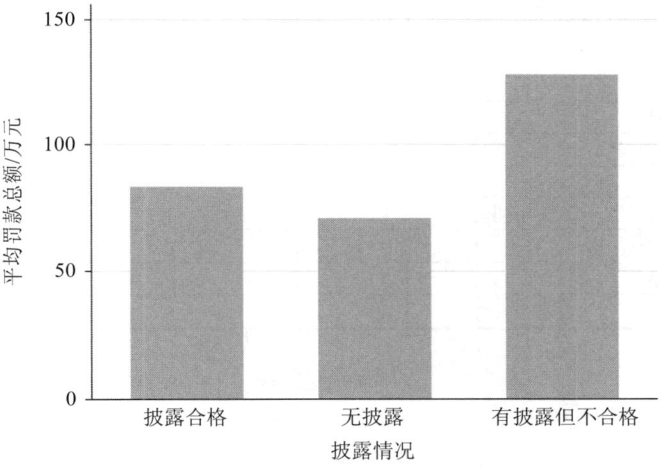

图 4-3　不同披露情况平均罚款总额统计

此外，2018 年受罚最多、罚款额最高的几家上市公司环境行政处罚披露情况也都很差。全年受到重大环境行政处罚 10 次以上的 6 家公司中，仅有辉丰股份 1 家披露了相关信息，其余 5 家均无环境行政处罚信息披露，且中国石化重大行政处罚次数达到了 27 次。全年被罚总额超过 500 万元的上市公司共 2 家，分别为辉丰股份和中国石化，其中辉丰股份的罚款总额达到 1 116.5 万元。

4.1.3　分类分析

1. 分行业分析

如表 4-2 所示，本次评估的 166 家上市公司共分布于 36 个不同的行业门类［依据证监会《上市公司行业分类指引》（2012 修订）进行分类]，其中有 80.12%的公司都属于制造业。披露了重大环境行政处罚信息的公司仅分布于制造业、建筑业、采矿业和电力、热力、燃气及水生产和供应业 4 个行业。这可能与行业特点有关。相较于其他行业，重污染行业受到的政府监管与社会关注更多，因此更可能被要求披露环境信息；而绝大部分重污染行业都属于制造业与采矿业，所以制造业和采矿业的信息披露情况相对更好。从披露公司占比来看，制造业的处罚信息披露公司数占该行业公司总数的 27.07%，采矿业的处罚信息披露公司占比为 14.29%；从处罚信息披露公司占比来看，制造业的合格公司数占该行业公司总数的 21.05%，采矿业的披露合格公司占比为 14.29%。两个行业的处罚信息披露公司占比显示制造业的披露合格公司占比相对更高。制造业相对于采矿业披露情况更好一些，也有可能因为采矿业的数量比较少导致。

表 4-2　不同行业门类重大行政处罚信息披露情况　　单位：家

行业	披露合格公司数	有披露但不合格公司数	无披露公司数	公司总数
交通运输、仓储和邮政业	0	0	1	1
农、林、牧、渔业	0	0	2	2
制造业	28	8	97	133
建筑业	1	0	0	1
批发和零售业	0	0	2	2
水利、环境和公共设施管理业	0	0	2	2
电力、热力、燃气及水生产和供应业	1	1	8	10
租赁和商务服务业	0	0	1	1
采矿业	2	0	12	14
总计	32	9	125	166

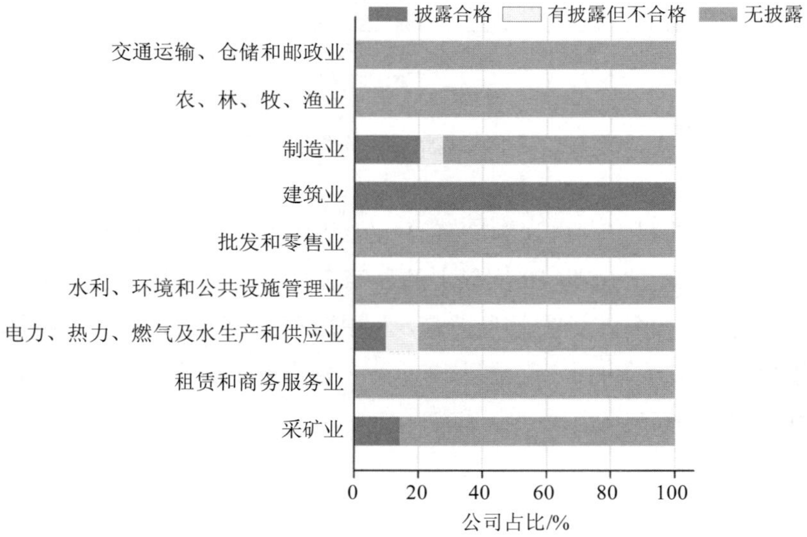

图 4-4　不同行业门类重大行政处罚信息披露情况

由于本报告所评估的上市公司绝大部分属于制造业门类，因此对制造业的公司做进一步分析。属于制造业门类的 133 家公司共分布于 23 个行业大类，各制造业行业大类的上市公司数量和重大环境行政处罚披露情况如表 4-3 和图 4-5 所示。在这 23 个行业大类中，化学原料和化学制品制造业的公司数量最多，共 42 家；其次为医药制造业公司数量为 16 家，非金属矿物制品业和黑色金属冶炼及压延加工业公司数量为 9 家，有 16 个行业大类的公司数在 5 家以下，其中印刷和记录媒介复制业，废弃资源综合利用业，通用设备制造业和铁路、船舶、航空航天和其他运输设备制造业 4 个行业大类仅有一家上市公司。

就披露公司占比而言，印刷和记录媒介复制业，废弃资源综合利用业和铁路、船舶、航空航天和其他运输设备制造业三个行业，合格占比达 100%；造纸和纸制品业和计算机、通信和其他电子设备制造业合格占比也达到了 50%。披露合格的公司共分布于 11 个行业大类，分别为化学原料及化学制品制造业，医药制造业，印刷和记录媒介复制业，废弃资源综合利用业，有色金属冶炼和压延加工业，橡胶和塑料制品业，计算机、通信和其他电子设备制造业，造纸和纸制品业，铁路、船舶、航空航天和其他运输设备制造业，非金属矿物制品业和食品制造业。另外，专用设备制造业，其他制造业，化学纤维制造业，汽车制造业，电气机械和器材制造业，石油加工、炼焦和核燃料加工业，纺织业，通用设备制造业，酒、饮料、精制茶制造业和黑色金属冶炼及压延加工业这 10 个行业披露情况较差，均没有披露行政处罚信息。

表 4-3　制造业行业大类重大行政处罚信息披露情况　　单位：家

行业大类	披露合格公司数	有披露但不合格公司数	无披露公司数	公司总数
专用设备制造业	0	0	5	5
其他制造业	0	0	3	3
农副食品加工业	0	1	3	4
化学原料及化学制品制造业	11	5	26	42
化学纤维制造业	0	0	3	3
医药制造业	2	0	14	16
印刷和记录媒介复制业	1	0	0	1
废弃资源综合利用业	1	0	0	1
有色金属冶炼及压延加工业	3	0	5	8
橡胶和塑料制品业	1	0	1	2
汽车制造业	0	0	3	3
电气机械和器材制造业	0	0	3	3
石油加工、炼焦和核燃料加工业	0	0	3	3
纺织业	0	0	2	2
计算机、通信和其他电子设备制造业	3	1	2	6
通用设备制造业	0	0	1	1
造纸和纸制品业	2	0	2	4

行业大类	披露合格公司数	有披露但不合格公司数	无披露公司数	公司总数
酒、饮料和精制茶制造业	0	0	3	3
金属制品业	0	1	3	4
铁路、船舶、航空航天和其他运输设备制造业	1	0	0	1
非金属矿物制品业	2	0	7	9
食品制造业	1	0	1	2
黑色金属冶炼及压延加工业	0	0	9	9

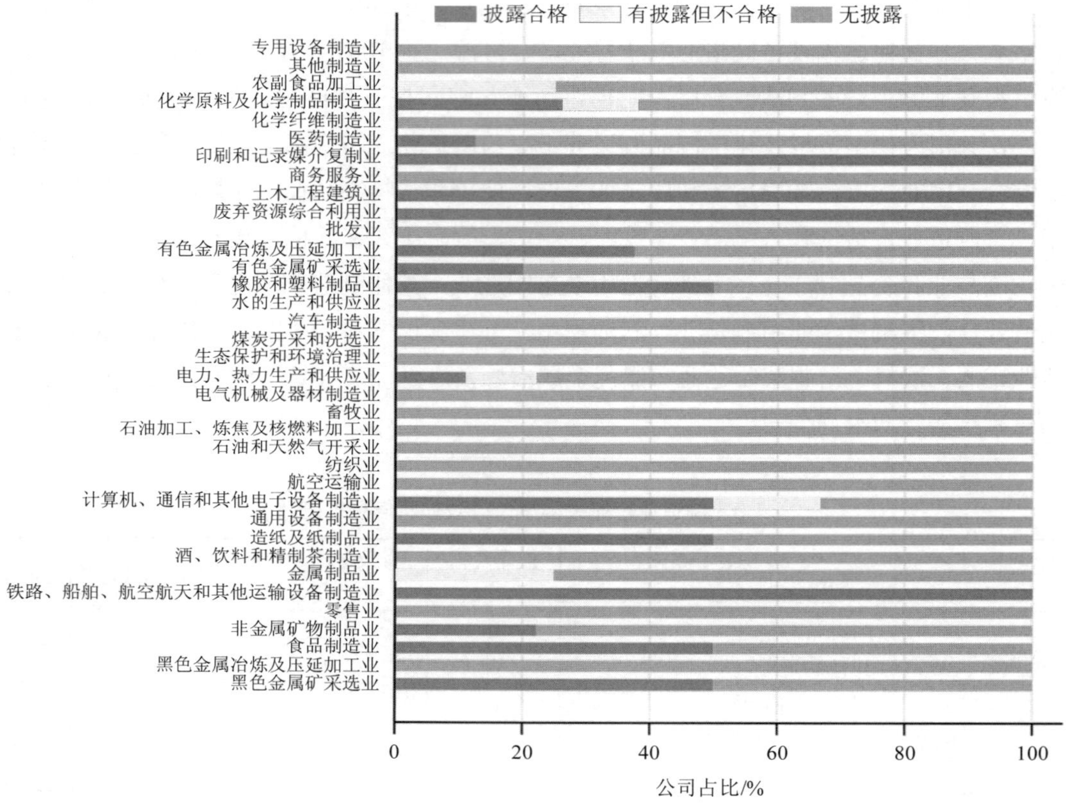

图 4-5 制造业行业大类重大行政处罚信息披露情况

2. 地区差异分析

166 家公司分布于除甘肃、吉林、宁夏、山西外的 27 个省份，其中浙江公司数量最多，共有 22 家，其次为山东、广东、江苏。合格的 32 家上市公司分别位于云南、北京、四川、天津、安徽、山东、广东、江苏、河北、河南、浙江、湖北、辽宁、重庆、陕西 16 个省份。从有信息披露的公司占比来看，重庆的披露公司占比最高，达到 50%；其次为浙江和四川，披露公司占比分别为 40.91%和 40%（表 4-4、图 4-6）。

表 4-4　不同省份重大行政处罚信息披露情况

省份	合格公司数/家	有披露但不合格公司数/家	无披露公司数/家	公司总数/家	披露公司占比/%
上海	0	0	4	4	0.00
云南	2	0	4	6	33.33
内蒙古	0	0	7	7	0.00
北京	1	0	9	10	10.00
四川	2	0	3	5	40.00
天津	1	0	2	3	33.33
安徽	1	1	8	10	20.00
山东	1	1	18	20	10.00
广东	5	1	10	16	37.50
广西	0	1	1	2	50.00
新疆	0	0	2	2	0.00
江苏	5	1	10	16	37.50
江西	0	0	2	2	0.00
河北	1	1	5	7	28.57
河南	1	0	8	9	11.11
浙江	6	3	13	22	40.91
海南	0	0	1	1	0.00
湖北	2	0	5	7	28.57
湖南	0	0	1	1	0.00
福建	1	0	3	4	25.00
西藏	0	0	1	1	0.00
贵州	0	0	1	1	0.00
辽宁	1	0	4	5	20.00
重庆	1	0	1	2	50.00
陕西	1	0	0	1	100.00
青海	0	0	1	1	0.00
黑龙江	0	0	1	1	0.00
总计	32	9	125	166	24.70

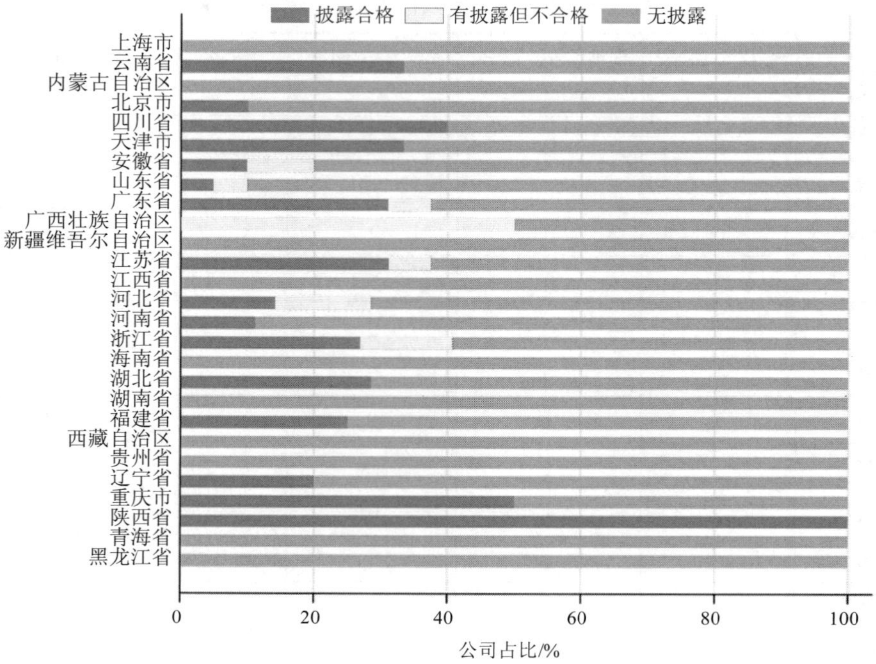

图 4-6 不同省份重大行政处罚信息披露情况

从东、中、西部来看，2018 年受到重大环境行政处罚的 166 家公司中有 110 家都分布在东部，占公司总数的 66.27%；中部公司数为 37 家，占总数的 22.29%；西部地区公司数最少，仅有 19 家，占比仅有 11.45%。就重大环境行政处罚披露情况而言，西部的有披露公司占比最高，达 31.58%；其次为东部地区，披露占比为 27.27%；中部地区披露占比最低，仅有 13.51%。总体来说，西部的上市公司重大环境行政处罚信息披露情况最好，其次为东部，中部最差（表 4-5、图 4-7）。

表 4-5 不同地区重大行政处罚信息披露情况

地区	披露合格公司数/家	有披露但不合格公司数/家	无披露公司数/家	公司总数/家	有披露公司占比/%
东部	22	8	80	110	27.27
中部	4	1	32	37	13.51
西部	6	0	13	19	31.58
合计	32	9	125	166	24.69

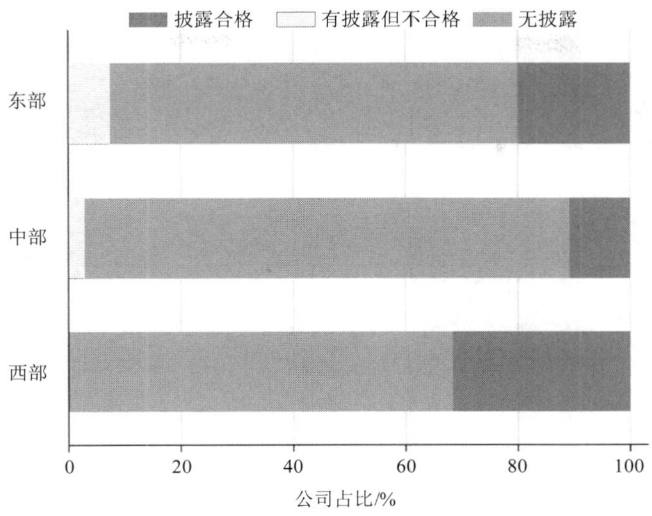

图 4-7　不同地区重大行政处罚信息披露情况

3. 不同证券交易所比较

在 2018 年受到重大环境行政处罚的 166 家公司中，有 92 家在深交所上市，其中有 35 家披露了重大环保行政处罚信息，披露公司占比为 38.04%；74 家在上交所上市，其中有 6 家披露了重大环保行政处罚信息，披露公司占比仅为 8.11%。从披露合格公司数量看，深交所披露合格公司数 28 家，上交所披露合格公司数仅为 4 家，深交所从披露公司占比和披露合格公司数量上都远高于上交所（表 4-6、图 4-8）。

再看有重大环保行政处罚信息披露的 41 家公司。上交所的 6 家公司中最高分为 5 分，最低分为 1 分，均分 3.5 分；深交所的 35 家公司中最高分为 5 分，最低分为 1 分，均分 3.9 分。由此可见，深交所公司所披露的行政处罚信息质量比上交所好很多。

表 4-6　不同证券交易所重大行政处罚信息披露情况

证券交易所	披露合格公司数/家	有披露但不合格公司数/家	无披露公司数/家	公司总数/家	有披露公司占比/%
上交所	4	2	68	74	8.11
深交所	28	7	57	92	38.04
总计	32	9	125	166	24.70

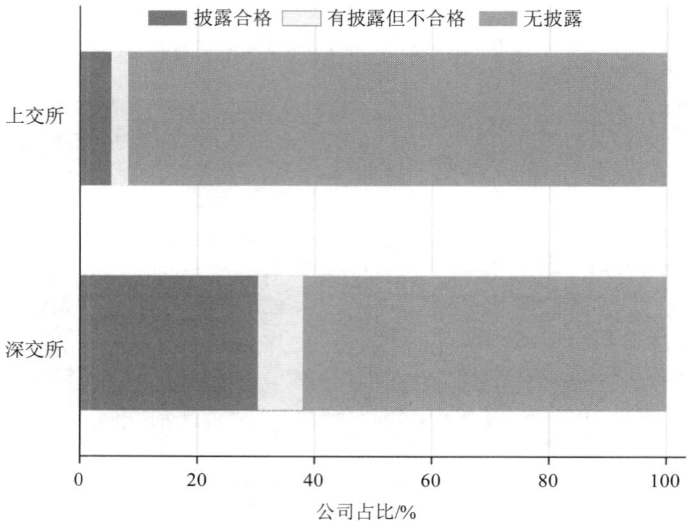

图 4-8 不同证券交易所重大行政处罚信息披露情况

4．不同上市板块比较

对不同上市板块的公司重大环境行政处罚的披露情况进行比较。2018 年受到重大环境行政处罚的 166 家上市公司中，有 105 家在主板上市，46 家在中小企业板上市，15 家在创业板上市。如表 4-7 所示，创业板块和中小企业板的上市公司重大环境行政处罚披露情况较好，主板上市公司披露情况最差。中小企业板的上市公司中有 14 家公司的环境行政处罚信息披露合格，占总数的 30.43%；主板上市公司中披露合格公司数有 13 家，仅占比 12.38%；创业板上市公司中合格公司数有 5 家，占比 33.33%。创业板公司数量相对较少，但是披露合格公司占比很高。主板上市公司披露情况较差的一个可能的原因是上交所仅有主板上市公司，而深交所分为主板、中小板和创业板三个板块，因此需要对深交所三个板块的上市公司重大行政处罚信息披露情况做进一步分析。

表 4-7 不同上市板块重大行政处罚信息披露情况

上市板块	合格公司数/家	有披露但不合格公司数/家	无披露公司数/家	公司总数/家	有披露公司占比/%
中小企业板	14	3	29	46	36.96
主板	13	4	88	105	16.19
创业板	5	2	8	15	46.67
合计	32	9	125	166	24.70

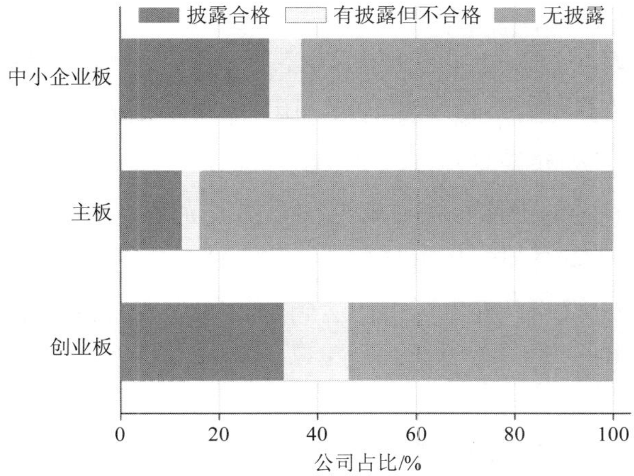

图 4-9　不同上市板块重大行政处罚信息披露情况

对深交所 92 所企业分不同上市板块的公司重大行政处罚的披露情况进行比较，如表 4-8 和图 4-10 所示，有 31 家在主板上市，46 家在中小企业板上市，15 家在创业板上市。创业板的上市公司重大环境行政处罚披露情况相对较好，其次为中小板，主板上市公司披露情况最差。中小企业板有披露公司占比 36.96%；主板有披露公司占比 35.48%；创业板有披露公司占比高达 46.67%。

表 4-8　深交所不同上市板块重大行政处罚信息披露情况

上市板块	披露合格公司数/家	有披露但不合格公司数/家	无披露公司数/家	公司总数/家	有披露公司占比/%
中小企业板	14	3	29	46	36.96
主板	9	2	20	31	35.48
创业板	5	2	8	15	46.67
合计	28	7	57	92	38.04

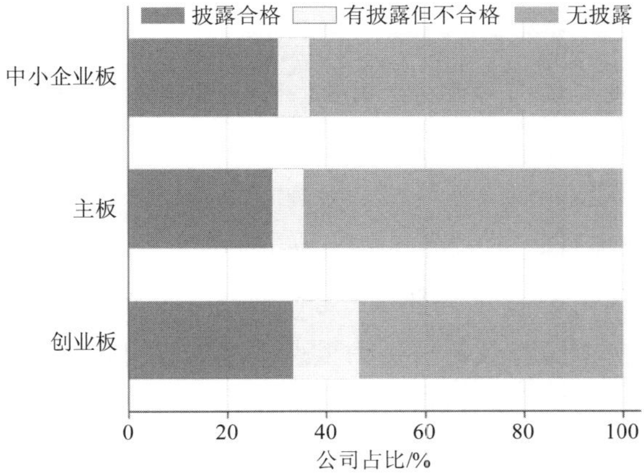

图 4-10　深交所不同上市板块重大行政处罚信息披露情况

5．公司性质分析

2018年受到重大环境行政处罚的166家上市公司中，有81家为国企，85家为私企。从披露重大环保信息的公司数来看（表4-9），国企有19家披露了处罚信息，占23.46%；私企有22家公司披露了处罚信息，占比25.88%。在披露重大行政处罚信息方面，国企和私企披露水平相当，私企的披露公司占比略高于国有企业。就合格公司而言（图4-11），国企的上市公司中有16家公司的环境行政处罚信息披露合格，占国企公司总数的19.75%；私企公司中披露合格公司数有16家，占比达到18.82%。从披露合格公司数据来看，私企公司也略好于国企公司。

表4-9 不同性质公司重大行政处罚信息披露情况

公司性质	披露合格公司数/家	有披露但不合格公司数/家	无披露公司数/家	公司总数/家	有披露公司占比/%
国企	16	3	62	81	23.46
私企	16	6	63	85	25.88
总计	32	9	125	166	24.70

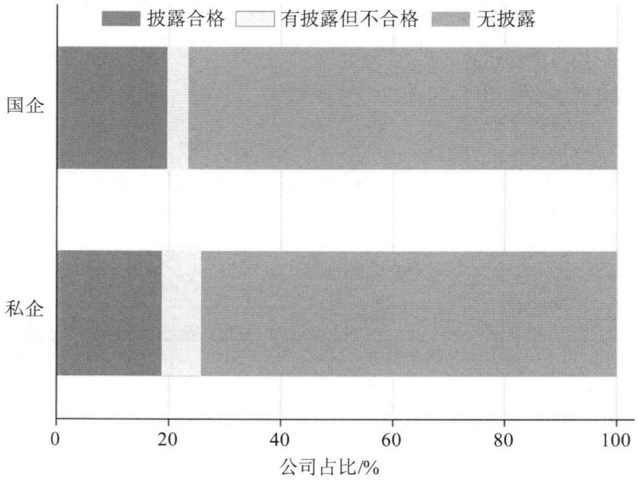

图4-11 不同性质公司重大行政处罚信息披露情况

6．重点排污单位类型

2018年受到重大环境行政处罚的166家上市公司中，共有28家公司的类别为仅母公司为重点排污监控单位，138家公司的母公司和子公司均为重点排污单位。从披露重大环保信息的公司数来看（表4-10），仅母公司为重点排污单位的公司有10家披露了处罚信息，占比35.71%；母公司和子公司均为重点排污单位的公司有31家公司披露了处罚信息，占比22.46%。就合格公司而言（图4-12），仅母公司为重点排污单位的公司有9家环境行政处罚信息披露合格，占总数的32.14%；母公司和子公司均为重点排污单位的上市公司中有

23 家环境行政处罚信息披露合格，占比仅 16.67%。仅母公司为重点排污单位的上市公司的重大环境行政处罚信息的披露情况优于母公司和子公司均为重点排污单位的上市公司。

表 4-10　不同重点排污单位类型重大行政处罚信息披露情况

	披露合格公司数/家	有披露但不合格公司数/家	无披露公司数/家	公司总数/家	有披露公司占比/%
仅母公司为重点排污单位	9	1	18	28	35.71
母公司和子公司均为重点排污单位	23	8	107	138	22.46
总计	32	9	125	166	24.70

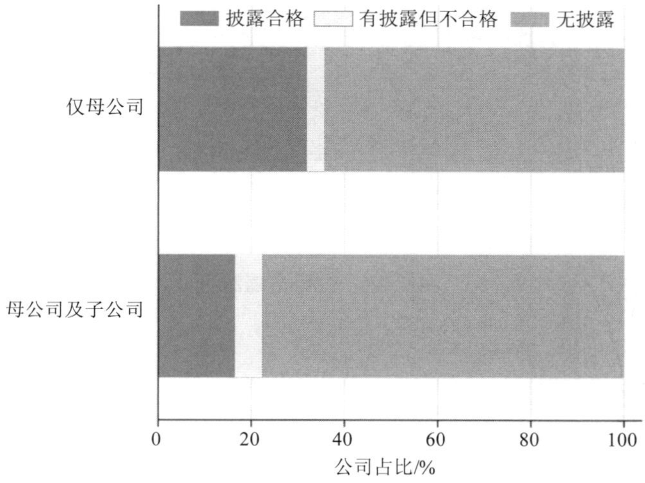

图 4-12　不同重点排污单位类型重大行政处罚信息披露情况

4.2　公司 2018 年经营状况统计

4.2.1　2018 年最后一个交易日公司市值统计

表 4-11 和图 4-13 分别统计了披露合格公司、有披露但不合格公司和无披露的公司 2018 年 12 月 31 日的市值情况。合格公司的平均市值最低，仅有 7.15 亿元；有披露但不合格的公司平均市值 10.60 亿元；无披露的公司平均市值最高，达 30.20 亿元，为合格公司的 4 倍多。上市公司的市值与其环境信息披露水平不匹配，许多收入较高、市值较大的公司反而没有很好地履行环境信息披露的责任，这可能由于公司规模越大、市值越高，环保罚款对该公司影响越不明显，因而公司缺乏披露相关处罚信息的意识。总体而言，合格公司的

总市值仅占166家公司的5.59%。不合格公司（包括有披露但不合格公司和无披露的公司）的市值占比高达95.49%，其中无信息披露的公司市值占比也达到了93.10%。

表4-11　公司市值统计

	平均市值/亿元	总市值/亿元	总市值占比/%
披露合格公司	7.15	229.00	5.59
有披露但不合格公司	10.60	95.40	2.36
无披露的公司	30.20	3 770.00	93.10

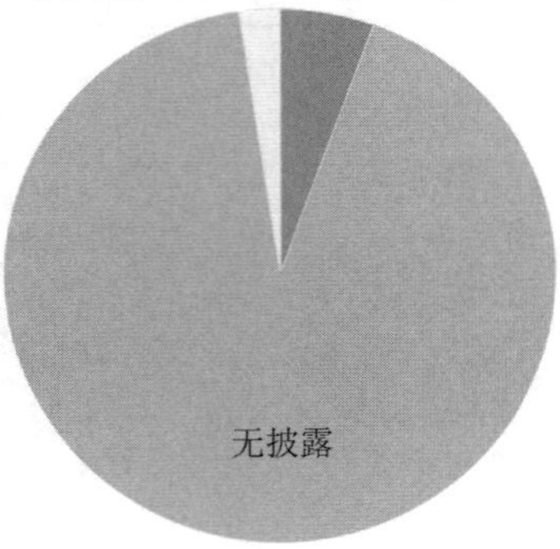

图4-13　公司市值统计

4.2.2　总资产统计

披露合格公司、有披露但不合格公司和无披露的公司的总资产差距比市值差距更大，尤其是披露合格公司的占比。如表4-12所示，截至2018年12月31日，披露合格公司的平均资产仅有11.20亿元；有披露但不合格的公司平均资产35.80亿元，约为合格公司的3倍；无披露的上市公司平均资产高达72.10亿元，接近合格公司平均资产的7倍。合格公司的总资产仅占总数的3.71%，不合格公司（包括有披露但不合格公司和无披露的公司）的总资产占比高达96.28%，其中无信息披露的公司市值占比达到了92.97%（图4-14）。

总体来说，公司规模越大、现金流越多，环境信息披露水平越低。这可能是因为环境行政处罚手段通常为罚款，公司规模越大，各级生态环境行政主管部门所处的罚款对公司而言越不重要，公司越容易缺乏披露相关信息的意识。

表4-12　总资产统计

	平均资产/亿元	总资产/亿元	总资产占比/%
披露合格公司	11.20	360.00	3.71
有披露但不合格公司	35.80	322.00	3.32
无披露的公司	72.10	9 020.00	92.97

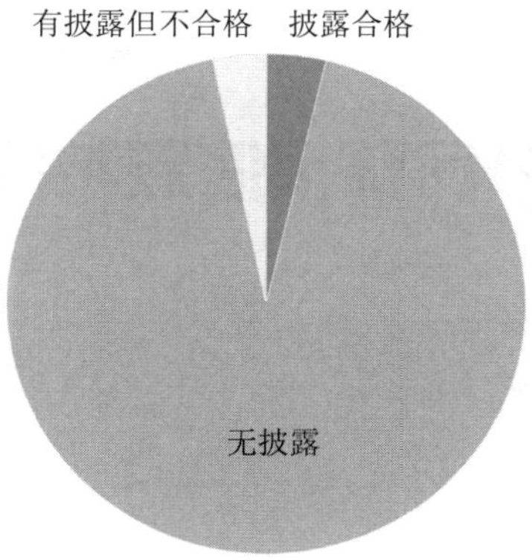

图 4-14　总资产统计

4.2.3　股票、债券发行情况统计

本报告对上市公司的股票、债券的发行状况进行统计，以评估上市公司未披露重大环境行政处罚信息这一违规行为是否有对其经济活动带来影响。相关的股票、债券数据来自 Wind 金融数据库，由 Wind 整理上市公司年报信息获得。如表 4-13 所示，未披露任何重大环境行政处罚信息的上市公司 2018 年全年共发行了股票 74 300 万股，平均每个公司发行 594.40 万股；而重大环境行政处罚信息披露合格的 32 家上市公司 2018 年年度股票增发总数仅有 1 930 万股，平均每个公司发行 60.31 万股，约为未披露的公司平均股票增发量的 1/10。无披露的公司 2018 年股票的增发价格是合格公司的 16 倍。

债券发行方面，由于公司发行的债券未必全部被认购，本报告选用上市公司年度财务报表中 2018 年发行债券的总现金收入来表征公司的债券发行状况。披露合格公司的 2018 年债券发行总收入为 8 900.00 万元，平均债券发行收入 278.13 万元；有披露但不合格的公司 2018 年债券发行总收入为 9 970 万元，平均债券发行收入 1 107.78 万元，是合格公司的约 4 倍；无披露公司的年发行债券总收入 1 460 000 万元，平均债券发行收入 1.17 亿元，是合格公司的 42 倍左右。

表 4-13　股票、债券发行情况统计

	年股票增发量/百万股	年股票增发价格/元	年发行债券收入/百万元
披露合格公司	19.30	9.19	89.00
有披露但不合格公司	0.00	0.00	99.70
无披露的公司	743.00	147.09	14 600.00

第 5 章 上市公司环境信息披露综合评估结果

5.1 整体结果

为进一步了解上市公司环境信息披露综合水平，本报告在重大环境行政处罚信息披露评估和环境信息披露合规性评估的基础上从行政处罚信息披露和定期报告环境信息披露两个方面对上市公司中的重点排污监控单位进行环境信息披露水平的综合评估。评估的299 家上市公司中仅有 28 家在 2018 年受到各级生态环境行政主管部门的重大行政处罚。上市公司环境信息披露综合评估满分为 100 分，若不考虑环境报告及社会责任报告等披露的信息，均分为 80.77 分；补充了环境报告等报告后，均分提高至 81.05 分，具体得分见附表 6。图 5-1 为综合得分的分布散点图（仅评估年报），图 5-2 为综合得分的箱型统计图（仅评估年报）。从散点图可以看出，公司得分主要分布在 40 分及 90～100 分，其中 90～100 分的公司数量较多，且满分公司占比很多，因此可以说明上市公司环境信息披露综合水平总体较好。虽然 40 分以下的公司极少，但仍有部分公司得分为 0。上市公司的综合得分中位数为 95 分，上四分位数为满分 100 分，下四分位数为 60 分。在补充评估环境报告后，上市公司的环境信息披露综合得分分布情况与补充前基本一致（如图 5-3、图 5-4 所示）。

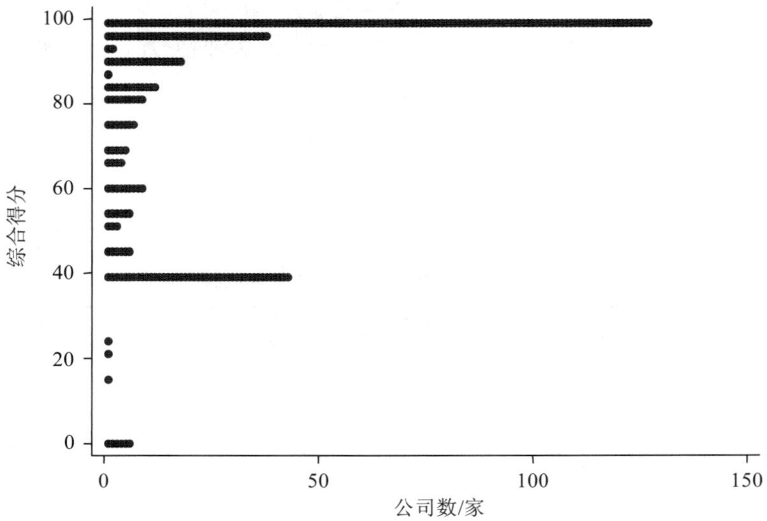

图 5-1 综合得分分布散点图（仅评估年报）

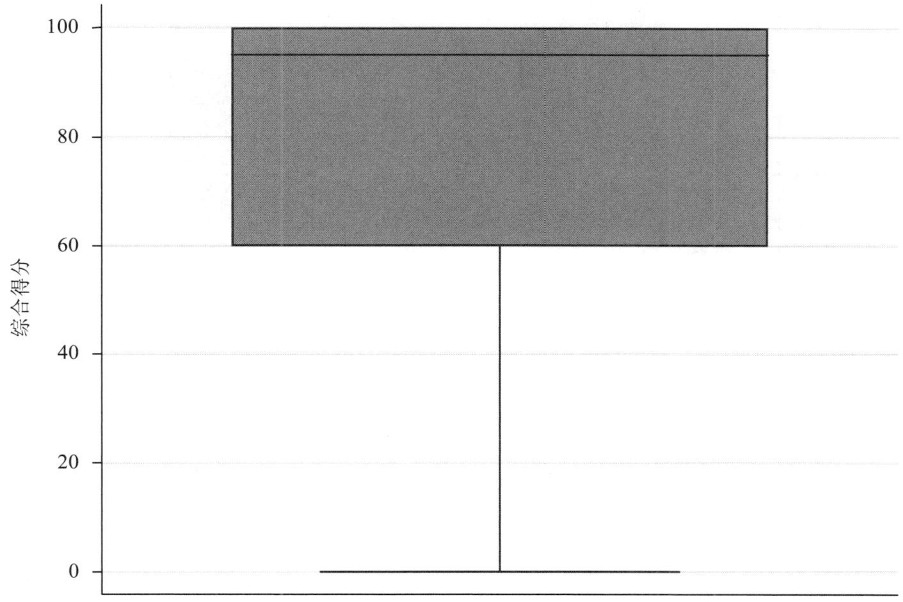

图 5-2　综合得分箱型图（仅评估年报）

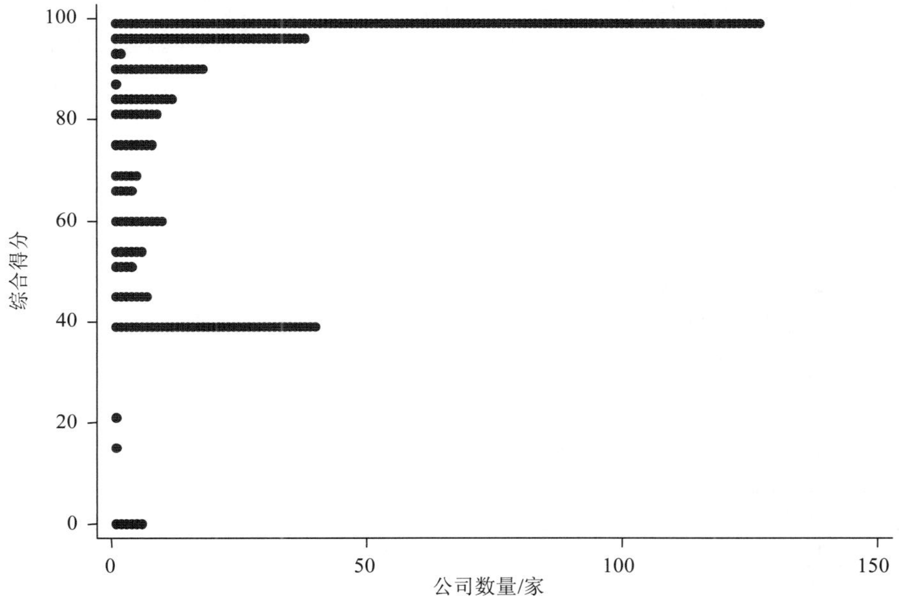

图 5-3　综合得分分布散点图（补充评估环境报告后）

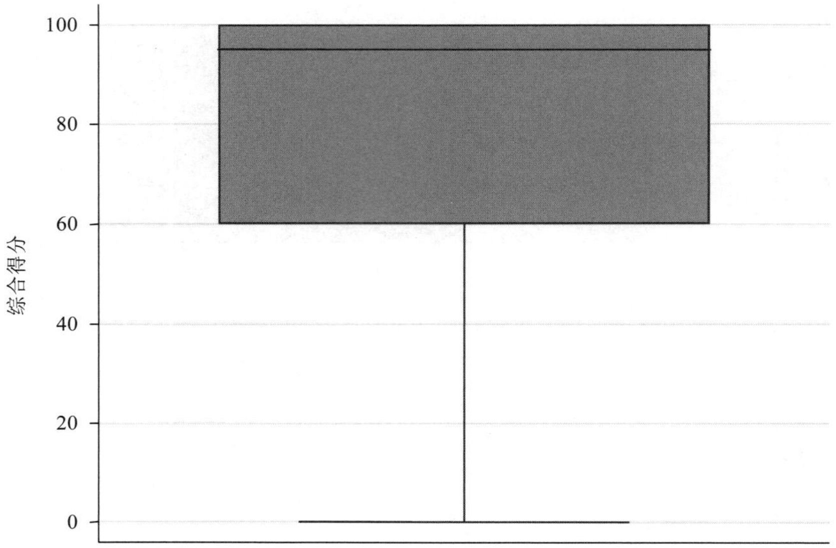

图 5-4 综合得分箱型图（补充评估环境报告后）

对上市公司的环境信息披露综合得分做进一步统计。不考虑环境报告等披露的信息，如表 5-1 所示，综合得分为 100 分的上市公司共 127 家，占总数的 42.47%；得分在 80 分（含）以上的公司共 207 家，占比达 69.23%。30 分以下的公司仅有 9 家，占比不足 3%；但仍有 6 家公司综合得分为 0，即未披露任何环境信息。若上市公司的综合得分在 60 分以上，则说明该公司定期报告环境信息和重大环境行政处罚信息披露得分都不为 0，即该公司定期报告环境信息和重大环境行政处罚信息都有披露，或有定期报告环境信息披露、未受到重大行政处罚。本次评估得到 60 分以上（不含）的上市公司共 224 家，占公司总数的 74.92%。根据补充社会责任报告后的环境信息合规评估得分，综合得分分布如表 5-2 所示，与根据年报进行评估的结果相差不大；其中，5～30 分（不含）和 30～60 分（不含）组内的公司数各减少了一家，而 60～80 分（不含）的公司数增加了两家。

表 5-1 综合得分分布统计（仅评估年报）

综合得分	公司数量/家	公司占比/%
0	6	2.01
5～30 分（不含）	3	1.00
30～60 分（不含）	58	19.40
60～80 分（不含）	25	8.36
80～100 分（不含）	80	26.76
100 分	127	42.47
合计	299	100.00

表 5-2　综合得分分布统计（补充评估环境报告）

综合得分	公司数量/家	公司占比/%
0	6	2.01
5～30 分（不含）	2	0.66
30～60 分（不含）	57	19.06
60～80 分（不含）	27	9.03
80～100 分（不含）	80	26.76
100 分	127	42.47
合计	299	100.00

总体来看，上市公司环境信息披露综合情况较好。综上所述，上市公司定期报告环境信息披露水平整体较高，且 90%以上属于重点监控单位的上市公司 2018 年并未受到各级生态环境行政主管部门的重大行政处罚，即行政处罚信息披露得分默认为满分。但在受到重大行政处罚的这部分上市公司（28 家）中，有重大行政处罚信息披露的公司仅有 10 家。对受到重大行政处罚和未受到重大行政处罚的公司分别进行统计，未受到处罚的公司综合得分均分为 83.87 分，而受到处罚的公司综合得分均分仅有 53.75 分（详见附表 6）。由此可以推断，若这 299 家上市公司全部受到了重大行政处罚，其环境信息披露综合得分会大幅下降。由于大部分公司未受到行政处罚、无须披露相关信息，本报告所得到的上市公司环境信息披露综合得分可能是“虚高”的。

5.2　分类分析

5.2.1　分行业分析

根据中国证监会的行业分类标准，299 家公司分别分布在 10 个行业门类，其中 90.97%的公司均属于制造业门类。从平均得分来看（表 5-3、图 5-5），2018 年信息传输、软件和信息技术服务业，农、林、牧、渔业，水利、环境和公共设施管理业，综合均达满分，但这四个行业的公司数都仅有 1 家，分值可能存在很大的偶然性。其次为建筑业和采矿业，分别为 95.00 分和 88.33 分。交通运输、仓储和邮政业与批发和零售业的均分最低，分别为 66.11 分和 15 分；但批发和零售业的公司数只有 1 家，分值可能存在很大的偶然性。根据补充环境报告后的合规评估结果（表 5-4、图 5-6），除制造业的综合得分略有增加外，其他情况与前述分析相同。

表 5-3 不同行业门类综合得分均分对比（仅评估年报）

行业	公司数量/家	平均分
交通运输、仓储和邮政业	9	66.11
信息传输、软件和信息技术服务业	1	100.00
农、林、牧、渔业	1	100.00
制造业	272	81.01
建筑业	1	95.00
批发和零售业	1	15.00
水利、环境和公共设施管理业	1	100.00
电力、热力、燃气及水生产和供应业	6	80.00
综合	1	100.00
采矿业	6	88.33
总计	299	80.77

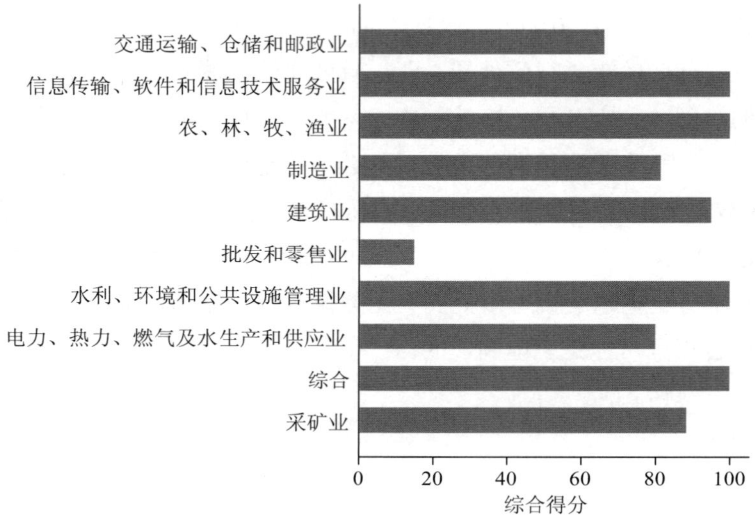

图 5-5 不同行业综合得分均分对比（仅评估年报）

表 5-4 不同行业门类综合得分均分对比（补充评估环境报告后）

行业	公司数量/家	平均分
交通运输、仓储和邮政业	9	66.11
信息传输、软件和信息技术服务业	1	100.00
农、林、牧、渔业	1	100.00
制造业	272	81.32
建筑业	1	95.00
批发和零售业	1	15.00
水利、环境和公共设施管理业	1	100.00
电力、热力、燃气及水生产和供应业	6	80.00
综合	1	100.00
采矿业	6	88.33
总计	299	81.05

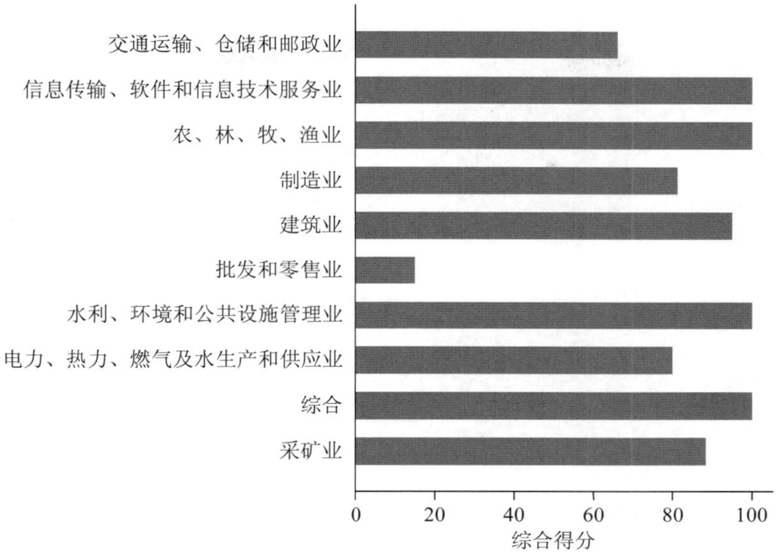

图 5-6　不同行业综合得分均分对比（补充评估环境报告后）

从不同行业门类的公司得分分布来看（表 5-5 和图 5-7），6 家得分为 0 的公司中有 5 家均为制造业公司；由于本次评估的公司中 96%都属于制造业公司，该分布并不能说明制造业的上市公司环境信息披露综合水平较低。得分为满分的公司分别分布在制造业，电力、热力、燃气及水生产和供应业，采矿业，交通运输、仓储和邮政业，信息传输、软件和信息技术服务业，农、林、牧、渔业，水利、环境和公共设施管理业以及综合这些行业。根据补充社会责任报告后的合规评估结果（表 5-6 和图 5-8），除制造业有一家公司的综合得分由≤60 分组变为 60～100 分组外，其他情况与前述分析相同。

表 5-5　不同行业门类综合得分分布（仅评估年报）

行业	0 分	≤60 分	60～100 分	100 分
交通运输、仓储和邮政业	1	3	3	2
信息传输、软件和信息技术服务业	0	0	0	1
农、林、牧、渔业	0	0	0	1
制造业	5	64	88	115
建筑业	0	0	1	0
批发和零售业	0	1	0	0
水利、环境和公共设施管理业	0	0	0	1
电力、热力、燃气及水生产和供应业	0	2	1	3
综合	0	0	0	1
采矿业	0	0	3	3
总计	6	70	96	127

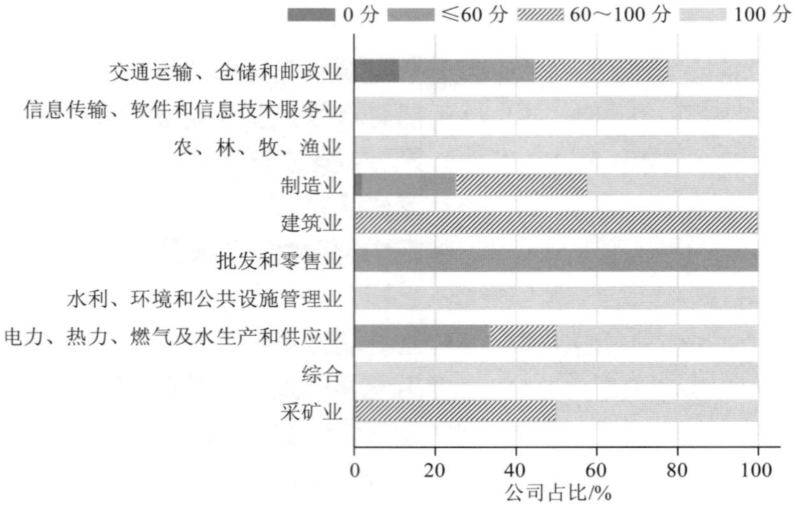

图5-7 不同行业门类综合得分分布（仅评估年报）

表5-6 不同行业门类综合得分分布（补充评估环境报告后）

行业	0分	≤60分	60～100分	100分
交通运输、仓储和邮政业	1	3	3	2
信息传输、软件和信息技术服务业	0	0	0	1
农、林、牧、渔业	0	0	0	1
制造业	5	63	89	115
建筑业	0	0	1	0
批发和零售业	0	1	0	0
水利、环境和公共设施管理业	0	0	0	1
电力、热力、燃气及水生产和供应业	0	2	1	3
综合	0	0	0	1
采矿业	0	0	3	3
总计	6	69	97	127

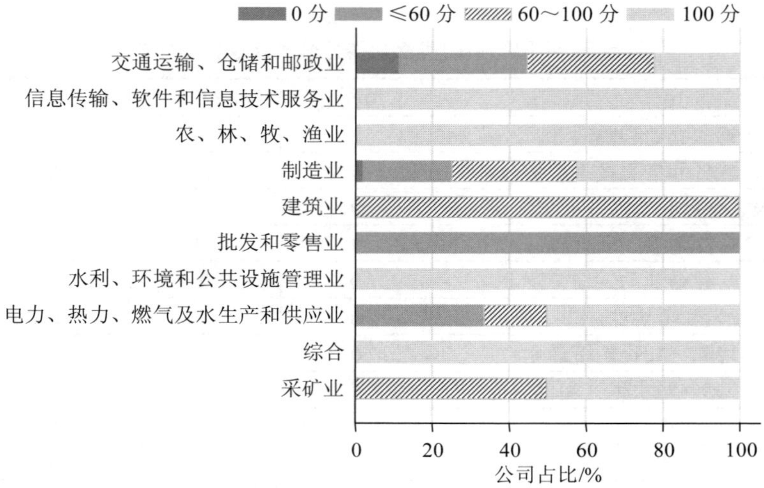

图5-8 不同行业门类综合得分分布（补充评估环境报告后）

由于本报告所评估的上市公司绝大部分属于制造业门类，因此对制造业的公司做进一步分析。属于制造业门类的 272 家公司共分布于 27 个行业大类，各制造业行业大类的上市公司数量和综合得分均分如表 5-7 所示。这 27 个行业大类中，化学原料和化学制品制造业的公司数量最多，共 49 家；其次为医药制造业与计算机、通信和其他电子设备制造业，公司数量分别为 34 家和 27 家；其他行业大类的公司数量都在 15 家以下。有 12 个行业大类的公司数在 5 家（含）以下，9 个行业大类的公司数在 3 家（含）以下；其中其他制造业，废弃资源综合利用业，木材加工及木、竹、藤、棕、草制品业，皮革、毛皮、羽毛及其制品和制鞋业与纺织服装、服饰业 5 个行业大类仅有 1 家上市公司。

从均分来看，其他制造业与纺织服装、服饰业的均分最高，均为满分；其次为木材加工及木、竹、藤、棕、草制品业与皮革、毛皮、羽毛及其制品和制鞋业，均分均为 95 分。废弃资源综合利用业的均分最低，仅有 40 分；其次为家具制造业与农副食品加工业，均分分别为 55 分和 59 分；其他行业大类的均分都在 60 分以上。大部分行业大类的均分为 70～90 分。根据补充社会责任报告后的合规评估结果（表 5-8），情况与前述分析相似。

表 5-7　制造业行业大类综合得分均分对比（仅评估年报）

行业大类	公司数量/家	平均分
专用设备制造业	14	72.50
仪器仪表制造业	3	78.33
其他制造业	1	100.00
农副食品加工业	5	59.00
化学原料及化学制品制造业	49	85.94
化学纤维制造业	6	87.50
医药制造业	34	87.50
家具制造业	2	55.00
废弃资源综合利用业	1	40.00
有色金属冶炼及压延加工业	10	92.50
木材加工及木、竹、藤、棕、草制品业	1	95.00
橡胶和塑料制品业	6	81.17
汽车制造业	14	85.36
电气机械及器材制造业	14	76.43
皮革、毛皮、羽毛及其制品和制鞋业	1	95.00
石油加工、炼焦及核燃料加工业	2	90.00
纺织业	10	89.00
纺织服装、服饰业	1	100.00
计算机、通信和其他电子设备制造业	27	75.63
通用设备制造业	14	62.86
造纸及纸制品业	5	93.40
酒、饮料和精制茶制造业	13	94.23
金属制品业	14	69.29

行业大类	公司数量/家	平均分
铁路、船舶、航空航天和其他运输设备制造业	3	76.67
非金属矿物制品业	10	70.30
食品制造业	4	80.00
黑色金属冶炼及压延加工业	8	82.50
合计	272	81.01

表 5-8 制造业行业大类综合得分均分对比（补充评估环境报告后）

行业大类	公司数量/家	平均分
专用设备制造业	14	72.50
仪器仪表制造业	3	78.33
其他制造业	1	100.00
农副食品加工业	5	59.00
化学原料及化学制品制造业	49	85.94
化学纤维制造业	6	87.50
医药制造业	34	87.50
家具制造业	2	55.00
废弃资源综合利用业	1	40.00
有色金属冶炼及压延加工业	10	93.50
木材加工及木、竹、藤、棕、草制品业	1	95.00
橡胶和塑料制品业	6	81.17
汽车制造业	14	85.36
电气机械及器材制造业	14	77.86
皮革、毛皮、羽毛及其制品和制鞋业	1	95.00
石油加工、炼焦及核燃料加工业	2	90.00
纺织业	10	89.00
纺织服装、服饰业	1	100.00
计算机、通信和其他电子设备制造业	27	76.93
通用设备制造业	14	62.86
造纸及纸制品业	5	93.40
酒、饮料和精制茶制造业	13	94.23
金属制品业	14	69.29
铁路、船舶、航空航天和其他运输设备制造业	3	76.67
非金属矿物制品业	10	70.30
食品制造业	4	80.00
黑色金属冶炼及压延加工业	8	84.38
合计	272	81.32

从不同行业大类的公司得分分布来看，如表 5-9 和表 5-10 所示，仅有 5 个行业大类公司无满分，分别为家具制造业，废弃资源综合利用业，木材加工及木、竹、藤、棕、草制品业，皮革、毛皮、羽毛及其制品和制鞋业与石油加工、炼焦及核燃料加工业。有 5 个行业大类公司为 0 分，分别为农副食品加工业，化学原料及化学制品制造业，通用设备制造

业，金属制品业与非金属制造业。

从分数段分布比例来看，如图 5-9 和图 5-10 所示，其他制造业与纺织服装、服饰业的满分公司占比最高，达到 100%；其次为化学原料及化学制品制造业，有色金属冶炼及压延加工业与造纸及纸制品业，满分公司占比均为 60%。木材加工及木、竹、藤、棕、草制品业，皮革、毛皮、羽毛及其制品和制鞋业与石油加工、炼焦及核燃料加工业三个行业大类所有公司得分都在 60～100 分；废弃资源综合利用业的所有公司得分都没有超过 60 分，但该行业大类中只有一家公司。

表 5-9　制造业行业大类综合得分分布（仅评估年报）

行业大类	0 分	≤60 分	60～100 分	100 分
专用设备制造业	0	6	4	4
仪器仪表制造业	0	1	1	1
其他制造业	0	0	0	1
农副食品加工业	1	2	0	2
化学原料及化学制品制造业	1	9	10	29
化学纤维制造业	0	1	2	3
医药制造业	0	6	9	19
家具制造业	0	1	1	0
废弃资源综合利用业	0	1	0	0
有色金属冶炼及压延加工业	0	1	3	6
木材加工及木、竹、藤、棕、草制品业	0	0	1	0
橡胶和塑料制品业	0	1	4	1
汽车制造业	0	2	8	4
电气机械及器材制造业	0	5	3	6
皮革、毛皮、羽毛及其制品和制鞋业	0	0	1	0
石油加工、炼焦及核燃料加工业	0	0	2	0
纺织业	0	1	5	4
纺织服装、服饰业	0	0	0	1
计算机、通信和其他电子设备制造业	0	10	7	10
通用设备制造业	1	6	5	2
造纸及纸制品业	0	0	2	3
酒、饮料和精制茶制造业	0	0	6	7
金属制品业	1	4	6	3
铁路、船舶、航空航天和其他运输设备制造业	0	1	1	1
非金属矿物制品业	1	3	3	3
食品制造业	0	1	2	1
黑色金属冶炼及压延加工业	0	2	2	4

表 5-10 制造业行业大类综合得分分布（补充评估环境报告后）

行业大类	0 分	≤60 分	60～100 分	100 分
专用设备制造业	0	6	4	4
仪器仪表制造业	0	1	1	1
其他制造业	0	0	0	1
农副食品加工业	1	2	0	2
化学原料及化学制品制造业	1	9	10	29
化学纤维制造业	0	1	2	3
医药制造业	0	6	9	19
家具制造业	0	1	1	0
废弃资源综合利用业	0	1	0	0
有色金属冶炼及压延加工业	0	1	3	6
木材加工及木、竹、藤、棕、草制品业	0	0	1	0
橡胶和塑料制品业	0	1	4	1
汽车制造业	0	2	8	4
电气机械及器材制造业	0	5	3	6
皮革、毛皮、羽毛及其制品和制鞋业	0	0	1	0
石油加工、炼焦及核燃料加工业	0	0	2	0
纺织业	0	1	5	4
纺织服装、服饰业	0	0	0	1
计算机、通信和其他电子设备制造业	0	9	8	10
通用设备制造业	1	6	5	2
造纸及纸制品业	0	0	2	3
酒、饮料和精制茶制造业	0	0	6	7
金属制品业	1	4	6	3
铁路、船舶、航空航天和其他运输设备制造业	0	1	1	1
非金属矿物制品业	1	3	3	3
食品制造业	0	1	2	1
黑色金属冶炼及压延加工业	0	2	2	4

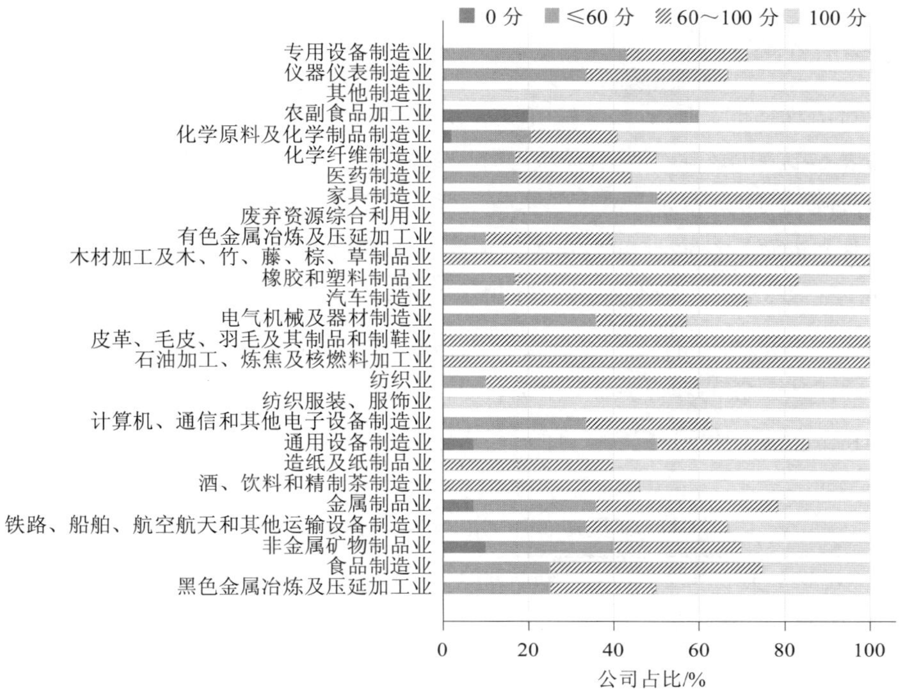

图 5-9　制造业行业大类综合得分分布（仅评估年报）

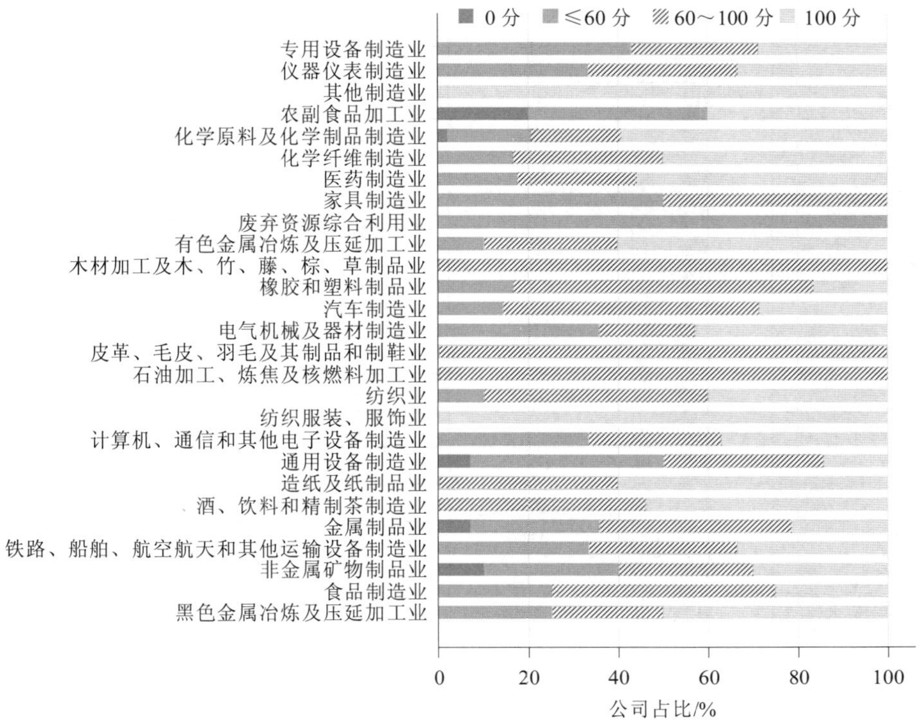

图 5-10　制造业行业大类综合得分分布（补充评估环境报告后）

5.2.2 地区差异分析

本报告所评估的299家上市公司分别分布于31个省（区、市），各省（区、市）的得分情况如表5-11和表5-12所示。从均分来看，云南、内蒙古、新疆、甘肃与青海5个省（区）均分最高，均为满分，但这5个省（区）均只有1家上市公司被评估。其次为贵州、山西、吉林、海南、江西、湖北6省，其均分都在90分以上，分别为98.33分、97.5分、95分、95分、93.64分和92.22分。四川、天津、宁夏、安徽、广西、河北、浙江、湖南、福建9个省（区、市）的均分也达到了80分以上。上海、山东、广东、江苏、河南、西藏、辽宁、重庆、陕西和黑龙江这10个省（区、市）的均分较低，均为70～80分。而北京的平均得分最低，仅有47分，有一家0分公司，且没有满分公司。

表5-11 不同省（区、市）综合得分分布（仅评估年报）

省（区、市）	0分	≤60分	60～100分	100分	均分
上海市	0	2	6	3	78.64
云南省	0	0	0	1	100.00
内蒙古自治区	0	0	0	1	100.00
北京市	1	3	1	0	47.00
吉林省	0	0	2	0	95.00
四川省	0	3	3	5	80.45
天津市	0	1	3	0	80.50
宁夏回族自治区	0	1	1	3	87.00
安徽省	0	4	4	7	82.33
山东省	2	6	7	15	79.17
山西省	0	0	2	2	97.50
广东省	1	6	5	12	78.33
广西壮族自治区	0	0	3	0	83.67
新疆维吾尔自治区	0	0	0	1	100.00
江苏省	1	12	14	9	71.61
江西省	0	1	1	9	93.64
河北省	0	1	5	4	86.00
河南省	0	5	3	2	71.00
浙江省	0	12	20	22	83.04
海南省	0	0	1	1	95.00
湖北省	0	1	3	5	92.22
湖南省	0	1	3	2	89.17
甘肃省	0	0	0	1	100.00
福建省	0	2	2	7	87.73
西藏自治区	0	0	2	0	72.50
贵州省	0	0	1	5	98.33
辽宁省	1	3	1	5	74.00

省（区、市）	0 分	≤60 分	60～100 分	100 分	均分
重庆市	0	2	1	2	72.00
陕西省	0	2	0	2	70.00
青海省	0	0	0	1	100.00
黑龙江省	0	2	2	0	72.50
合计	6	70	97	127	80.77

表 5-12　不同省（区、市）综合得分分布（补充评估环境报告）

省（区、市）	0 分	≤60 分	60～100 分	100 分	均分
上海市	0	2	6	3	79.09
云南省	0	0	0	1	100.00
内蒙古自治区	0	0	0	1	100.00
北京市	1	3	1	0	47.00
吉林省	0	0	2	0	95.00
四川省	0	3	3	5	80.45
天津市	0	1	3	0	80.50
宁夏回族自治区	0	1	1	3	87.00
安徽省	0	4	4	7	83.00
山东省	2	6	7	15	79.17
山西省	0	0	2	2	97.50
广东省	1	6	5	12	78.33
广西壮族自治区	0	0	3	0	83.67
新疆维吾尔自治区	0	0	0	1	100.00
江苏省	1	12	14	9	71.61
江西省	0	1	1	9	93.64
河北省	0	1	5	4	86.00
河南省	0	5	3	2	71.00
浙江省	0	11	21	22	83.69
海南省	0	0	1	1	95.00
湖北省	0	1	3	5	92.22
湖南省	0	1	3	2	89.17
甘肃省	0	0	0	1	100.00
福建省	0	2	2	7	87.73
西藏自治区	0	0	2	0	72.50
贵州省	0	0	1	5	98.33
辽宁省	1	3	1	5	74.00
重庆市	0	2	1	2	75.00
陕西省	0	2	0	2	75.00
青海省	0	0	0	1	100.00
黑龙江省	0	2	2	0	72.50
合计	6	69	97	127	81.05

从得分分布来看（图 5-11 和图 5-12），6 家综合评估得 0 分的上市公司分别分布于北京、山东、广东、江苏和辽宁 5 个省（市）；北京、吉林、天津、广西、西藏和黑龙江 6 个省（区、市）没有满分公司。浙江的满分公司占比最高，达 17.32%；而吉林、山西、广西、海南、西藏、贵州 6 个省（区）的所有公司得分都在 60 分以上。

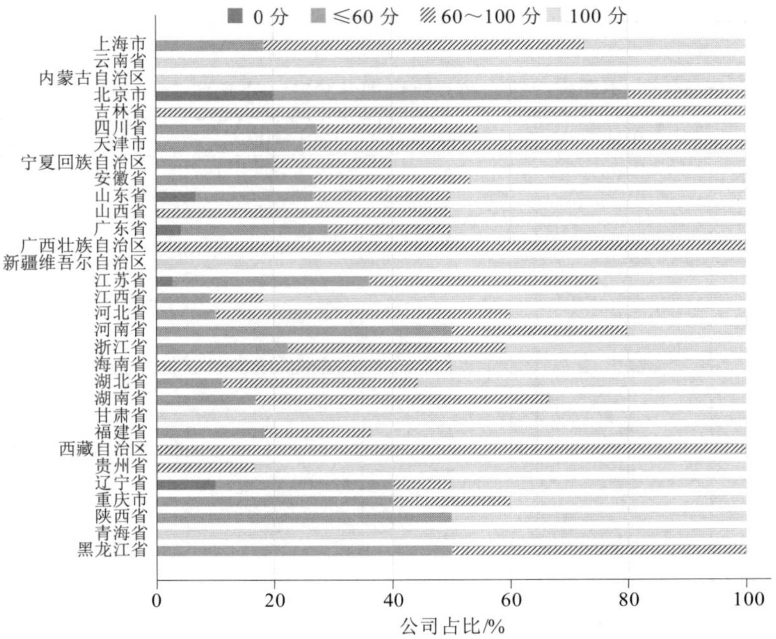

图 5-11 不同省份综合得分分布（仅评估年报）

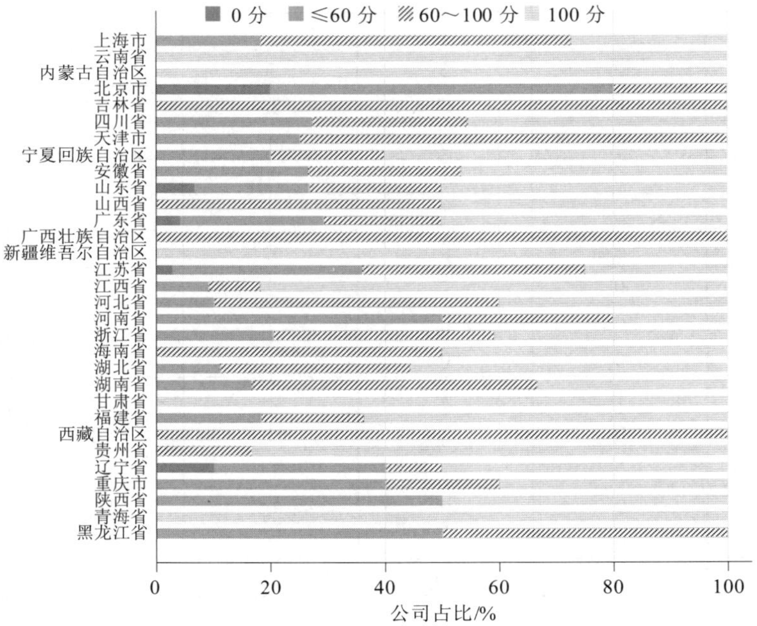

图 5-12 不同省份综合得分分布（补充评估环境报告后）

分地区来看，如表 5-13 所示，中部地区的平均得分最高，达 85.65 分；西部地区紧随其后，均分为 83.65 分；东部地区的均分最低，仅有 78.72 分。得分分布方面，如图 5-13 所示，中部和西部地区都没有 0 分公司；东部地区的 0 分公司数为 6 家，占东部地区公司总数的 3%。满分公司比重方面，西部地区满分公司比重最高，占比达 56.76%，共 21 家；中部地区满分公司比重为 45.16%，共 28 家；东部地区所拥有的满分公司比例最低，为 39.00%。就 60 分以上（含 100 分）公司比例来看，西部地区（78.38%）略高于中部地区（77.42%）；东部地区最低，为 73.00%。总体来说，中部和西部地区的上市公司环境信息披露综合水平最高，且不相上下，东部的信息披露水平最低。根据补充社会责任报告后的合规评估结果（表 5-14 和图 5-14）可知，各地区均分略有增加，除东部地区有一家公司从 60 分以及下组上升至 60～100 分组外，总体分布情况没有变化。

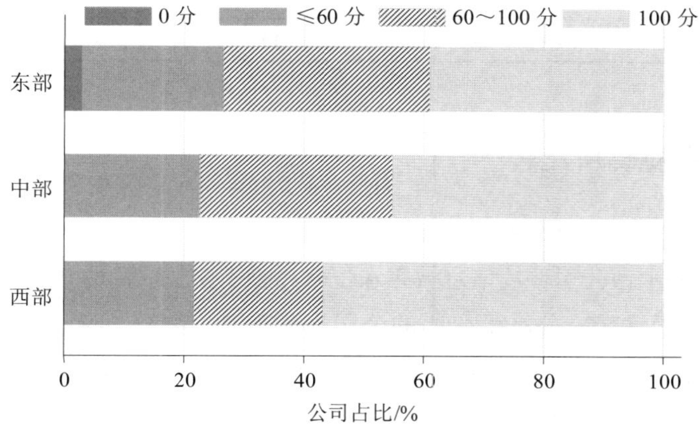

图 5-13　不同地区综合得分分布（仅评估年报）

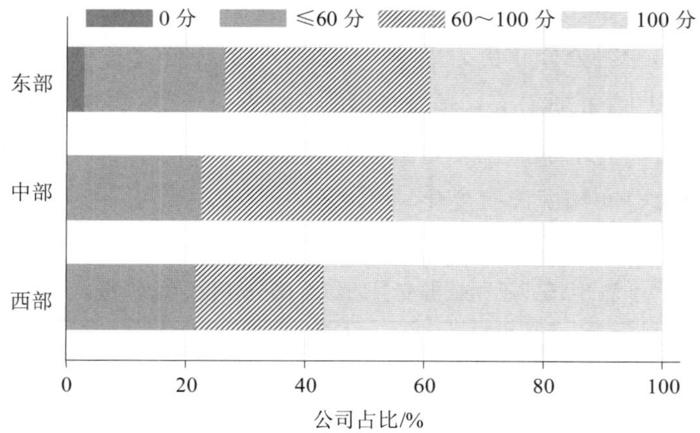

图 5-14　不同地区综合得分分布（补充评估环境报告后）

表 5-13 不同地区综合得分（仅评估年报）

地区	0 分	≤60 分	60～100 分	100 分	均分
东部	6	48	68	78	78.72
中部	0	14	20	28	85.65
西部	0	8	8	21	83.65
合计	6	70	96	127	80.77

表 5-14 不同地区综合得分（补充评估环境报告后）

地区	0 分	≤60 分	60～100 分	100 分	均分
东部	6	47	69	78	78.93
中部	0	14	20	28	85.81
西部	0	8	8	21	84.59
合计	6	69	97	127	81.05

5.2.3 不同证券交易所比较

本次评估的公司中有 132 家在上海证券交易所上市，167 家在深圳证券交易所上市。总体来说，深交所的上市公司环境信息披露水平略高于上交所。就均分而言，如表 5-15 所示，深交所公司的均分为 81.78 分，上交所的公司均分为 79.48 分。从公司得分分布来看，上交所的 37 家满分公司，占上交所的公司总数的 28.03%；深交所的 90 家满分公司，占总数的 53.89%。而上交所 60 分以上（含 100 分）公司占比较高，为 77.27%，共 102 家；深交所的 60 分以上（含 100 分）公司占比为 72.45%，共 121 家。上交所的 0 分公司较深交所也更少。上交所的 0 分公司仅有 1 家，占比为 0.76%；深交所的 0 分公司有 5 家，占比为 2.99%。从图 5-15 和图 5-16 可看出，两个证券交易所上市公司的综合得分具体分布情况对比，上交所上市公司的得分分布更为平均，而深交所的得分分布更为集中，大部分公司的综合得分都在 80 分以上。根据补充环境报告后的合规评估结果（表 5-16 与图 5-17 和图 5-18）可知，上交所的均分略有增加，主要是由于 60 分及以下组的一家公司增加至 60～100 分组；除此之外，总体分布情况没有变化。

表 5-15 不同证券交易所综合得分（仅评估年报）

交易所	0 分	≤60 分	60～100 分	100 分	均分
上交所	1	29	65	37	79.48
深交所	5	41	31	90	81.78
合计	6	70	96	127	80.77

表 5-16　不同证券交易所综合得分（补充评估环境报告后）

交易所	0 分	≤60 分	60～100 分	100 分	均分
上交所	1	28	66	37	80.13
深交所	5	41	31	90	81.78
合计	6	69	97	127	81.05

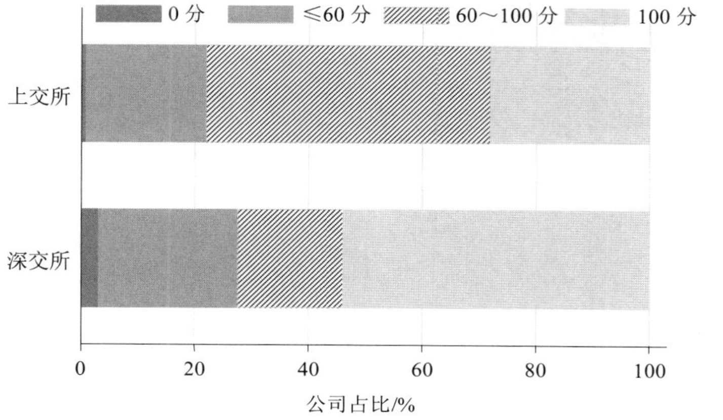

图 5-15　不同证券交易所综合得分分布（分数段）（仅评估年报）

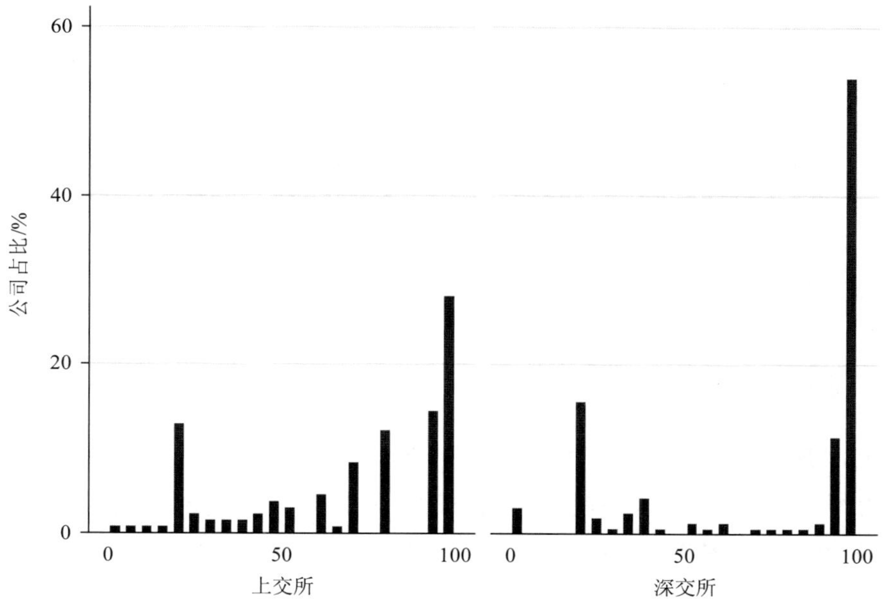

图 5-16　不同证券交易所综合得分分布（仅评估年报）

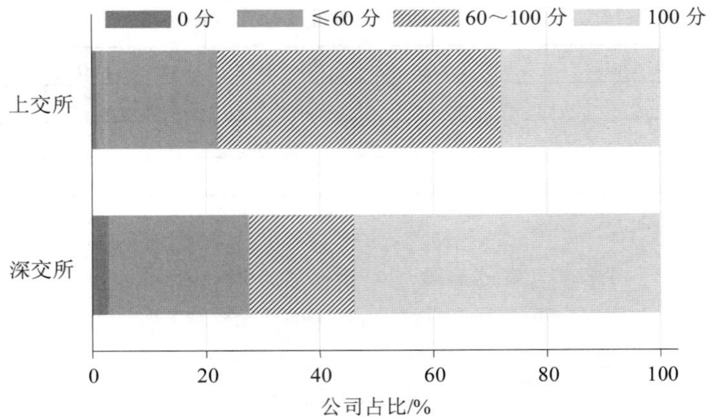

图 5-17　不同证券交易所综合得分分布（分数段）（补充评估环境报告后）

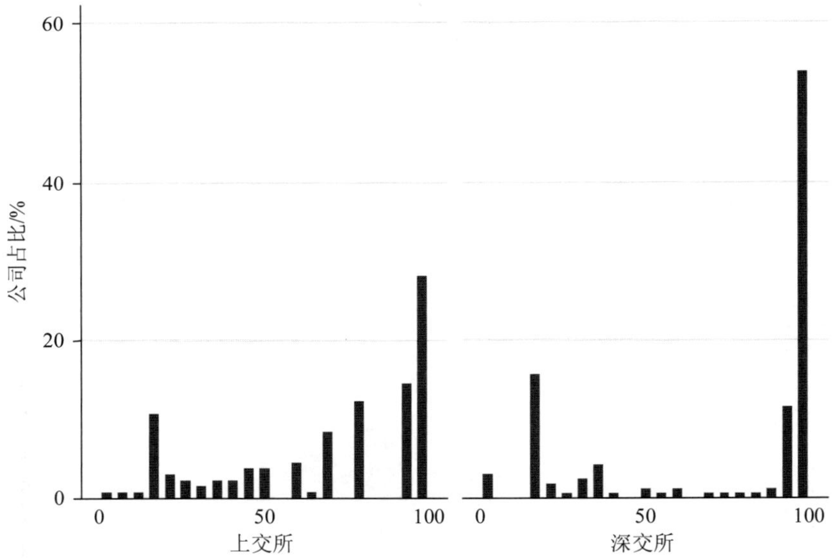

图 5-18　不同证券交易所综合得分分布（补充评估环境报告后）

5.2.4　不同上市板块分析

如表 5-17 所示，本报告所评估的 299 家上市公司中，有 165 家为主板上市公司，综合得分均分为 80.87 分；86 家公司在中小企业板上市，均分 81.85 分；创业板上市公司仅 48 家，均分 78.50 分。从得分分布来看（图 5-19、图 5-20），中小企业板的满分公司占比最高，达到 55.81%；同时中小企业板的 0 分公司比重也最高，为 4.65%。主板上市公司中满分公司占比最低，仅有 32.12%；但主板中 60 以上（含 100 分）的公司占比最高，为 77.58%。创业板满分公司占比为 54.17%，略低于中小企业板的情况；但创业板中 60 分及以下的公司占比最高，达 35.41%。总体来看，中小企业板上市公司的环境信息披露综合水平最高，其次为主板，创业板上市公司的环境信息披露综合水平最低，呈两极分化状态。根据补充社会责任报告后的合规评估结果（表 5-18，图 5-21、图 5-22），主板的均分增加至 81.38 分，主要是由于 60 分及以下组的一家公司增加至 60～100 分组；除此之外，总体分布情况没有变化。

表 5-17　不同上市板块综合得分（仅评估年报）

板块	0 分	≤60 分	60～100 分	100 分	均分
中小企业板	4	18	16	48	81.85
主板	1	36	75	53	80.87
创业板	1	16	5	26	78.50
合计	6	70	96	127	80.77

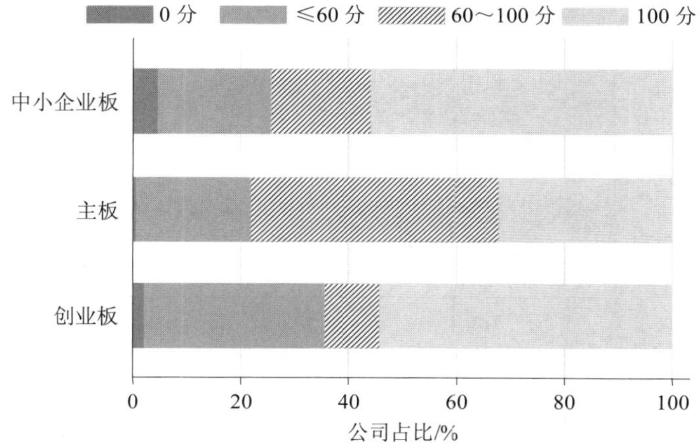

图 5-19　不同上市板块综合得分分布（分数段）（仅评估年报）

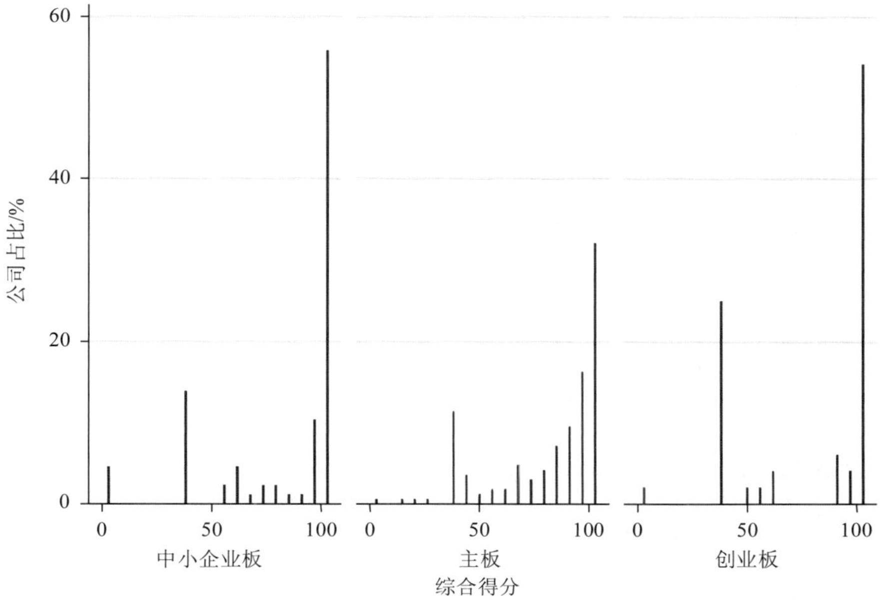

图 5-20　不同上市板块综合得分分布（仅评估年报）

表 5-18 不同上市板块综合得分（补充评估环境报告后）

板块	0分	≤60分	60～100分	100分	均分
中小企业板	4	18	16	48	81.85
主板	1	35	76	53	81.38
创业板	1	16	5	26	78.50
合计	6	69	97	127	81.05

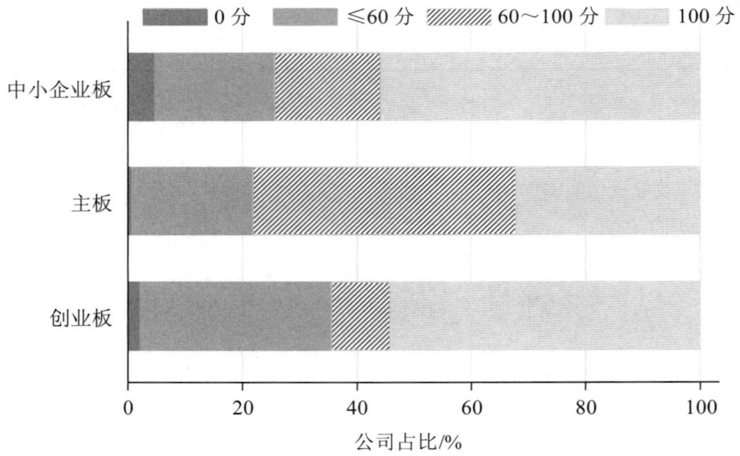

图 5-21 不同上市板块综合得分分布（分数段）（补充评估环境报告后）

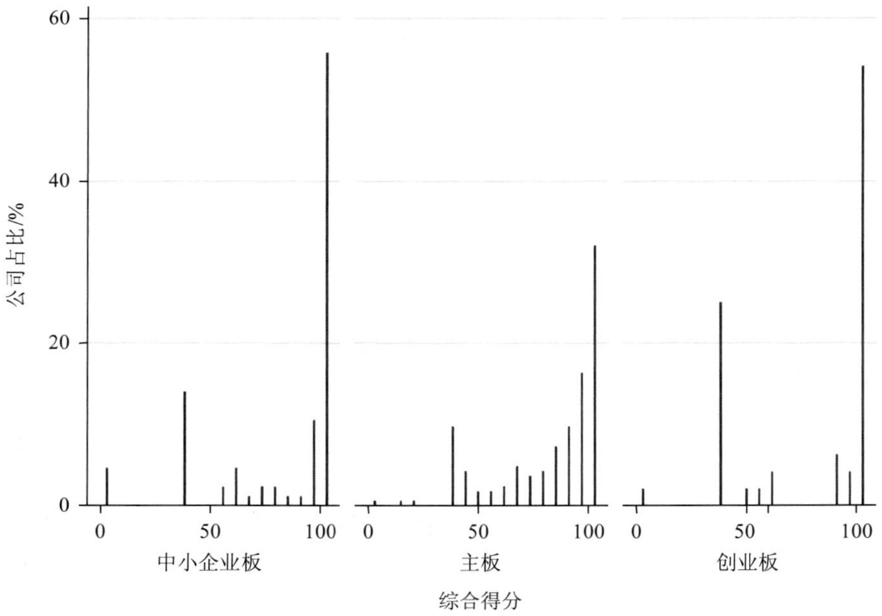

图 5-22 不同上市板块综合得分分布（补充评估环境报告后）

进一步分别对深交所的不同上市板块公司的环境信息披露综合得分进行分析比较。如表 5-19 所示，本报告评估的 299 家上市公司中，共有 167 家在深交所上市，其中主板上市公司 33 家，中小企业板上市公司 86 家，创业板上市公司 48 家；主板上市公司综合得分均分 86.39 分，中小企业板上市公司均分 81.85 分，创业板上市公司均分 78.50 分。仅就深交所而言，环境信息披露综合水平最高的为主板（图 5-23、图 5-24）。在主板中满分公司比例为 48.48%，低于中小企业板（55.81%）和创业板（54.17%），但其 60 分及以上（含 100 分）的公司占比最高，达 78.78%，且没有 0 分公司。中小企业板和创业板的满分公司比重较高，但其 60 分以下的公司占比也较多，因此其环境信息披露综合水平较低，且呈现两极分化现象。在补充评估环境报告等报告后，得分无变化。

表 5-19　深交所不同上市板块综合得分

板块	0 分	≤60 分	60～100 分	100 分	均分
中小企业板	4	18	16	48	81.85
主板	0	7	10	16	86.39
创业板	1	16	5	26	78.50
合计	5	41	31	90	81.78

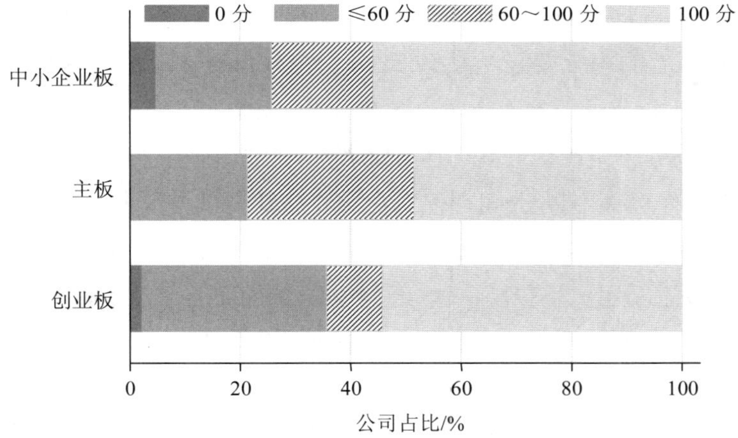

图 5-23　深交所不同上市板块综合得分分布（分数段）

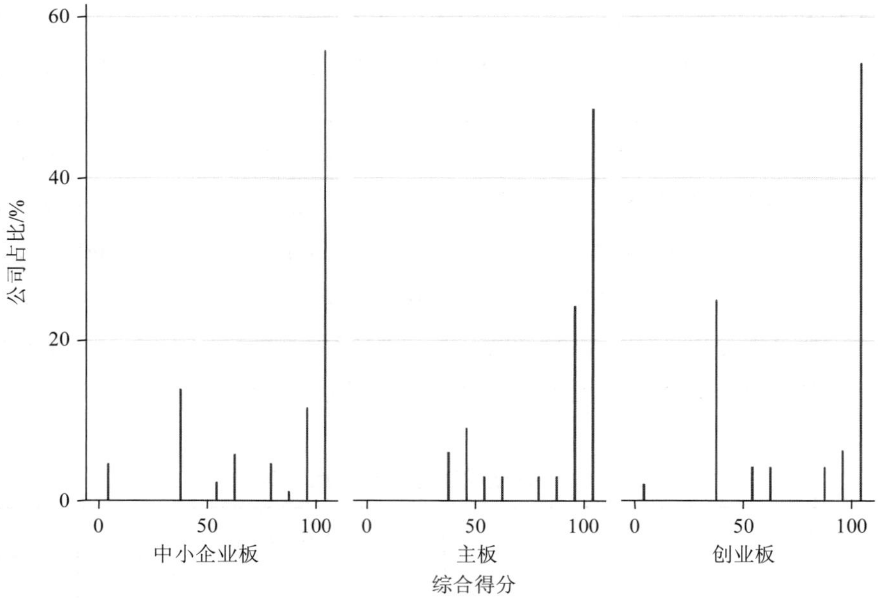

图 5-24 深交所不同上市板块综合得分分布

5.2.5 公司性质分析

如表 5-20 所示，本次评估的 299 家上市公司中共有 30 家为央企，54 家为普通国企，其余 215 家为私企。就均分而言，普通国企的平均得分最高，达 84.94 分；其次为央企，均分为 80.83 分；私企的均分最低，为 79.71 分。得分分布方面，如图 5-25 所示，央企和普通国企均有一家 0 分公司，占比分别为 3.33%和 1.85%。私企的 0 分公司共 4 家，占比为 1.86%。央企中满分公司比重最高，达 46.67%。普通国企中的满分公司共 23 家，占比为 42.59%；私企中有 90 家满分公司，但其占比要略低于普通国企中的情况，为 41.86%。央企中的 60 分以上（不含 100 分）公司占比与私企中的情况相近，分别为 30.00%和 30.23%。普通国企中 60 分以上公司比重较高，达 40.74%；60 分以上（含 100 分）公司共 45 家，占比为 83.33%。总体说来，普通国企的信息披露要优于央企和私企，而央企和私企的差距不大。根据补充社会责任报告后的合规评估结果（表 5-21、图 5-26），普通国企和私企的均分略有增加；除此之外，总体分布情况没有变化。

表 5-20 不同公司性质综合得分（仅评估年报）

公司性质	0 分	≤60 分	60～100 分	100 分	均分
央企	1	6	9	14	80.83
普通国企	1	8	22	23	84.94
私企	4	56	65	90	79.71
合计	6	70	96	127	80.77

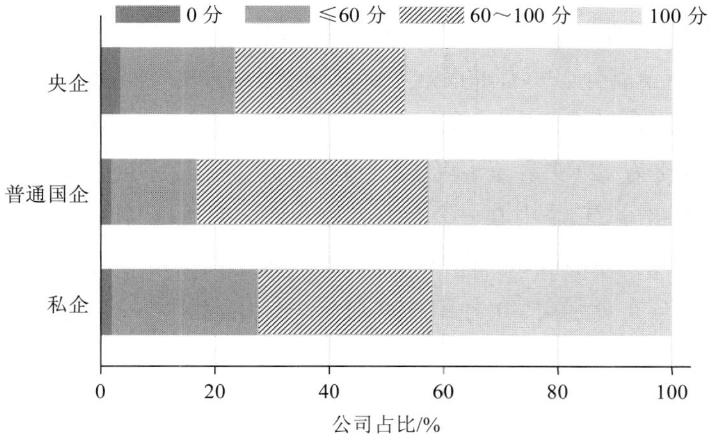

图 5-25　不同公司性质综合得分分布（仅评估年报）

表 5-21　不同公司性质综合得分（补充评估环境报告后）

公司性质	0 分	≤60 分	60～100 分	100 分	均分
央企	1	6	9	14	80.83
普通国企	1	8	22	23	85.41
私企	4	55	66	90	79.99
合计	6	69	97	127	81.05

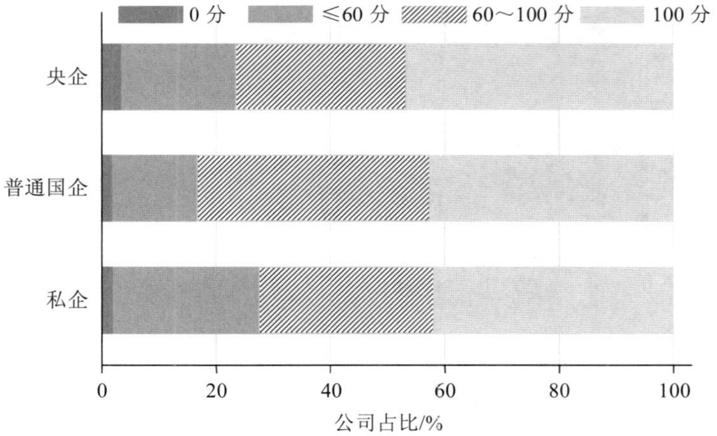

图 5-26　不同公司性质综合得分分布（补充评估环境报告后）

由于本报告评估的上市公司中央企数量较少，接下来将对央企与普通国企数据进行合并分析。本次评估的公司中共有国企 84 家，私企 215 家。总体来看，国企的环境信息披露水平略高于私企。就均分而言（表 5-22），国企的均分为 83.48 分，私企的均分为 79.71 分。从公司得分分布来看（图 5-27 和图 5-28），国企中满分公司有 37 家，占国企公司总数的 44.05%；私企中满分公司有 90 家，占私企公司总数的 41.86%。国企中 60 分以上公司（含 100 分）比例也更高，共 68 家，占比为 80.95%；私企中 60 分以上（含 100 分）的公司共 155 家，占比为 72.09%，但国企中的 0 分公司占比较私企中略多。国企中 0 分公司有 2 家，占比为 2.38%；私企中 0 分公司有 4 家，占比为 1.86%。图 5-28 对比了两类上市公司的综合得分具体分布情况，从图中可以看出，国企的上市公司综合得分分布向满分集中，而私企的得分分布分别向 40 分和 100 分集中。根据补充社会责任报告后的合规评估结果（表 5-23，图 5-29、图 5-30），国企和私企的均分略有增加，此外，总体分布情况没有变化。

表 5-22　不同公司性质综合得分比较（仅评估年报）

公司性质	0 分	≤60 分	60～100 分	100 分	均分
国企	2	14	31	37	83.48
私企	4	56	65	90	79.71
合计	6	70	96	127	80.77

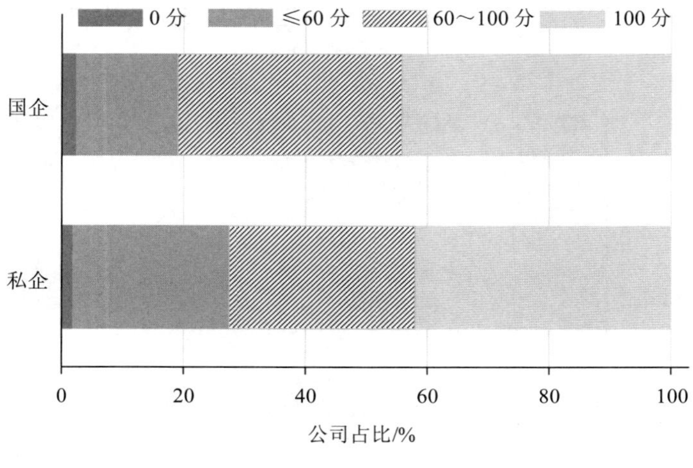

图 5-27　不同公司性质综合得分分布（分数段）（仅评估年报）

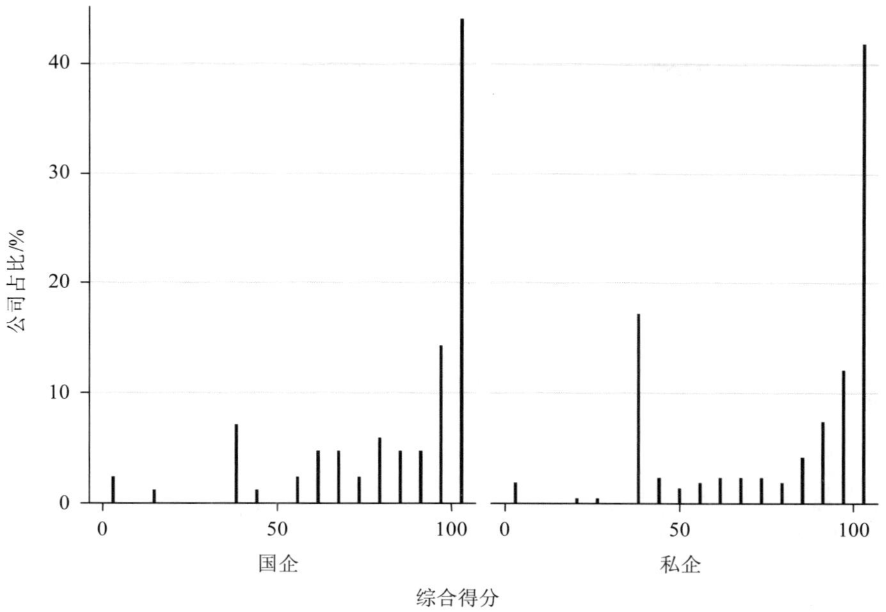

图 5-28　不同公司性质综合得分分布（仅评估年报）

表 5-23　不同公司性质综合得分比较（补充评估环境报告后）

公司性质	0 分	≤60 分	60～100 分	100 分	均分
国企	2	14	31	37	83.77
私企	4	55	66	90	79.99
合计	6	69	97	127	81.05

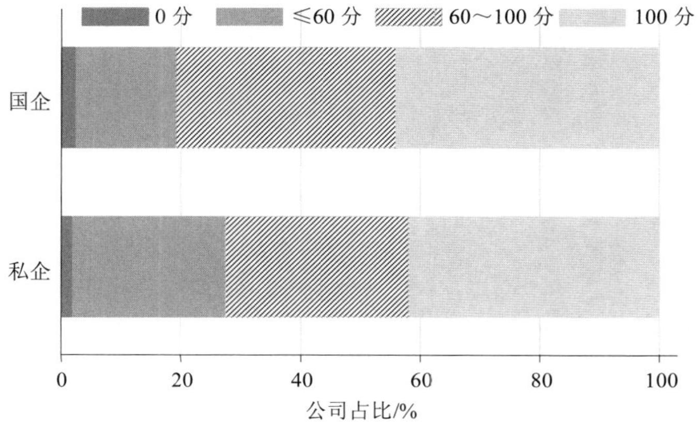

图 5-29　不同公司性质综合得分分布（分数段）（补充评估环境报告后）

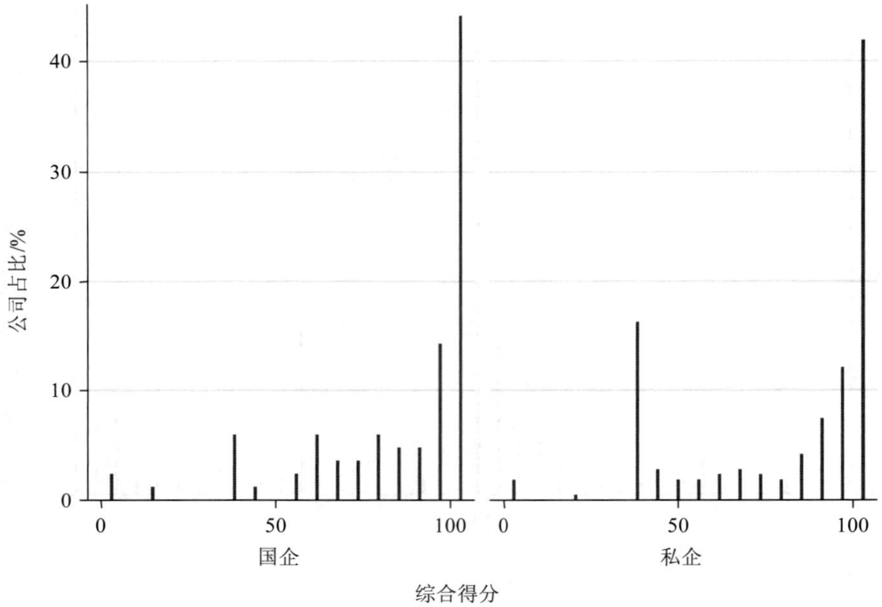

图 5-30 不同公司性质综合得分分布（补充评估环境报告后）

第 6 章　上市公司环境信息披露效果评估结果

表 6-1 与表 6-2 为回归分析的结果。上市公司环境信息披露综合得分对环境绩效总得分有显著影响，环境信息披露综合得分（仅评估年报）提高 1 分，环境绩效总得分提高 0.087 3 分；环境信息披露综合得分（补充评估环境报告后）提高 1 分，环境绩效总得分提高 0.088 4 分，该结果均在 0.1 的统计水平上显著。这表明环境信息披露可以促使上市公司改善环境表现，上市公司环境信息披露政策可以起到约束企业排污行为的作用。

表 6-1　上市公司环境信息披露效果分析（仅评估年报）

	环境绩效总得分
环境信息披露综合得分（仅年报）	0.087 3* （1.89）
是否在深交所上市	0.851 （0.49）
总资产	−0.005 03 （−0.14）
营业收入	−0.002 30 （−0.06）
市值	0.001 08 （0.22）
是否为普通国企	−10.78*** （−3.75）
是否为私企	−6.260** （−2.32）
常数项	77.52*** （8.15）
样本量	125

注：*t* statistics in parentheses。

* $p<0.1$，** $p<0.05$，*** $p<0.01$。

表 6-2 上市公司环境信息披露效果分析（补充评估环境报告后）

	环境绩效总得分
环境信息披露综合得分（补充评估环境报告后）	0.088 4* （1.91）
是否在深交所上市	0.852 （0.49）
总资产	−0.004 81 （−0.14）
营业收入	−0.002 58 （−0.07）
市值	0.001 06 （0.22）
是否为普通国企	−10.815*** （−3.76）
是否为私企	−6.273** （−2.33）
常数项	77.288*** （8.12）
样本量	125

注：*t* statistics in parentheses。

* $p<0.1$，** $p<0.05$，*** $p<0.01$。

第7章 结论及政策建议

7.1 结论

7.1.1 上市公司定期报告环境信息披露水平与2017年相比基本持平

2018年上市公司定期报告环境信息披露水平与2017年相比基本持平。2017年母公司为重点排污单位的上市公司的定期报告环境信息披露均分为8.83分，0分公司占比11.94%，满分公司占比40.85%。2018年由于母公司为重点排污单位的上市公司较多，本书仅评估了母公司为重点排污单位的上市公司，这些公司的定期报告环境信息披露均分为8.67分，0分公司占比16.39%，满分公司占比45.82%。2018年的上市公司定期报告环境信息披露均分略有降低，两极分化趋势略有提高，但差异均不大，总体来说，2018年上市公司定期报告环境信息披露水平与2017年相比基本持平。这可能是由于2017年对上市公司定期报告的环境信息披露监管已经较为严格，大部分披露不合格上市公司都被要求重新披露年报，因此2018年的披露水平没有显著改善。

7.1.2 上市公司定期报告环境信息披露内容依然较为含糊

在对上市公司定期报告环境信息披露状况跟踪评估的过程中我们发现，大部分公司在披露防治污染设施的建设和运行情况、建设项目环境影响评价及其他环境保护行政许可情况、突发环境事件应急预案及环境自行监测方案4项环境信息时，都披露得较为含糊。尤其是后3项，许多公司仅在年报中简单提及有获得建设项目环境影响评价许可、有编制突发环境事件应急预案及环境自行监测方案，并无具体信息披露。这样的信息披露是无效的，既不能反映上市公司的实际环境表现，也无助于公众尤其是投资者实行监督权。

除了上述4项指标外，上市公司须披露的其他环境指标也存在不明确的情况。如排放方式，《准则》中并没有明确说明是指连续排放、间断排放，或是有组织排放、无组织排放；排放口分布，《准则》中也没有说明是指排放口的绝对地理位置还是相对位置以及应精确到什么程度，而在实际披露时，很多公司只简单说明“厂区内”，这同样是无效的信息披露。

7.1.3 上市公司重大环境行政处罚披露水平较2017年显著提高

2017年受到重大环境行政处罚的上市公司中，母公司为重点排污单位的共94家，其中有9家披露了重大环境行政处罚信息，有披露的公司占比9.57%；合格公司数为5家，合格比例为5.32%。在本报告所评估的母公司为重点排污单位的715家上市公司中，2018年受到各级生态环境行政主管部门重大行政处罚的上市公司共166家，其中有41家在定期报告或临时报告中披露了重大环境行政处罚信息，披露占比为24.70%；合格公司共32家，占比19.28%。相较于2017年，2018年上市公司的重大环境行政处罚披露比例及披露合格比例都有显著的提高，披露情况有了显著改善。

7.1.4 上市公司重大环境行政处罚披露依然严重不足

尽管2018年上市公司重大环境行政处罚信息披露水平较2017年有了显著提高，但依然严重不足。2018年有重大环境行政处罚相关信息披露的上市公司数不到受到实际重大环保行政处罚的上市公司总数的1/4，合格公司占比也不足总数的1/5；公司的规模和其重大环境行政处罚信息披露水平也严重不匹配，无信息披露的上市公司2018年的平均市值、资产和年营业收入都远高于合格公司。没有披露重大环境行政处罚信息也并未影响上市公司的日常经营活动，未披露公司的平均股票增发数量是合格公司的10倍，股票增发价格是合格公司的16倍，平均债券发行收入则是合格公司的42倍左右。

上市公司环境信息披露严重不足的最主要原因是上市公司对环境行政处罚不够重视。许多上市公司以罚款数额占公司总资产的比例作为判断是否处以重大环境行政处罚的依据，由于上市公司的资产数额庞大，重大环境行政处罚的罚款对公司而言无关痛痒，完全不会影响公司的正常运营，因而公司也并不重视重大环境行政处罚。这也是上市公司的规模和重大环境行政处罚信息披露水平严重不匹配的主要原因。

目前，我国重大环境行政处罚信息主要依靠各级生态环境行政主管部门进行披露，上市公司主动披露重大环境行政处罚信息的意识不足；而对投资者而言，通过各级生态环境行政主管部门的披露获取公司环境行政处罚信息既不方便同时效率低下。相关部门应尽快出台上市公司重大环境行政处罚信息强制披露规定，以规范公司信息披露行为，维护投资者权益。

7.1.5 重大环境行政处罚定义不明为信息披露带来了阻力

尽管对“重大行政处罚”的定义工作已提上日程，但目前我国仍无对“重大行政处罚”的统一、明确的法律解释。重大行政处罚的界定不明对上市公司强制性重大环境行政处罚信息披露带来了很大的阻力。一方面，公司不清楚在什么样的情况下需要进行信息披露；另一方面，在受到各级生态环境行政主管部门重大环境行政处罚后，公司也可以以“不知道是否属于重大行政处罚”作为不披露的借口。在对公司的采访中我们发现，未披露重大环境行政处罚信息的公司通常在面对质疑时都会回应“这不属于重大处罚”。缺乏明确的法律依据也为各级生态环境行政主管部门及证券监管部门的监管带来了不便。

7.2　政策建议

7.2.1　完善上市公司定期报告环境信息披露指标

2018 年上市公司定期报告中许多指标的披露依然不够明确，尤其是防治污染设施的建设和运行情况、建设项目环境影响评价及其他环境保护行政许可情况、突发环境事件应急预案及环境自行监测方案，通常只有模糊的定性描述。因此，现有的对上市公司定期报告环境信息披露的规定需要进一步完善，明确每一条指标的内容，尤其是那些较为含糊的指标。如可以规定上市公司在防治污染设施的建设和运行情况一项必须明确披露新建设施数量和设施稳定运行时间；建设项目环境影响评价及其他环境保护行政许可情况一项必须披露审批编号，或是提供各级生态环境行政主管部门审批公告的网页链接；突发环境事件应急预案及环境自行监测方案等信息若是篇幅太长不便于在年报或半年报中披露，可以要求上市公司披露相关的网页链接。此外，还应对披露的指标进行调整，减少含糊信息的披露要求，重点要求上市公司披露一些明确的、更能反映公司实际环境表现的信息，如排污费缴纳情况、全年所受的各级生态环境行政主管部门重大环境行政处罚情况等。

7.2.2　重点关注重大环境行政处罚信息披露工作

从本报告的评估结果来看，我国上市公司的定期报告中环境信息披露现已达到了较好的水平且已无较大提升空间，但重大行政处罚信息披露仍然严重不足，各级生态环境行政主管部门和证券监管部门可以将接下来的上市公司环境信息披露工作重心由定期报告环境信息的定期披露转移到重大环境行政处罚信息的披露上来。相关部门应尽快出台并完善上市公司环境行政处罚信息披露规定，明确惩罚措施；同时，加大上市公司重大环境行政处罚信息披露的监管力度，定期对被处罚公司的信息披露情况进行核查。此外，各级生态环境行政主管部门和证券监管部门还应加强联动，实现信息共享。由各级生态环境行政主管部门共享对上市公司处以的重大环境行政处罚信息，证券监管部门共享公司报告披露信息，从而更好地对上市公司环境信息披露工作进行监管。

7.2.3　尽快明确重大环境行政处罚定义

上市公司重大环境行政处罚信息披露严重不足的一个重要原因是并未意识到公司受到了重大行政处罚。对重大行政处罚的定义工作已经开展，但目前尚未完成。为促进公司更好地披露环境信息，相关部门应尽快出台对“重大行政处罚”的明确定义，并做好对公司的通知工作，提高公司对重大环境行政处罚的重视程度；或是修改信息披露要求，要求上市公司披露全部行政处罚信息。除此之外，各级生态环境行政主管部门也可以考虑修改行政处罚裁量标准。对上市公司而言，即便被罚款数百万元、上千万元，也可能并不会影响公司的正常运营。因此，各级生态环境行政主管部门在对上市公司进行处罚时，可以更多地采用责令停产停业或对主要责任人实施行政拘留等手段，以提高重大环境行政处罚对上市公司的影响程度和威慑力度。

参考文献

[1] Gray R，Kouhy R，Lavers S . Constructing a Research Database of Social and Environmental Reporting by UK Companies[J]. Accounting，1995，8（2）：78-101.

[2] Gray R，Javad M，Power D M，et al. Social and Environmental Disclosure and Corporate Characteristics：A Research Note and Extension[J]. Journal of Business Finance & Accounting，2010，28（3-4）：327-356.

[3] Deegan C，Gordon B. A Study of the Environmental Disclosure Practices of Australian Corporations[J]. Accounting & Business Research，1996，26（3）：187-199.

[4] Comyns B. Determinants of GHG Reporting：An Analysis of Global Oil and Gas Companies[J]. Journal of Business Ethics，2016，136（2）：349-369.

[5] Gallego-Álvarez I，Vicente-Villardón J L. Analysis of Environmental Indicators in International Companies by applying the Logistic Biplot[J]. Ecological Indicators，2012，23（4）：250-261.

[6] Wiseman J. An Evaluation of Environmental Disclosures Made in Corporate Annual Reports.[J]. Accounting Organizations & Society，1982，7（1）：53-63.

[7] Hughes S B，Anderson A，Golden S. Corporate Environmental Disclosures：Are They Useful in Determining Environmental Performance?[J]. Journal of Accounting & Public Policy，2002，20（3）：217-240.

[8] Bewley K，Li Y. Disclosure of Environmental Information by Canadian Manufacturing Companies：A Voluntary Disclosure Perspective[J]. Advances in Environmental Accounting & Management，2000，1（00）：201-226.

[9] Braam G J M，Weerd L U D，Hauck M，et al. Determinants of Corporate Environmental Reporting：The Importance of Environmental Performance and Assurance[J]. Journal of Cleaner Production，2016，129：724-734.

[10] Iatridis G E. Environmental Disclosure Quality：Evidence on Environmental Performance，Corporate Governance and value Relevance[J]. Emerging Markets Review，2013，14（1）：55-75.

[11] Eccles R G，Serafeim G，Krzus M P. Market Interest in Nonfinancial Information[J]. Journal of Applied Corporate Finance，2015，23（4）：113-127.

[12] Qiu Y，Shaukat A，Tharyan R. Environmental and Social Disclosures：Link with Corporate Financial Performance[J]. British Accounting Review，2016，48（1）：102-116.

[13] Utz S，Wimmer M. Are They any Good at all? A Financial and Ethical Analysis of Socially Responsible Mutual Funds[J]. Journal of Asset Management，2014，15（1）：72-82.

[14] Freedman M，Jaggi B. Global Warming，Commitment to the Kyoto Protocol，and Accounting Disclosures by the Largest Global Public Firms from Polluting Industries[J]. International Journal of Accounting，2005，40（3）：215-232.

[15] Cormier D，Magnan M. The Economic Relevance of Environmental Disclosure and its Impact on Corporate Legitimacy：An Empirical Investigation[J]. Business Strategy & the Environment，2015，24（6）：431-450.

[16] Clarkson P M，Li Y，Richardson G D，et al. Revisiting the Relation Between Environmental Performance and Environmental Disclosure：An Empirical Analysis[J]. Accounting Organizations and Society，2008，33（4-5）：303-327.

[17] Marquis C，Toffel M W，Zhou Y H. Scrutiny，Norms，and Selective Disclosure：A Global Study of Greenwashing[J]. Social Science Electronic Publishing，2011，27（2）：483-504.

附录 1　评估范围

附表 1　本报告评估的上市公司名单

代码	名称简称	公司全称	重点排污单位类别	定期报告评估	重大行政处罚披露评估	综合评估
000063.SZ	中兴通讯	中兴通讯股份有限公司	仅母公司为重点排污单位	√	√	√
000301.SZ	东方盛虹	江苏东方盛虹股份有限公司	仅母公司为重点排污单位	√	√	√
000423.SZ	东阿阿胶	东阿阿胶股份有限公司	仅母公司为重点排污单位	√	√	√
000550.SZ	江铃汽车	江铃汽车股份有限公司	仅母公司为重点排污单位	√	√	√
000553.SZ	安道麦 A	安道麦股份有限公司	仅母公司为重点排污单位	√	√	√
000565.SZ	渝三峡 A	重庆三峡油漆股份有限公司	仅母公司为重点排污单位	√	√	√
000568.SZ	泸州老窖	泸州老窖股份有限公司	仅母公司为重点排污单位	√	√	√
000589.SZ	贵州轮胎	贵州轮胎股份有限公司	仅母公司为重点排污单位	√	√	√
000635.SZ	英力特	宁夏英力特化工股份有限公司	仅母公司为重点排污单位	√	√	√
000678.SZ	襄阳轴承	襄阳汽车轴承股份有限公司	仅母公司为重点排污单位	√	√	√
000707.SZ	ST 双环	湖北双环科技股份有限公司	仅母公司为重点排污单位	√	√	√
000708.SZ	大冶特钢	大冶特殊钢股份有限公司	仅母公司为重点排污单位	√	√	√
000751.SZ	锌业股份	葫芦岛锌业股份有限公司	仅母公司为重点排污单位	√	√	√
000777.SZ	中核科技	中核苏阀科技实业股份有限公司	仅母公司为重点排污单位	√	√	√
000782.SZ	美达股份	广东新会美达锦纶股份有限公司	仅母公司为重点排污单位	√	√	√
000788.SZ	北大医药	北大医药股份有限公司	仅母公司为重点排污单位	√	√	√
000790.SZ	泰合健康	成都泰合健康科技集团股份有限公司	仅母公司为重点排污单位	√	√	√
000799.SZ	酒鬼酒	酒鬼酒股份有限公司	仅母公司为重点排污单位	√	√	√
000801.SZ	四川九洲	四川九洲电器股份有限公司	仅母公司为重点排污单位	√	√	√
000815.SZ	美利云	中冶美利云产业投资股份有限公司	仅母公司为重点排污单位	√	√	√
000860.SZ	顺鑫农业	北京顺鑫农业股份有限公司	仅母公司为重点排污单位	√	√	√
000898.SZ	鞍钢股份	鞍钢股份有限公司	仅母公司为重点排污单位	√	√	√
000899.SZ	赣能股份	江西赣能股份有限公司	仅母公司为重点排污单位	√	√	√
000913.SZ	钱江摩托	浙江钱江摩托股份有限公司	仅母公司为重点排污单位	√	√	√
000923.SZ	河北宣工	河北宣化工程机械股份有限公司	仅母公司为重点排污单位	√	√	√
000953.SZ	*ST 河化	广西河池化工股份有限公司	仅母公司为重点排污单位	√	√	√
000957.SZ	中通客车	中通客车控股股份有限公司	仅母公司为重点排污单位	√	√	√
000962.SZ	东方钽业	宁夏东方钽业股份有限公司	仅母公司为重点排污单位	√	√	√
000969.SZ	安泰科技	安泰科技股份有限公司	仅母公司为重点排污单位	√	√	√
000980.SZ	众泰汽车	众泰汽车股份有限公司	仅母公司为重点排污单位	√	√	√
000982.SZ	*ST 中绒	宁夏中银绒业股份有限公司	仅母公司为重点排污单位	√	√	√
000985.SZ	大庆华科	大庆华科股份有限公司	仅母公司为重点排污单位	√	√	√

代码	名称简称	公司全称	重点排污单位类别	定期报告评估	重大行政处罚披露评估	综合评估
000989.SZ	九芝堂	九芝堂股份有限公司	仅母公司为重点排污单位	√	√	√
002014.SZ	永新股份	黄山永新股份有限公司	仅母公司为重点排污单位	√	√	√
002025.SZ	航天电器	贵州航天电器股份有限公司	仅母公司为重点排污单位	√	√	√
002043.SZ	兔宝宝	德华兔宝宝装饰新材股份有限公司	仅母公司为重点排污单位	√	√	√
002056.SZ	横店东磁	横店集团东磁股份有限公司	仅母公司为重点排污单位	√	√	√
002066.SZ	瑞泰科技	瑞泰科技股份有限公司	仅母公司为重点排污单位	√	√	√
002079.SZ	苏州固锝	苏州固锝电子股份有限公司	仅母公司为重点排污单位	√	√	√
002086.SZ	ST 东海洋	山东东方海洋科技股份有限公司	仅母公司为重点排污单位	√	√	√
002087.SZ	新野纺织	河南新野纺织股份有限公司	仅母公司为重点排污单位	√	√	√
002094.SZ	青岛金王	青岛金王应用化学股份有限公司	仅母公司为重点排污单位	√	√	√
002097.SZ	山河智能	山河智能装备股份有限公司	仅母公司为重点排污单位	√	√	√
002111.SZ	威海广泰	威海广泰空港设备股份有限公司	仅母公司为重点排污单位	√	√	√
002112.SZ	三变科技	三变科技股份有限公司	仅母公司为重点排污单位	√	√	√
002119.SZ	康强电子	宁波康强电子股份有限公司	仅母公司为重点排污单位	√	√	√
002126.SZ	银轮股份	浙江银轮机械股份有限公司	仅母公司为重点排污单位	√	√	√
002131.SZ	利欧股份	利欧集团股份有限公司	仅母公司为重点排污单位	√	√	√
002134.SZ	天津普林	天津普林电路股份有限公司	仅母公司为重点排污单位	√	√	√
002135.SZ	东南网架	浙江东南网架股份有限公司	仅母公司为重点排污单位	√	√	√
002136.SZ	安纳达	安徽安纳达钛业股份有限公司	仅母公司为重点排污单位	√	√	√
002144.SZ	宏达高科	宏达高科控股股份有限公司	仅母公司为重点排污单位	√	√	√
002158.SZ	汉钟精机	上海汉钟精机股份有限公司	仅母公司为重点排污单位	√	√	√
002193.SZ	如意集团	山东如意毛纺服装集团股份有限公司	仅母公司为重点排污单位	√	√	√
002198.SZ	嘉应制药	广东嘉应制药股份有限公司	仅母公司为重点排污单位	√	√	√
002201.SZ	九鼎新材	江苏九鼎新材料股份有限公司	仅母公司为重点排污单位	√	√	√
002206.SZ	海利得	浙江海利得新材料股份有限公司	仅母公司为重点排污单位	√	√	√
002220.SZ	ST 天宝	大连天宝绿色食品股份有限公司	仅母公司为重点排污单位	√	√	√
002254.SZ	泰和新材	烟台泰和新材料股份有限公司	仅母公司为重点排污单位	√	√	√
002259.SZ	*ST 升达	四川升达林业产业股份有限公司	仅母公司为重点排污单位	√	√	√
002262.SZ	恩华药业	江苏恩华药业股份有限公司	仅母公司为重点排污单位	√	√	√
002273.SZ	水晶光电	浙江水晶光电科技股份有限公司	仅母公司为重点排污单位	√	√	√
002286.SZ	保龄宝	保龄宝生物股份有限公司	仅母公司为重点排污单位	√	√	√
002287.SZ	奇正藏药	西藏奇正藏药股份有限公司	仅母公司为重点排污单位	√	√	√
002319.SZ	乐通股份	珠海市乐通化工股份有限公司	仅母公司为重点排污单位	√	√	√
002333.SZ	*ST 罗普	苏州罗普斯金铝业股份有限公司	仅母公司为重点排污单位	√	√	√
002338.SZ	奥普光电	长春奥普光电技术股份有限公司	仅母公司为重点排污单位	√	√	√
002365.SZ	永安药业	潜江永安药业股份有限公司	仅母公司为重点排污单位	√	√	√
002370.SZ	亚太药业	浙江亚太药业股份有限公司	仅母公司为重点排污单位	√	√	√
002378.SZ	章源钨业	崇义章源钨业股份有限公司	仅母公司为重点排污单位	√	√	√

代码	名称简称	公司全称	重点排污单位类别	定期报告评估	重大行政处罚披露评估	综合评估
002393.SZ	力生制药	天津力生制药股份有限公司	仅母公司为重点排污单位	√	√	√
002424.SZ	贵州百灵	贵州百灵企业集团制药股份有限公司	仅母公司为重点排污单位	√	√	√
002428.SZ	云南锗业	云南临沧鑫圆锗业股份有限公司	仅母公司为重点排污单位	√	√	√
002430.SZ	杭氧股份	杭州杭氧股份有限公司	仅母公司为重点排污单位	√	√	√
002443.SZ	金洲管道	浙江金洲管道科技股份有限公司	仅母公司为重点排污单位	√	√	√
002460.SZ	赣锋锂业	江西赣锋锂业股份有限公司	仅母公司为重点排污单位	√	√	√
002472.SZ	双环传动	浙江双环传动机械股份有限公司	仅母公司为重点排污单位	√	√	√
002481.SZ	双塔食品	烟台双塔食品股份有限公司	仅母公司为重点排污单位	√	√	√
002486.SZ	嘉麟杰	上海嘉麟杰纺织品股份有限公司	仅母公司为重点排污单位	√	√	√
002487.SZ	大金重工	辽宁大金重工股份有限公司	仅母公司为重点排污单位	√	√	√
002492.SZ	恒基达鑫	珠海恒基达鑫国际化工仓储股份有限公司	仅母公司为重点排污单位	√	√	√
002494.SZ	华斯股份	华斯控股股份有限公司	仅母公司为重点排污单位	√	√	√
002516.SZ	旷达科技	旷达科技集团股份有限公司	仅母公司为重点排污单位	√	√	√
002532.SZ	新界泵业	新界泵业集团股份有限公司	仅母公司为重点排污单位	√	√	√
002541.SZ	鸿路钢构	安徽鸿路钢结构（集团）股份有限公司	仅母公司为重点排污单位	√	√	√
002545.SZ	东方铁塔	青岛东方铁塔股份有限公司	仅母公司为重点排污单位	√	√	√
002557.SZ	洽洽食品	洽洽食品股份有限公司	仅母公司为重点排污单位	√	√	√
002571.SZ	德力股份	安徽德力日用玻璃股份有限公司	仅母公司为重点排污单位	√	√	√
002578.SZ	闽发铝业	福建省闽发铝业股份有限公司	仅母公司为重点排污单位	√	√	√
002580.SZ	圣阳股份	山东圣阳电源股份有限公司	仅母公司为重点排污单位	√	√	√
002584.SZ	西陇科学	西陇科学股份有限公司	仅母公司为重点排污单位	√	√	√
002597.SZ	金禾实业	安徽金禾实业股份有限公司	仅母公司为重点排污单位	√	√	√
002598.SZ	山东章鼓	山东省章丘鼓风机股份有限公司	仅母公司为重点排污单位	√	√	√
002603.SZ	以岭药业	石家庄以岭药业股份有限公司	仅母公司为重点排污单位	√	√	√
002604.SZ	*ST 龙力	山东龙力生物科技股份有限公司	仅母公司为重点排污单位	√	√	√
002615.SZ	哈尔斯	浙江哈尔斯真空器皿股份有限公司	仅母公司为重点排污单位	√	√	√
002630.SZ	华西能源	华西能源工业股份有限公司	仅母公司为重点排污单位	√	√	√
002646.SZ	青青稞酒	青海互助青稞酒股份有限公司	仅母公司为重点排污单位	√	√	√
002652.SZ	扬子新材	苏州扬子江新型材料股份有限公司	仅母公司为重点排污单位	√	√	√
002665.SZ	首航节能	北京首航艾启威节能技术股份有限公司	仅母公司为重点排污单位	√	√	√
002693.SZ	双成药业	海南双成药业股份有限公司	仅母公司为重点排污单位	√	√	√
002705.SZ	新宝股份	广东新宝电器股份有限公司	仅母公司为重点排污单位	√	√	√
002722.SZ	金轮股份	金轮蓝海股份有限公司	仅母公司为重点排污单位	√	√	√
002725.SZ	跃岭股份	浙江跃岭股份有限公司	仅母公司为重点排污单位	√	√	√
002741.SZ	光华科技	广东光华科技股份有限公司	仅母公司为重点排污单位	√	√	√

代码	名称简称	公司全称	重点排污单位类别	定期报告评估	重大行政处罚披露评估	综合评估
002748.SZ	世龙实业	江西世龙实业股份有限公司	仅母公司为重点排污单位	√	√	√
002753.SZ	永东股份	山西永东化工股份有限公司	仅母公司为重点排污单位	√	√	√
002756.SZ	永兴特钢	永兴特种不锈钢股份有限公司	仅母公司为重点排污单位	√	√	√
002805.SZ	丰元股份	山东丰元化学股份有限公司	仅母公司为重点排污单位	√	√	√
002810.SZ	山东赫达	山东赫达股份有限公司	仅母公司为重点排污单位	√	√	√
002846.SZ	英联股份	广东英联包装股份有限公司	仅母公司为重点排污单位	√	√	√
002855.SZ	捷荣技术	东莞捷荣技术股份有限公司	仅母公司为重点排污单位	√	√	√
002863.SZ	今飞凯达	浙江今飞凯达轮毂股份有限公司	仅母公司为重点排污单位	√	√	√
002868.SZ	绿康生化	绿康生化股份有限公司	仅母公司为重点排污单位	√	√	√
002880.SZ	卫光生物	深圳市卫光生物制品股份有限公司	仅母公司为重点排污单位	√	√	√
002895.SZ	川恒股份	贵州川恒化工股份有限公司	仅母公司为重点排污单位	√	√	√
002915.SZ	中欣氟材	浙江中欣氟材股份有限公司	仅母公司为重点排污单位	√	√	√
002923.SZ	润都股份	珠海润都制药股份有限公司	仅母公司为重点排污单位	√	√	√
002950.SZ	奥美医疗	奥美医疗用品股份有限公司	仅母公司为重点排污单位	√	√	√
300041.SZ	回天新材	湖北回天新材料股份有限公司	仅母公司为重点排污单位	√	√	√
300046.SZ	台基股份	湖北台基半导体股份有限公司	仅母公司为重点排污单位	√	√	√
300064.SZ	豫金刚石	郑州华晶金刚石股份有限公司	仅母公司为重点排污单位	√	√	√
300083.SZ	劲胜智能	广东劲胜智能集团股份有限公司	仅母公司为重点排污单位	√	√	√
300088.SZ	长信科技	芜湖长信科技股份有限公司	仅母公司为重点排污单位	√	√	√
300107.SZ	建新股份	河北建新化工股份有限公司	仅母公司为重点排污单位	√	√	√
300109.SZ	新开源	博爱新开源医疗科技集团股份有限公司	仅母公司为重点排污单位	√	√	√
300111.SZ	向日葵	浙江向日葵光能科技股份有限公司	仅母公司为重点排污单位	√	√	√
300114.SZ	中航电测	中航电测仪器股份有限公司	仅母公司为重点排污单位	√	√	√
300121.SZ	阳谷华泰	山东阳谷华泰化工股份有限公司	仅母公司为重点排污单位	√	√	√
300126.SZ	锐奇股份	锐奇控股股份有限公司	仅母公司为重点排污单位	√	√	√
300132.SZ	青松股份	福建青松股份有限公司	仅母公司为重点排污单位	√	√	√
300192.SZ	科斯伍德	苏州科斯伍德油墨股份有限公司	仅母公司为重点排污单位	√	√	√
300199.SZ	翰宇药业	深圳翰宇药业股份有限公司	仅母公司为重点排污单位	√	√	√
300224.SZ	正海磁材	烟台正海磁性材料股份有限公司	仅母公司为重点排污单位	√	√	√
300225.SZ	金力泰	上海金力泰化工股份有限公司	仅母公司为重点排污单位	√	√	√
300239.SZ	东宝生物	包头东宝生物技术股份有限公司	仅母公司为重点排污单位	√	√	√
300256.SZ	星星科技	浙江星星科技股份有限公司	仅母公司为重点排污单位	√	√	√
300257.SZ	开山股份	浙江开山压缩机股份有限公司	仅母公司为重点排污单位	√	√	√
300260.SZ	新莱应材	昆山新莱洁净应用材料股份有限公司	仅母公司为重点排污单位	√	√	√
300283.SZ	温州宏丰	温州宏丰电工合金股份有限公司	仅母公司为重点排污单位	√	√	√

代码	名称简称	公司全称	重点排污单位类别	定期报告评估	重大行政处罚披露评估	综合评估
300321.SZ	同大股份	山东同大海岛新材料股份有限公司	仅母公司为重点排污单位	√	√	√
300335.SZ	迪森股份	广州迪森热能技术股份有限公司	仅母公司为重点排污单位	√	√	√
300346.SZ	南大光电	江苏南大光电材料股份有限公司	仅母公司为重点排污单位	√	√	√
300373.SZ	扬杰科技	扬州扬杰电子科技股份有限公司	仅母公司为重点排污单位	√	√	√
300375.SZ	鹏翎股份	天津鹏翎集团股份有限公司	仅母公司为重点排污单位	√	√	√
300405.SZ	科隆股份	辽宁科隆精细化工股份有限公司	仅母公司为重点排污单位	√	√	√
300436.SZ	广生堂	福建广生堂药业股份有限公司	仅母公司为重点排污单位	√	√	√
300437.SZ	清水源	河南清水源科技股份有限公司	仅母公司为重点排污单位	√	√	√
300446.SZ	乐凯新材	保定乐凯新材料股份有限公司	仅母公司为重点排污单位	√	√	√
300452.SZ	山河药辅	安徽山河药用辅料股份有限公司	仅母公司为重点排污单位	√	√	√
300466.SZ	赛摩电气	赛摩电气股份有限公司	仅母公司为重点排污单位	√	√	√
300481.SZ	濮阳惠成	濮阳惠成电子材料股份有限公司	仅母公司为重点排污单位	√	√	√
300522.SZ	世名科技	苏州世名科技股份有限公司	仅母公司为重点排污单位	√	√	√
300554.SZ	三超新材	南京三超新材料股份有限公司	仅母公司为重点排污单位	√	√	√
300558.SZ	贝达药业	贝达药业股份有限公司	仅母公司为重点排污单位	√	√	√
300610.SZ	晨化股份	扬州晨化新材料股份有限公司	仅母公司为重点排污单位	√	√	√
300636.SZ	同和药业	江西同和药业股份有限公司	仅母公司为重点排污单位	√	√	√
300637.SZ	扬帆新材	浙江扬帆新材料股份有限公司	仅母公司为重点排污单位	√	√	√
300641.SZ	正丹股份	江苏正丹化学工业股份有限公司	仅母公司为重点排污单位	√	√	√
300657.SZ	弘信电子	厦门弘信电子科技股份有限公司	仅母公司为重点排污单位	√	√	√
300665.SZ	飞鹿股份	株洲飞鹿高新材料技术股份有限公司	仅母公司为重点排污单位	√	√	√
300673.SZ	佩蒂股份	佩蒂动物营养科技股份有限公司	仅母公司为重点排污单位	√	√	√
300705.SZ	九典制药	湖南九典制药股份有限公司	仅母公司为重点排污单位	√	√	√
300722.SZ	新余国科	江西新余国科科技股份有限公司	仅母公司为重点排污单位	√	√	√
300760.SZ	迈瑞医疗	深圳迈瑞生物医疗电子股份有限公司	仅母公司为重点排污单位	√	√	√
300765.SZ	新诺威	石药集团新诺威制药股份有限公司	仅母公司为重点排污单位	√	√	√
300779.SZ	惠城环保	青岛惠城环保科技股份有限公司	仅母公司为重点排污单位	√	√	√
600004.SH	白云机场	广州白云国际机场股份有限公司	仅母公司为重点排污单位	√	√	√
600018.SH	上港集团	上海国际港务（集团）股份有限公司	仅母公司为重点排污单位	√	√	√
600066.SH	宇通客车	郑州宇通客车股份有限公司	仅母公司为重点排污单位	√	√	√
600071.SH	凤凰光学	凤凰光学股份有限公司	仅母公司为重点排污单位	√	√	√
600103.SH	青山纸业	福建省青山纸业股份有限公司	仅母公司为重点排污单位	√	√	√
600114.SH	东睦股份	东睦新材料集团股份有限公司	仅母公司为重点排污单位	√	√	√
600172.SH	黄河旋风	河南黄河旋风股份有限公司	仅母公司为重点排污单位	√	√	√
600190.SH	锦州港	锦州港股份有限公司	仅母公司为重点排污单位	√	√	√
600199.SH	金种子酒	安徽金种子酒业股份有限公司	仅母公司为重点排污单位	√	√	√

代码	名称简称	公司全称	重点排污单位类别	定期报告评估	重大行政处罚披露评估	综合评估
600207.SH	安彩高科	河南安彩高科股份有限公司	仅母公司为重点排污单位	√	√	√
600212.SH	江泉实业	山东江泉实业股份有限公司	仅母公司为重点排污单位	√	√	√
600213.SH	亚星客车	扬州亚星客车股份有限公司	仅母公司为重点排污单位	√	√	√
600232.SH	金鹰股份	浙江金鹰股份有限公司	仅母公司为重点排污单位	√	√	√
600235.SH	民丰特纸	民丰特种纸股份有限公司	仅母公司为重点排污单位	√	√	√
600237.SH	铜峰电子	安徽铜峰电子股份有限公司	仅母公司为重点排污单位	√	√	√
600316.SH	洪都航空	江西洪都航空工业股份有限公司	仅母公司为重点排污单位	√	√	√
600317.SH	营口港	营口港务股份有限公司	仅母公司为重点排污单位	√	√	√
600319.SH	亚星化学	潍坊亚星化学股份有限公司	仅母公司为重点排污单位	√	√	√
600348.SH	阳泉煤业	阳泉煤业（集团）股份有限公司	仅母公司为重点排污单位	√	√	√
600351.SH	亚宝药业	亚宝药业集团股份有限公司	仅母公司为重点排污单位	√	√	√
600353.SH	旭光股份	成都旭光电子股份有限公司	仅母公司为重点排污单位	√	√	√
600360.SH	华微电子	吉林华微电子股份有限公司	仅母公司为重点排污单位	√	√	√
600379.SH	宝光股份	陕西宝光真空电器股份有限公司	仅母公司为重点排污单位	√	√	√
600399.SH	ST 抚钢	抚顺特殊钢股份有限公司	仅母公司为重点排污单位	√	√	√
600426.SH	华鲁恒升	山东华鲁恒升化工股份有限公司	仅母公司为重点排污单位	√	√	√
600448.SH	华纺股份	华纺股份有限公司	仅母公司为重点排污单位	√	√	√
600469.SH	风神股份	风神轮胎股份有限公司	仅母公司为重点排污单位	√	√	√
600493.SH	凤竹纺织	福建凤竹纺织科技股份有限公司	仅母公司为重点排污单位	√	√	√
600499.SH	科达洁能	广东科达洁能股份有限公司	仅母公司为重点排污单位	√	√	√
600501.SH	航天晨光	航天晨光股份有限公司	仅母公司为重点排污单位	√	√	√
600508.SH	上海能源	上海大屯能源股份有限公司	仅母公司为重点排污单位	√	√	√
600513.SH	联环药业	江苏联环药业股份有限公司	仅母公司为重点排污单位	√	√	√
600519.SH	贵州茅台	贵州茅台酒股份有限公司	仅母公司为重点排污单位	√	√	√
600529.SH	山东药玻	山东省药用玻璃股份有限公司	仅母公司为重点排污单位	√	√	√
600550.SH	保变电气	保定天威保变电气股份有限公司	仅母公司为重点排污单位	√	√	√
600581.SH	八一钢铁	新疆八一钢铁股份有限公司	仅母公司为重点排污单位	√	√	√
600587.SH	新华医疗	山东新华医疗器械股份有限公司	仅母公司为重点排污单位	√	√	√
600589.SH	广东榕泰	广东榕泰实业股份有限公司	仅母公司为重点排污单位	√	√	√
600618.SH	氯碱化工	上海氯碱化工股份有限公司	仅母公司为重点排污单位	√	√	√
600678.SH	四川金顶	四川金顶（集团）股份有限公司	仅母公司为重点排污单位	√	√	√
600710.SH	苏美达	苏美达股份有限公司	仅母公司为重点排污单位	√	√	√
600719.SH	大连热电	大连热电股份有限公司	仅母公司为重点排污单位	√	√	√
600727.SH	鲁北化工	山东鲁北化工股份有限公司	仅母公司为重点排污单位	√	√	√
600746.SH	江苏索普	江苏索普化工股份有限公司	仅母公司为重点排污单位	√	√	√
600750.SH	江中药业	江中药业股份有限公司	仅母公司为重点排污单位	√	√	√
600779.SH	水井坊	四川水井坊股份有限公司	仅母公司为重点排污单位	√	√	√
600787.SH	中储股份	中储发展股份有限公司	仅母公司为重点排污单位	√	√	√
600793.SH	宜宾纸业	宜宾纸业股份有限公司	仅母公司为重点排污单位	√	√	√
600809.SH	山西汾酒	山西杏花村汾酒厂股份有限公司	仅母公司为重点排污单位	√	√	√

代码	名称简称	公司全称	重点排污单位类别	定期报告评估	重大行政处罚披露评估	综合评估
600815.SH	*ST 厦工	厦门厦工机械股份有限公司	仅母公司为重点排污单位	√	√	√
600841.SH	上柴股份	上海柴油机股份有限公司	仅母公司为重点排污单位	√	√	√
600847.SH	万里股份	重庆万里新能源股份有限公司	仅母公司为重点排污单位	√	√	√
600866.SH	星湖科技	广东肇庆星湖生物科技股份有限公司	仅母公司为重点排污单位	√	√	√
600989.SH	宝丰能源	宁夏宝丰能源集团股份有限公司	仅母公司为重点排污单位	√	√	√
600990.SH	四创电子	安徽四创电子股份有限公司	仅母公司为重点排污单位	√	√	√
600992.SH	贵绳股份	贵州钢绳股份有限公司	仅母公司为重点排污单位	√	√	√
601003.SH	柳钢股份	柳州钢铁股份有限公司	仅母公司为重点排污单位	√	√	√
601005.SH	重庆钢铁	重庆钢铁股份有限公司	仅母公司为重点排污单位	√	√	√
601011.SH	宝泰隆	宝泰隆新材料股份有限公司	仅母公司为重点排污单位	√	√	√
601018.SH	宁波港	宁波舟山港股份有限公司	仅母公司为重点排污单位	√	√	√
601020.SH	华钰矿业	西藏华钰矿业股份有限公司	仅母公司为重点排污单位	√	√	√
601106.SH	中国一重	中国第一重型机械股份公司	仅母公司为重点排污单位	√	√	√
601113.SH	华鼎股份	义乌华鼎锦纶股份有限公司	仅母公司为重点排污单位	√	√	√
601208.SH	东材科技	四川东材科技集团股份有限公司	仅母公司为重点排污单位	√	√	√
601326.SH	秦港股份	秦皇岛港股份有限公司	仅母公司为重点排污单位	√	√	√
601333.SH	广深铁路	广深铁路股份有限公司	仅母公司为重点排污单位	√	√	√
601368.SH	绿城水务	广西绿城水务股份有限公司	仅母公司为重点排污单位	√	√	√
601369.SH	陕鼓动力	西安陕鼓动力股份有限公司	仅母公司为重点排污单位	√	√	√
601388.SH	怡球资源	怡球金属资源再生（中国）股份有限公司	仅母公司为重点排污单位	√	√	√
601700.SH	风范股份	常熟风范电力设备股份有限公司	仅母公司为重点排污单位	√	√	√
601869.SH	长飞光纤	长飞光纤光缆股份有限公司	仅母公司为重点排污单位	√	√	√
601882.SH	海天精工	宁波海天精工股份有限公司	仅母公司为重点排污单位	√	√	√
601958.SH	金钼股份	金堆城钼业股份有限公司	仅母公司为重点排污单位	√	√	√
601969.SH	海南矿业	海南矿业股份有限公司	仅母公司为重点排污单位	√	√	√
603005.SH	晶方科技	苏州晶方半导体科技股份有限公司	仅母公司为重点排污单位	√	√	√
603026.SH	石大胜华	山东石大胜华化工集团股份有限公司	仅母公司为重点排污单位	√	√	√
603027.SH	千禾味业	千禾味业食品股份有限公司	仅母公司为重点排污单位	√	√	√
603033.SH	三维股份	浙江三维橡胶制品股份有限公司	仅母公司为重点排污单位	√	√	√
603045.SH	福达合金	福达合金材料股份有限公司	仅母公司为重点排污单位	√	√	√
603105.SH	芯能科技	浙江芯能光伏科技股份有限公司	仅母公司为重点排污单位	√	√	√
603113.SH	金能科技	金能科技股份有限公司	仅母公司为重点排污单位	√	√	√
603129.SH	春风动力	浙江春风动力股份有限公司	仅母公司为重点排污单位	√	√	√
603156.SH	养元饮品	河北养元智汇饮品股份有限公司	仅母公司为重点排污单位	√	√	√
603165.SH	荣晟环保	浙江荣晟环保纸业股份有限公司	仅母公司为重点排污单位	√	√	√
603168.SH	莎普爱思	浙江莎普爱思药业股份有限公司	仅母公司为重点排污单位	√	√	√
603177.SH	德创环保	浙江德创环保科技股份有限公司	仅母公司为重点排污单位	√	√	√

代码	名称简称	公司全称	重点排污单位类别	定期报告评估	重大行政处罚披露评估	综合评估
603186.SH	华正新材	浙江华正新材料股份有限公司	仅母公司为重点排污单位	√	√	√
603192.SH	汇得科技	上海汇得科技股份有限公司	仅母公司为重点排污单位	√	√	√
603198.SH	迎驾贡酒	安徽迎驾贡酒股份有限公司	仅母公司为重点排污单位	√	√	√
603208.SH	江山欧派	江山欧派门业股份有限公司	仅母公司为重点排污单位	√	√	√
603229.SH	奥翔药业	浙江奥翔药业股份有限公司	仅母公司为重点排污单位	√	√	√
603238.SH	诺邦股份	杭州诺邦无纺股份有限公司	仅母公司为重点排污单位	√	√	√
603278.SH	大业股份	山东大业股份有限公司	仅母公司为重点排污单位	√	√	√
603315.SH	福鞍股份	辽宁福鞍重工股份有限公司	仅母公司为重点排污单位	√	√	√
603328.SH	依顿电子	广东依顿电子科技股份有限公司	仅母公司为重点排污单位	√	√	√
603332.SH	苏州龙杰	苏州龙杰特种纤维股份有限公司	仅母公司为重点排污单位	√	√	√
603335.SH	迪生力	广东迪生力汽配股份有限公司	仅母公司为重点排污单位	√	√	√
603337.SH	杰克股份	杰克缝纫机股份有限公司	仅母公司为重点排污单位	√	√	√
603338.SH	浙江鼎力	浙江鼎力机械股份有限公司	仅母公司为重点排污单位	√	√	√
603351.SH	威尔药业	南京威尔药业股份有限公司	仅母公司为重点排污单位	√	√	√
603369.SH	今世缘	江苏今世缘酒业股份有限公司	仅母公司为重点排污单位	√	√	√
603379.SH	三美股份	浙江三美化工股份有限公司	仅母公司为重点排污单位	√	√	√
603527.SH	众源新材	安徽众源新材料股份有限公司	仅母公司为重点排污单位	√	√	√
603566.SH	普莱柯	普莱柯生物工程股份有限公司	仅母公司为重点排污单位	√	√	√
603567.SH	珍宝岛	黑龙江珍宝岛药业股份有限公司	仅母公司为重点排污单位	√	√	√
603577.SH	汇金通	青岛汇金通电力设备股份有限公司	仅母公司为重点排污单位	√	√	√
603589.SH	口子窖	安徽口子酒业股份有限公司	仅母公司为重点排污单位	√	√	√
603595.SH	东尼电子	浙江东尼电子股份有限公司	仅母公司为重点排污单位	√	√	√
603663.SH	三祥新材	三祥新材股份有限公司	仅母公司为重点排污单位	√	√	√
603665.SH	康隆达	浙江康隆达特种防护科技股份有限公司	仅母公司为重点排污单位	√	√	√
603686.SH	龙马环卫	福建龙马环卫装备股份有限公司	仅母公司为重点排污单位	√	√	√
603699.SH	纽威股份	苏州纽威阀门股份有限公司	仅母公司为重点排污单位	√	√	√
603707.SH	健友股份	南京健友生化制药股份有限公司	仅母公司为重点排污单位	√	√	√
603728.SH	鸣志电器	上海鸣志电器股份有限公司	仅母公司为重点排污单位	√	√	√
603767.SH	中马传动	浙江中马传动股份有限公司	仅母公司为重点排污单位	√	√	√
603768.SH	常青股份	合肥常青机械股份有限公司	仅母公司为重点排污单位	√	√	√
603773.SH	沃格光电	江西沃格光电股份有限公司	仅母公司为重点排污单位	√	√	√
603800.SH	道森股份	苏州道森钻采设备股份有限公司	仅母公司为重点排污单位	√	√	√
603810.SH	丰山集团	江苏丰山集团股份有限公司	仅母公司为重点排污单位	√	√	√
603818.SH	曲美家居	曲美家居集团股份有限公司	仅母公司为重点排污单位	√	√	√
603822.SH	嘉澳环保	浙江嘉澳环保科技股份有限公司	仅母公司为重点排污单位	√	√	√
603855.SH	华荣股份	华荣科技股份有限公司	仅母公司为重点排污单位	√	√	√
603876.SH	鼎胜新材	江苏鼎胜新能源材料股份有限公司	仅母公司为重点排污单位	√	√	√

代码	名称简称	公司全称	重点排污单位类别	定期报告评估	重大行政处罚披露评估	综合评估
603878.SH	武进不锈	江苏武进不锈股份有限公司	仅母公司为重点排污单位	√	√	√
603879.SH	永悦科技	永悦科技股份有限公司	仅母公司为重点排污单位	√	√	√
603919.SH	金徽酒	金徽酒股份有限公司	仅母公司为重点排污单位	√	√	√
603920.SH	世运电路	广东世运电路科技股份有限公司	仅母公司为重点排污单位	√	√	√
603926.SH	铁流股份	浙江铁流离合器股份有限公司	仅母公司为重点排污单位	√	√	√
603938.SH	三孚股份	唐山三孚硅业股份有限公司	仅母公司为重点排污单位	√	√	√
603976.SH	正川股份	重庆正川医药包装材料股份有限公司	仅母公司为重点排污单位	√	√	√
603982.SH	泉峰汽车	南京泉峰汽车精密技术股份有限公司	仅母公司为重点排污单位	√	√	√
603998.SH	方盛制药	湖南方盛制药股份有限公司	仅母公司为重点排污单位	√	√	√
000027.SZ	深圳能源	深圳能源集团股份有限公司	母公司及子公司均为重点排污单位		√	
000030.SZ	富奥股份	富奥汽车零部件股份有限公司	母公司及子公司均为重点排污单位		√	
000037.SZ	深南电 A	深圳南山热电股份有限公司	母公司及子公司均为重点排污单位		√	
000059.SZ	华锦股份	北方华锦化学工业股份有限公司	母公司及子公司均为重点排污单位		√	
000060.SZ	中金岭南	深圳市中金岭南有色金属股份有限公司	母公司及子公司均为重点排污单位		√	
000153.SZ	丰原药业	安徽丰原药业股份有限公司	母公司及子公司均为重点排污单位		√	
000338.SZ	潍柴动力	潍柴动力股份有限公司	母公司及子公司均为重点排污单位		√	
000401.SZ	冀东水泥	唐山冀东水泥股份有限公司	母公司及子公司均为重点排污单位		√	
000407.SZ	胜利股份	山东胜利股份有限公司	母公司及子公司均为重点排污单位		√	
000410.SZ	沈阳机床	沈阳机床股份有限公司	母公司及子公司均为重点排污单位		√	
000413.SZ	东旭光电	东旭光电科技股份有限公司	母公司及子公司均为重点排污单位		√	
000422.SZ	ST 宜化	湖北宜化化工股份有限公司	母公司及子公司均为重点排污单位		√	
000425.SZ	徐工机械	徐工集团工程机械股份有限公司	母公司及子公司均为重点排污单位		√	
000488.SZ	晨鸣纸业	山东晨鸣纸业集团股份有限公司	母公司及子公司均为重点排污单位		√	
000528.SZ	柳工	广西柳工机械股份有限公司	母公司及子公司均为重点排污单位		√	

代码	名称简称	公司全称	重点排污单位类别	定期报告评估	重大行政处罚披露评估	综合评估
000531.SZ	穗恒运A	广州恒运企业集团股份有限公司	母公司及子公司均为重点排污单位		√	
000539.SZ	粤电力A	广东电力发展股份有限公司	母公司及子公司均为重点排污单位		√	
000559.SZ	万向钱潮	万向钱潮股份有限公司	母公司及子公司均为重点排污单位		√	
000596.SZ	古井贡酒	安徽古井贡酒股份有限公司	母公司及子公司均为重点排污单位		√	
000597.SZ	东北制药	东北制药集团股份有限公司	母公司及子公司均为重点排污单位		√	
000598.SZ	兴蓉环境	成都市兴蓉环境股份有限公司	母公司及子公司均为重点排污单位		√	
000599.SZ	青岛双星	青岛双星股份有限公司	母公司及子公司均为重点排污单位		√	
000612.SZ	焦作万方	焦作万方铝业股份有限公司	母公司及子公司均为重点排污单位		√	
000623.SZ	吉林敖东	吉林敖东药业集团股份有限公司	母公司及子公司均为重点排污单位		√	
000625.SZ	长安汽车	重庆长安汽车股份有限公司	母公司及子公司均为重点排污单位		√	
000629.SZ	攀钢钒钛	攀钢集团钒钛资源股份有限公司	母公司及子公司均为重点排污单位		√	
000630.SZ	铜陵有色	铜陵有色金属集团股份有限公司	母公司及子公司均为重点排污单位		√	
000636.SZ	风华高科	广东风华高新科技股份有限公司	母公司及子公司均为重点排污单位		√	
000651.SZ	格力电器	珠海格力电器股份有限公司	母公司及子公司均为重点排污单位		√	
000652.SZ	泰达股份	天津泰达股份有限公司	母公司及子公司均为重点排污单位		√	
000680.SZ	山推股份	山推工程机械股份有限公司	母公司及子公司均为重点排污单位		√	
000692.SZ	惠天热电	沈阳惠天热电股份有限公司	母公司及子公司均为重点排污单位		√	
000698.SZ	沈阳化工	沈阳化工股份有限公司	母公司及子公司均为重点排污单位		√	
000703.SZ	恒逸石化	恒逸石化股份有限公司	母公司及子公司均为重点排污单位		√	
000725.SZ	京东方A	京东方科技集团股份有限公司	母公司及子公司均为重点排污单位		√	

代码	名称简称	公司全称	重点排污单位类别	定期报告评估	重大行政处罚披露评估	综合评估
000726.SZ	鲁泰 A	鲁泰纺织股份有限公司	母公司及子公司均为重点排污单位		√	
000729.SZ	燕京啤酒	北京燕京啤酒股份有限公司	母公司及子公司均为重点排污单位		√	
000731.SZ	四川美丰	四川美丰化工股份有限公司	母公司及子公司均为重点排污单位		√	
000735.SZ	罗牛山	罗牛山股份有限公司	母公司及子公司均为重点排污单位		√	
000737.SZ	ST 南风	南风化工集团股份有限公司	母公司及子公司均为重点排污单位		√	
000756.SZ	新华制药	山东新华制药股份有限公司	母公司及子公司均为重点排污单位		√	
000761.SZ	本钢板材	本钢板材股份有限公司	母公司及子公司均为重点排污单位		√	
000762.SZ	西藏矿业	西藏矿业发展股份有限公司	母公司及子公司均为重点排污单位		√	
000767.SZ	漳泽电力	山西漳泽电力股份有限公司	母公司及子公司均为重点排污单位		√	
000768.SZ	中航飞机	中航飞机股份有限公司	母公司及子公司均为重点排污单位		√	
000778.SZ	新兴铸管	新兴铸管股份有限公司	母公司及子公司均为重点排污单位		√	
000786.SZ	北新建材	北新集团建材股份有限公司	母公司及子公司均为重点排污单位		√	
000789.SZ	万年青	江西万年青水泥股份有限公司	母公司及子公司均为重点排污单位		√	
000792.SZ	*ST 盐湖	青海盐湖工业股份有限公司	母公司及子公司均为重点排污单位		√	
000800.SZ	一汽轿车	一汽轿车股份有限公司	母公司及子公司均为重点排污单位		√	
000807.SZ	云铝股份	云南铝业股份有限公司	母公司及子公司均为重点排污单位		√	
000818.SZ	航锦科技	航锦科技股份有限公司	母公司及子公司均为重点排污单位		√	
000822.SZ	山东海化	山东海化股份有限公司	母公司及子公司均为重点排污单位		√	
000825.SZ	太钢不锈	山西太钢不锈钢股份有限公司	母公司及子公司均为重点排污单位		√	
000830.SZ	鲁西化工	鲁西化工集团股份有限公司	母公司及子公司均为重点排污单位		√	

代码	名称简称	公司全称	重点排污单位类别	定期报告评估	重大行政处罚披露评估	综合评估
000831.SZ	五矿稀土	五矿稀土股份有限公司	母公司及子公司均为重点排污单位		√	
000833.SZ	粤桂股份	广西粤桂广业控股股份有限公司	母公司及子公司均为重点排污单位		√	
000868.SZ	*ST 安凯	安徽安凯汽车股份有限公司	母公司及子公司均为重点排污单位		√	
000875.SZ	吉电股份	吉林电力股份有限公司	母公司及子公司均为重点排污单位		√	
000877.SZ	天山股份	新疆天山水泥股份有限公司	母公司及子公司均为重点排污单位		√	
000878.SZ	云南铜业	云南铜业股份有限公司	母公司及子公司均为重点排污单位		√	
000895.SZ	双汇发展	河南双汇投资发展股份有限公司	母公司及子公司均为重点排污单位		√	
000911.SZ	*ST 南糖	南宁糖业股份有限公司	母公司及子公司均为重点排污单位		√	
000912.SZ	泸天化	四川泸天化股份有限公司	母公司及子公司均为重点排污单位		√	
000930.SZ	中粮生化	中粮生物化学（安徽）股份有限公司	母公司及子公司均为重点排污单位		√	
000933.SZ	神火股份	河南神火煤电股份有限公司	母公司及子公司均为重点排污单位		√	
000937.SZ	冀中能源	冀中能源股份有限公司	母公司及子公司均为重点排污单位		√	
000949.SZ	新乡化纤	新乡化纤股份有限公司	母公司及子公司均为重点排污单位		√	
000951.SZ	中国重汽	中国重汽集团济南卡车股份有限公司	母公司及子公司均为重点排污单位		√	
000952.SZ	广济药业	湖北广济药业股份有限公司	母公司及子公司均为重点排污单位		√	
000970.SZ	中科三环	北京中科三环高技术股份有限公司	母公司及子公司均为重点排污单位		√	
000973.SZ	佛塑科技	佛山佛塑科技集团股份有限公司	母公司及子公司均为重点排污单位		√	
000983.SZ	西山煤电	山西西山煤电股份有限公司	母公司及子公司均为重点排污单位		√	
000999.SZ	华润三九	华润三九医药股份有限公司	母公司及子公司均为重点排污单位		√	
002001.SZ	新和成	浙江新和成股份有限公司	母公司及子公司均为重点排污单位		√	

代码	名称简称	公司全称	重点排污单位类别	定期报告评估	重大行政处罚披露评估	综合评估
002003.SZ	伟星股份	浙江伟星实业发展股份有限公司	母公司及子公司均为重点排污单位		√	
002010.SZ	传化智联	传化智联股份有限公司	母公司及子公司均为重点排污单位		√	
002012.SZ	凯恩股份	浙江凯恩特种材料股份有限公司	母公司及子公司均为重点排污单位		√	
002032.SZ	苏泊尔	浙江苏泊尔股份有限公司	母公司及子公司均为重点排污单位		√	
002050.SZ	三花智控	浙江三花智能控制股份有限公司	母公司及子公司均为重点排污单位		√	
002061.SZ	浙江交科	浙江交通科技股份有限公司	母公司及子公司均为重点排污单位		√	
002064.SZ	华峰氨纶	浙江华峰氨纶股份有限公司	母公司及子公司均为重点排污单位		√	
002067.SZ	景兴纸业	浙江景兴纸业股份有限公司	母公司及子公司均为重点排污单位		√	
002074.SZ	国轩高科	国轩高科股份有限公司	母公司及子公司均为重点排污单位		√	
002075.SZ	沙钢股份	江苏沙钢股份有限公司	母公司及子公司均为重点排污单位		√	
002078.SZ	太阳纸业	山东太阳纸业股份有限公司	母公司及子公司均为重点排污单位		√	
002080.SZ	中材科技	中材科技股份有限公司	母公司及子公司均为重点排污单位		√	
002083.SZ	孚日股份	孚日集团股份有限公司	母公司及子公司均为重点排污单位		√	
002084.SZ	海鸥住工	广州海鸥住宅工业股份有限公司	母公司及子公司均为重点排污单位		√	
002085.SZ	万丰奥威	浙江万丰奥威汽轮股份有限公司	母公司及子公司均为重点排污单位		√	
002098.SZ	浔兴股份	福建浔兴拉链科技股份有限公司	母公司及子公司均为重点排污单位		√	
002099.SZ	海翔药业	浙江海翔药业股份有限公司	母公司及子公司均为重点排污单位		√	
002105.SZ	信隆健康	深圳信隆健康产业发展股份有限公司	母公司及子公司均为重点排污单位		√	
002106.SZ	莱宝高科	深圳莱宝高科技股份有限公司	母公司及子公司均为重点排污单位		√	
002114.SZ	罗平锌电	云南罗平锌电股份有限公司	母公司及子公司均为重点排污单位		√	

代码	名称简称	公司全称	重点排污单位类别	定期报告评估	重大行政处罚披露评估	综合评估
002124.SZ	天邦股份	天邦食品股份有限公司	母公司及子公司均为重点排污单位		√	
002125.SZ	湘潭电化	湘潭电化科技股份有限公司	母公司及子公司均为重点排污单位		√	
002138.SZ	顺络电子	深圳顺络电子股份有限公司	母公司及子公司均为重点排污单位		√	
002163.SZ	中航三鑫	中航三鑫股份有限公司	母公司及子公司均为重点排污单位		√	
002167.SZ	东方锆业	广东东方锆业科技股份有限公司	母公司及子公司均为重点排污单位		√	
002170.SZ	芭田股份	深圳市芭田生态工程股份有限公司	母公司及子公司均为重点排污单位		√	
002171.SZ	楚江新材	安徽楚江科技新材料股份有限公司	母公司及子公司均为重点排污单位		√	
002185.SZ	华天科技	天水华天科技股份有限公司	母公司及子公司均为重点排污单位		√	
002191.SZ	劲嘉股份	深圳劲嘉集团股份有限公司	母公司及子公司均为重点排污单位		√	
002203.SZ	海亮股份	浙江海亮股份有限公司	母公司及子公司均为重点排污单位		√	
002204.SZ	大连重工	大连华锐重工集团股份有限公司	母公司及子公司均为重点排污单位		√	
002221.SZ	东华能源	东华能源股份有限公司	母公司及子公司均为重点排污单位		√	
002225.SZ	濮耐股份	濮阳濮耐高温材料（集团）股份有限公司	母公司及子公司均为重点排污单位		√	
002233.SZ	塔牌集团	广东塔牌集团股份有限公司	母公司及子公司均为重点排污单位		√	
002237.SZ	恒邦股份	山东恒邦冶炼股份有限公司	母公司及子公司均为重点排污单位		√	
002246.SZ	北化股份	四川北方硝化棉股份有限公司	母公司及子公司均为重点排污单位		√	
002250.SZ	联化科技	联化科技股份有限公司	母公司及子公司均为重点排污单位		√	
002252.SZ	上海莱士	上海莱士血液制品股份有限公司	母公司及子公司均为重点排污单位		√	
002258.SZ	利尔化学	利尔化学股份有限公司	母公司及子公司均为重点排污单位		√	
002272.SZ	川润股份	四川川润股份有限公司	母公司及子公司均为重点排污单位		√	

代码	名称简称	公司全称	重点排污单位类别	定期报告评估	重大行政处罚披露评估	综合评估
002274.SZ	华昌化工	江苏华昌化工股份有限公司	母公司及子公司均为重点排污单位		√	
002284.SZ	亚太股份	浙江亚太机电股份有限公司	母公司及子公司均为重点排污单位		√	
002288.SZ	超华科技	广东超华科技股份有限公司	母公司及子公司均为重点排污单位		√	
002294.SZ	信立泰	深圳信立泰药业股份有限公司	母公司及子公司均为重点排污单位		√	
002304.SZ	洋河股份	江苏洋河酒厂股份有限公司	母公司及子公司均为重点排污单位		√	
002318.SZ	久立特材	浙江久立特材科技股份有限公司	母公司及子公司均为重点排污单位		√	
002321.SZ	华英农业	河南华英农业发展股份有限公司	母公司及子公司均为重点排污单位		√	
002326.SZ	永太科技	浙江永太科技股份有限公司	母公司及子公司均为重点排污单位		√	
002332.SZ	仙琚制药	浙江仙琚制药股份有限公司	母公司及子公司均为重点排污单位		√	
002349.SZ	精华制药	精华制药集团股份有限公司	母公司及子公司均为重点排污单位		√	
002361.SZ	神剑股份	安徽神剑新材料股份有限公司	母公司及子公司均为重点排污单位		√	
002382.SZ	蓝帆医疗	蓝帆医疗股份有限公司	母公司及子公司均为重点排污单位		√	
002387.SZ	维信诺	维信诺科技股份有限公司	母公司及子公司均为重点排污单位		√	
002390.SZ	信邦制药	贵州信邦制药股份有限公司	母公司及子公司均为重点排污单位		√	
002391.SZ	长青股份	江苏长青农化股份有限公司	母公司及子公司均为重点排污单位		√	
002392.SZ	北京利尔	北京利尔高温材料股份有限公司	母公司及子公司均为重点排污单位		√	
002394.SZ	联发股份	江苏联发纺织股份有限公司	母公司及子公司均为重点排污单位		√	
002399.SZ	海普瑞	深圳市海普瑞药业集团股份有限公司	母公司及子公司均为重点排污单位		√	
002407.SZ	多氟多	多氟多化工股份有限公司	母公司及子公司均为重点排污单位		√	
002408.SZ	齐翔腾达	淄博齐翔腾达化工股份有限公司	母公司及子公司均为重点排污单位		√	

代码	名称简称	公司全称	重点排污单位类别	定期报告评估	重大行政处罚披露评估	综合评估
002418.SZ	康盛股份	浙江康盛股份有限公司	母公司及子公司均为重点排污单位		√	
002422.SZ	科伦药业	四川科伦药业股份有限公司	母公司及子公司均为重点排污单位		√	
002440.SZ	闰土股份	浙江闰土股份有限公司	母公司及子公司均为重点排污单位		√	
002442.SZ	龙星化工	龙星化工股份有限公司	母公司及子公司均为重点排污单位		√	
002463.SZ	沪电股份	沪士电子股份有限公司	母公司及子公司均为重点排污单位		√	
002466.SZ	天齐锂业	天齐锂业股份有限公司	母公司及子公司均为重点排污单位		√	
002470.SZ	金正大	金正大生态工程集团股份有限公司	母公司及子公司均为重点排污单位		√	
002479.SZ	富春环保	浙江富春江环保热电股份有限公司	母公司及子公司均为重点排污单位		√	
002488.SZ	金固股份	浙江金固股份有限公司	母公司及子公司均为重点排污单位		√	
002489.SZ	浙江永强	浙江永强集团股份有限公司	母公司及子公司均为重点排污单位		√	
002493.SZ	荣盛石化	荣盛石化股份有限公司	母公司及子公司均为重点排污单位		√	
002496.SZ	辉丰股份	江苏辉丰生物农业股份有限公司	母公司及子公司均为重点排污单位		√	
002511.SZ	中顺洁柔	中顺洁柔纸业股份有限公司	母公司及子公司均为重点排污单位		√	
002513.SZ	蓝丰生化	江苏蓝丰生物化工股份有限公司	母公司及子公司均为重点排污单位		√	
002538.SZ	司尔特	安徽省司尔特肥业股份有限公司	母公司及子公司均为重点排污单位		√	
002547.SZ	春兴精工	苏州春兴精工股份有限公司	母公司及子公司均为重点排污单位		√	
002562.SZ	兄弟科技	兄弟科技股份有限公司	母公司及子公司均为重点排污单位		√	
002588.SZ	史丹利	史丹利农业集团股份有限公司	母公司及子公司均为重点排污单位		√	
002590.SZ	万安科技	浙江万安科技股份有限公司	母公司及子公司均为重点排污单位		√	
002593.SZ	日上集团	厦门日上集团股份有限公司	母公司及子公司均为重点排污单位		√	

代码	名称简称	公司全称	重点排污单位类别	定期报告评估	重大行政处罚披露评估	综合评估
002594.SZ	比亚迪	比亚迪股份有限公司	母公司及子公司均为重点排污单位		√	
002601.SZ	龙蟒佰利	龙蟒佰利联集团股份有限公司	母公司及子公司均为重点排污单位		√	
002616.SZ	长青集团	广东长青（集团）股份有限公司	母公司及子公司均为重点排污单位		√	
002617.SZ	露笑科技	露笑科技股份有限公司	母公司及子公司均为重点排污单位		√	
002632.SZ	道明光学	道明光学股份有限公司	母公司及子公司均为重点排污单位		√	
002635.SZ	安洁科技	苏州安洁科技股份有限公司	母公司及子公司均为重点排污单位		√	
002636.SZ	金安国纪	金安国纪科技股份有限公司	母公司及子公司均为重点排污单位		√	
002643.SZ	万润股份	中节能万润股份有限公司	母公司及子公司均为重点排污单位		√	
002648.SZ	卫星石化	浙江卫星石化股份有限公司	母公司及子公司均为重点排污单位		√	
002672.SZ	东江环保	东江环保股份有限公司	母公司及子公司均为重点排污单位		√	
002674.SZ	兴业科技	兴业皮革科技股份有限公司	母公司及子公司均为重点排污单位		√	
002688.SZ	金河生物	金河生物科技股份有限公司	母公司及子公司均为重点排污单位		√	
002695.SZ	煌上煌	江西煌上煌集团食品股份有限公司	母公司及子公司均为重点排污单位		√	
002716.SZ	金贵银业	郴州市金贵银业股份有限公司	母公司及子公司均为重点排污单位		√	
002726.SZ	龙大肉食	山东龙大肉食品股份有限公司	母公司及子公司均为重点排污单位		√	
002734.SZ	利民股份	利民化工股份有限公司	母公司及子公司均为重点排污单位		√	
002737.SZ	葵花药业	葵花药业集团股份有限公司	母公司及子公司均为重点排污单位		√	
002742.SZ	三圣股份	重庆三圣实业股份有限公司	母公司及子公司均为重点排污单位		√	
002745.SZ	木林森	木林森股份有限公司	母公司及子公司均为重点排污单位		√	
002773.SZ	康弘药业	成都康弘药业集团股份有限公司	母公司及子公司均为重点排污单位		√	

代码	名称简称	公司全称	重点排污单位类别	定期报告评估	重大行政处罚披露评估	综合评估
002783.SZ	凯龙股份	湖北凯龙化工集团股份有限公司	母公司及子公司均为重点排污单位		√	
002823.SZ	凯中精密	深圳市凯中精密技术股份有限公司	母公司及子公司均为重点排污单位		√	
002831.SZ	裕同科技	深圳市裕同包装科技股份有限公司	母公司及子公司均为重点排污单位		√	
002842.SZ	翔鹭钨业	广东翔鹭钨业股份有限公司	母公司及子公司均为重点排污单位		√	
002910.SZ	庄园牧场	兰州庄园牧场股份有限公司	母公司及子公司均为重点排污单位		√	
002913.SZ	奥士康	奥士康科技股份有限公司	母公司及子公司均为重点排污单位		√	
002918.SZ	蒙娜丽莎	蒙娜丽莎集团股份有限公司	母公司及子公司均为重点排污单位		√	
002938.SZ	鹏鼎控股	鹏鼎控股（深圳）股份有限公司	母公司及子公司均为重点排污单位		√	
002940.SZ	昂利康	浙江昂利康制药股份有限公司	母公司及子公司均为重点排污单位		√	
002942.SZ	新农股份	浙江新农化工股份有限公司	母公司及子公司均为重点排污单位		√	
002946.SZ	新乳业	新希望乳业股份有限公司	母公司及子公司均为重点排污单位		√	
300026.SZ	红日药业	天津红日药业股份有限公司	母公司及子公司均为重点排污单位		√	
300054.SZ	鼎龙股份	湖北鼎龙控股股份有限公司	母公司及子公司均为重点排污单位		√	
300068.SZ	南都电源	浙江南都电源动力股份有限公司	母公司及子公司均为重点排污单位		√	
300082.SZ	奥克股份	辽宁奥克化学股份有限公司	母公司及子公司均为重点排污单位		√	
300094.SZ	国联水产	湛江国联水产开发股份有限公司	母公司及子公司均为重点排污单位		√	
300102.SZ	乾照光电	厦门乾照光电股份有限公司	母公司及子公司均为重点排污单位		√	
300115.SZ	长盈精密	深圳市长盈精密技术股份有限公司	母公司及子公司均为重点排污单位		√	
300134.SZ	大富科技	深圳市大富科技股份有限公司	母公司及子公司均为重点排污单位		√	
300158.SZ	振东制药	山西振东制药股份有限公司	母公司及子公司均为重点排污单位		√	

代码	名称简称	公司全称	重点排污单位类别	定期报告评估	重大行政处罚披露评估	综合评估
300172.SZ	中电环保	中电环保股份有限公司	母公司及子公司均为重点排污单位		√	
300180.SZ	华峰超纤	上海华峰超纤材料股份有限公司	母公司及子公司均为重点排污单位		√	
300200.SZ	高盟新材	北京高盟新材料股份有限公司	母公司及子公司均为重点排污单位		√	
300218.SZ	安利股份	安徽安利材料科技股份有限公司	母公司及子公司均为重点排污单位		√	
300254.SZ	仟源医药	山西仟源医药集团股份有限公司	母公司及子公司均为重点排污单位		√	
300261.SZ	雅本化学	雅本化学股份有限公司	母公司及子公司均为重点排污单位		√	
300267.SZ	尔康制药	湖南尔康制药股份有限公司	母公司及子公司均为重点排污单位		√	
300363.SZ	博腾股份	重庆博腾制药科技股份有限公司	母公司及子公司均为重点排污单位		√	
300381.SZ	溢多利	广东溢多利生物科技股份有限公司	母公司及子公司均为重点排污单位		√	
300388.SZ	国祯环保	安徽国祯环保节能科技股份有限公司	母公司及子公司均为重点排污单位		√	
300401.SZ	花园生物	浙江花园生物高科股份有限公司	母公司及子公司均为重点排污单位		√	
300408.SZ	三环集团	潮州三环（集团）股份有限公司	母公司及子公司均为重点排污单位		√	
300415.SZ	伊之密	广东伊之密精密机械股份有限公司	母公司及子公司均为重点排污单位		√	
300421.SZ	力星股份	江苏力星通用钢球股份有限公司	母公司及子公司均为重点排污单位		√	
300428.SZ	四通新材	河北四通新型金属材料股份有限公司	母公司及子公司均为重点排污单位		√	
300433.SZ	蓝思科技	蓝思科技股份有限公司	母公司及子公司均为重点排污单位		√	
300476.SZ	胜宏科技	胜宏科技（惠州）股份有限公司	母公司及子公司均为重点排污单位		√	
300497.SZ	富祥股份	江西富祥药业股份有限公司	母公司及子公司均为重点排污单位		√	
300575.SZ	中旗股份	江苏中旗科技股份有限公司	母公司及子公司均为重点排污单位		√	
300583.SZ	赛托生物	山东赛托生物科技股份有限公司	母公司及子公司均为重点排污单位		√	

代码	名称简称	公司全称	重点排污单位类别	定期报告评估	重大行政处罚披露评估	综合评估
300586.SZ	美联新材	广东美联新材料股份有限公司	母公司及子公司均为重点排污单位		√	
300596.SZ	利安隆	天津利安隆新材料股份有限公司	母公司及子公司均为重点排污单位		√	
300655.SZ	晶瑞股份	苏州晶瑞化学股份有限公司	母公司及子公司均为重点排污单位		√	
300677.SZ	英科医疗	山东英科医疗用品股份有限公司	母公司及子公司均为重点排污单位		√	
300702.SZ	天宇股份	浙江天宇药业股份有限公司	母公司及子公司均为重点排污单位		√	
300739.SZ	明阳电路	深圳明阳电路科技股份有限公司	母公司及子公司均为重点排污单位		√	
300750.SZ	宁德时代	宁德时代新能源科技股份有限公司	母公司及子公司均为重点排污单位		√	
300758.SZ	七彩化学	鞍山七彩化学股份有限公司	母公司及子公司均为重点排污单位		√	
600010.SH	包钢股份	内蒙古包钢钢联股份有限公司	母公司及子公司均为重点排污单位		√	
600011.SH	华能国际	华能国际电力股份有限公司	母公司及子公司均为重点排污单位		√	
600017.SH	日照港	日照港股份有限公司	母公司及子公司均为重点排污单位		√	
600019.SH	宝钢股份	宝山钢铁股份有限公司	母公司及子公司均为重点排污单位		√	
600021.SH	上海电力	上海电力股份有限公司	母公司及子公司均为重点排污单位		√	
600023.SH	浙能电力	浙江浙能电力股份有限公司	母公司及子公司均为重点排污单位		√	
600027.SH	华电国际	华电国际电力股份有限公司	母公司及子公司均为重点排污单位		√	
600028.SH	中国石化	中国石油化工股份有限公司	母公司及子公司均为重点排污单位		√	
600029.SH	南方航空	中国南方航空股份有限公司	母公司及子公司均为重点排污单位		√	
600059.SH	古越龙山	浙江古越龙山绍兴酒股份有限公司	母公司及子公司均为重点排污单位		√	
600062.SH	华润双鹤	华润双鹤药业股份有限公司	母公司及子公司均为重点排污单位		√	
600063.SH	皖维高新	安徽皖维高新材料股份有限公司	母公司及子公司均为重点排污单位		√	

代码	名称简称	公司全称	重点排污单位类别	定期报告评估	重大行政处罚披露评估	综合评估
600064.SH	南京高科	南京高科股份有限公司	母公司及子公司均为重点排污单位		√	
600069.SH	银鸽投资	河南银鸽实业投资股份有限公司	母公司及子公司均为重点排污单位		√	
600070.SH	浙江富润	浙江富润股份有限公司	母公司及子公司均为重点排污单位		√	
600085.SH	同仁堂	北京同仁堂股份有限公司	母公司及子公司均为重点排污单位		√	
600089.SH	特变电工	特变电工股份有限公司	母公司及子公司均为重点排污单位		√	
600096.SH	云天化	云南云天化股份有限公司	母公司及子公司均为重点排污单位		√	
600111.SH	北方稀土	中国北方稀土（集团）高科技股份有限公司	母公司及子公司均为重点排污单位		√	
600117.SH	西宁特钢	西宁特殊钢股份有限公司	母公司及子公司均为重点排污单位		√	
600123.SH	兰花科创	山西兰花科技创业股份有限公司	母公司及子公司均为重点排污单位		√	
600135.SH	乐凯胶片	乐凯胶片股份有限公司	母公司及子公司均为重点排污单位		√	
600141.SH	兴发集团	湖北兴发化工集团股份有限公司	母公司及子公司均为重点排污单位		√	
600143.SH	金发科技	金发科技股份有限公司	母公司及子公司均为重点排污单位		√	
600156.SH	华升股份	湖南华升股份有限公司	母公司及子公司均为重点排污单位		√	
600160.SH	巨化股份	浙江巨化股份有限公司	母公司及子公司均为重点排污单位		√	
600166.SH	福田汽车	北汽福田汽车股份有限公司	母公司及子公司均为重点排污单位		√	
600178.SH	东安动力	哈尔滨东安汽车动力股份有限公司	母公司及子公司均为重点排污单位		√	
600182.SH	S 佳通	佳通轮胎股份有限公司	母公司及子公司均为重点排污单位		√	
600183.SH	生益科技	广东生益科技股份有限公司	母公司及子公司均为重点排污单位		√	
600188.SH	兖州煤业	兖州煤业股份有限公司	母公司及子公司均为重点排污单位		√	
600195.SH	中牧股份	中牧实业股份有限公司	母公司及子公司均为重点排污单位		√	

代码	名称简称	公司全称	重点排污单位类别	定期报告评估	重大行政处罚披露评估	综合评估
600197.SH	伊力特	新疆伊力特实业股份有限公司	母公司及子公司均为重点排污单位		√	
600216.SH	浙江医药	浙江医药股份有限公司	母公司及子公司均为重点排污单位		√	
600219.SH	南山铝业	山东南山铝业股份有限公司	母公司及子公司均为重点排污单位		√	
600220.SH	江苏阳光	江苏阳光股份有限公司	母公司及子公司均为重点排污单位		√	
600230.SH	沧州大化	沧州大化股份有限公司	母公司及子公司均为重点排污单位		√	
600231.SH	凌钢股份	凌源钢铁股份有限公司	母公司及子公司均为重点排污单位		√	
600267.SH	海正药业	浙江海正药业股份有限公司	母公司及子公司均为重点排污单位		√	
600273.SH	嘉化能源	浙江嘉化能源化工股份有限公司	母公司及子公司均为重点排污单位		√	
600277.SH	亿利洁能	亿利洁能股份有限公司	母公司及子公司均为重点排污单位		√	
600282.SH	南钢股份	南京钢铁股份有限公司	母公司及子公司均为重点排污单位		√	
600293.SH	三峡新材	湖北三峡新型建材股份有限公司	母公司及子公司均为重点排污单位		√	
600295.SH	鄂尔多斯	内蒙古鄂尔多斯资源股份有限公司	母公司及子公司均为重点排污单位		√	
600298.SH	安琪酵母	安琪酵母股份有限公司	母公司及子公司均为重点排污单位		√	
600300.SH	维维股份	维维食品饮料股份有限公司	母公司及子公司均为重点排污单位		√	
600303.SH	曙光股份	辽宁曙光汽车集团股份有限公司	母公司及子公司均为重点排污单位		√	
600305.SH	恒顺醋业	江苏恒顺醋业股份有限公司	母公司及子公司均为重点排污单位		√	
600307.SH	酒钢宏兴	甘肃酒钢集团宏兴钢铁股份有限公司	母公司及子公司均为重点排污单位		√	
600308.SH	华泰股份	山东华泰纸业股份有限公司	母公司及子公司均为重点排污单位		√	
600309.SH	万华化学	万华化学集团股份有限公司	母公司及子公司均为重点排污单位		√	
600323.SH	瀚蓝环境	瀚蓝环境股份有限公司	母公司及子公司均为重点排污单位		√	

代码	名称简称	公司全称	重点排污单位类别	定期报告评估	重大行政处罚披露评估	综合评估
600328.SH	兰太实业	内蒙古兰太实业股份有限公司	母公司及子公司均为重点排污单位		√	
600329.SH	中新药业	天津中新药业集团股份有限公司	母公司及子公司均为重点排污单位		√	
600330.SH	天通股份	天通控股股份有限公司	母公司及子公司均为重点排污单位		√	
600331.SH	宏达股份	四川宏达股份有限公司	母公司及子公司均为重点排污单位		√	
600332.SH	白云山	广州白云山医药集团股份有限公司	母公司及子公司均为重点排污单位		√	
600356.SH	恒丰纸业	牡丹江恒丰纸业股份有限公司	母公司及子公司均为重点排污单位		√	
600367.SH	红星发展	贵州红星发展股份有限公司	母公司及子公司均为重点排污单位		√	
600389.SH	江山股份	南通江山农药化工股份有限公司	母公司及子公司均为重点排污单位		√	
600395.SH	盘江股份	贵州盘江精煤股份有限公司	母公司及子公司均为重点排污单位		√	
600396.SH	*ST 金山	沈阳金山能源股份有限公司	母公司及子公司均为重点排污单位		√	
600408.SH	ST 安泰	山西安泰集团股份有限公司	母公司及子公司均为重点排污单位		√	
600409.SH	三友化工	唐山三友化工股份有限公司	母公司及子公司均为重点排污单位		√	
600418.SH	江淮汽车	安徽江淮汽车集团股份有限公司	母公司及子公司均为重点排污单位		√	
600420.SH	现代制药	上海现代制药股份有限公司	母公司及子公司均为重点排污单位		√	
600422.SH	昆药集团	昆药集团股份有限公司	母公司及子公司均为重点排污单位		√	
600425.SH	青松建化	新疆青松建材化工（集团）股份有限公司	母公司及子公司均为重点排污单位		√	
600429.SH	三元股份	北京三元食品股份有限公司	母公司及子公司均为重点排污单位		√	
600433.SH	冠豪高新	广东冠豪高新技术股份有限公司	母公司及子公司均为重点排污单位		√	
600470.SH	六国化工	安徽六国化工股份有限公司	母公司及子公司均为重点排污单位		√	
600477.SH	杭萧钢构	杭萧钢构股份有限公司	母公司及子公司均为重点排污单位		√	

代码	名称简称	公司全称	重点排污单位类别	定期报告评估	重大行政处罚披露评估	综合评估
600480.SH	凌云股份	凌云工业股份有限公司	母公司及子公司均为重点排污单位		√	
600486.SH	扬农化工	江苏扬农化工股份有限公司	母公司及子公司均为重点排污单位		√	
600488.SH	天药股份	天津天药药业股份有限公司	母公司及子公司均为重点排污单位		√	
600497.SH	驰宏锌锗	云南驰宏锌锗股份有限公司	母公司及子公司均为重点排污单位		√	
600507.SH	方大特钢	方大特钢科技股份有限公司	母公司及子公司均为重点排污单位		√	
600509.SH	天富能源	新疆天富能源股份有限公司	母公司及子公司均为重点排污单位		√	
600516.SH	方大炭素	方大炭素新材料科技股份有限公司	母公司及子公司均为重点排污单位		√	
600518.SH	ST康美	康美药业股份有限公司	母公司及子公司均为重点排污单位		√	
600521.SH	华海药业	浙江华海药业股份有限公司	母公司及子公司均为重点排污单位		√	
600531.SH	豫光金铅	河南豫光金铅股份有限公司	母公司及子公司均为重点排污单位		√	
600537.SH	亿晶光电	亿晶光电科技股份有限公司	母公司及子公司均为重点排污单位		√	
600547.SH	山东黄金	山东黄金矿业股份有限公司	母公司及子公司均为重点排污单位		√	
600549.SH	厦门钨业	厦门钨业股份有限公司	母公司及子公司均为重点排污单位		√	
600552.SH	凯盛科技	凯盛科技股份有限公司	母公司及子公司均为重点排污单位		√	
600559.SH	老白干酒	河北衡水老白干酒业股份有限公司	母公司及子公司均为重点排污单位		√	
600567.SH	山鹰纸业	山鹰国际控股股份公司	母公司及子公司均为重点排污单位		√	
600569.SH	安阳钢铁	安阳钢铁股份有限公司	母公司及子公司均为重点排污单位		√	
600573.SH	惠泉啤酒	福建省燕京惠泉啤酒股份有限公司	母公司及子公司均为重点排污单位		√	
600585.SH	海螺水泥	安徽海螺水泥股份有限公司	母公司及子公司均为重点排污单位		√	
600586.SH	金晶科技	山东金晶科技股份有限公司	母公司及子公司均为重点排污单位		√	

代码	名称简称	公司全称	重点排污单位类别	定期报告评估	重大行政处罚披露评估	综合评估
600594.SH	益佰制药	贵州益佰制药股份有限公司	母公司及子公司均为重点排污单位		√	
600596.SH	新安股份	浙江新安化工集团股份有限公司	母公司及子公司均为重点排污单位		√	
600600.SH	青岛啤酒	青岛啤酒股份有限公司	母公司及子公司均为重点排污单位		√	
600609.SH	金杯汽车	金杯汽车股份有限公司	母公司及子公司均为重点排污单位		√	
600623.SH	华谊集团	上海华谊集团股份有限公司	母公司及子公司均为重点排污单位		√	
600660.SH	福耀玻璃	福耀玻璃工业集团股份有限公司	母公司及子公司均为重点排污单位		√	
600664.SH	哈药股份	哈药集团股份有限公司	母公司及子公司均为重点排污单位		√	
600688.SH	上海石化	中国石化上海石油化工股份有限公司	母公司及子公司均为重点排污单位		√	
600702.SH	舍得酒业	舍得酒业股份有限公司	母公司及子公司均为重点排污单位		√	
600726.SH	*ST 华源	华电能源股份有限公司	母公司及子公司均为重点排污单位		√	
600740.SH	山西焦化	山西焦化股份有限公司	母公司及子公司均为重点排污单位		√	
600742.SH	一汽富维	长春一汽富维汽车零部件股份有限公司	母公司及子公司均为重点排污单位		√	
600744.SH	华银电力	大唐华银电力股份有限公司	母公司及子公司均为重点排污单位		√	
600760.SH	中航沈飞	中航沈飞股份有限公司	母公司及子公司均为重点排污单位		√	
600761.SH	安徽合力	安徽合力股份有限公司	母公司及子公司均为重点排污单位		√	
600782.SH	新钢股份	新余钢铁股份有限公司	母公司及子公司均为重点排污单位		√	
600789.SH	鲁抗医药	山东鲁抗医药股份有限公司	母公司及子公司均为重点排污单位		√	
600792.SH	云煤能源	云南煤业能源股份有限公司	母公司及子公司均为重点排污单位		√	
600795.SH	国电电力	国电电力发展股份有限公司	母公司及子公司均为重点排污单位		√	
600796.SH	钱江生化	浙江钱江生物化学股份有限公司	母公司及子公司均为重点排污单位		√	

代码	名称简称	公司全称	重点排污单位类别	定期报告评估	重大行政处罚披露评估	综合评估
600801.SH	华新水泥	华新水泥股份有限公司	母公司及子公司均为重点排污单位		√	
600802.SH	福建水泥	福建水泥股份有限公司	母公司及子公司均为重点排污单位		√	
600808.SH	马钢股份	马鞍山钢铁股份有限公司	母公司及子公司均为重点排污单位		√	
600810.SH	神马股份	神马实业股份有限公司	母公司及子公司均为重点排污单位		√	
600812.SH	华北制药	华北制药股份有限公司	母公司及子公司均为重点排污单位		√	
600863.SH	内蒙华电	内蒙古蒙电华能热电股份有限公司	母公司及子公司均为重点排污单位		√	
600864.SH	哈投股份	哈尔滨哈投投资股份有限公司	母公司及子公司均为重点排污单位		√	
600874.SH	创业环保	天津创业环保集团股份有限公司	母公司及子公司均为重点排污单位		√	
600875.SH	东方电气	东方电气股份有限公司	母公司及子公司均为重点排污单位		√	
600881.SH	亚泰集团	吉林亚泰（集团）股份有限公司	母公司及子公司均为重点排污单位		√	
600887.SH	伊利股份	内蒙古伊利实业集团股份有限公司	母公司及子公司均为重点排污单位		√	
600888.SH	新疆众和	新疆众和股份有限公司	母公司及子公司均为重点排污单位		√	
600962.SH	国投中鲁	国投中鲁果汁股份有限公司	母公司及子公司均为重点排污单位		√	
600963.SH	岳阳林纸	岳阳林纸股份有限公司	母公司及子公司均为重点排污单位		√	
600966.SH	博汇纸业	山东博汇纸业股份有限公司	母公司及子公司均为重点排污单位		√	
600971.SH	恒源煤电	安徽恒源煤电股份有限公司	母公司及子公司均为重点排污单位		√	
600975.SH	新五丰	湖南新五丰股份有限公司	母公司及子公司均为重点排污单位		√	
600982.SH	宁波热电	宁波热电股份有限公司	母公司及子公司均为重点排污单位		√	
600983.SH	惠而浦	惠而浦（中国）股份有限公司	母公司及子公司均为重点排污单位		√	
600987.SH	航民股份	浙江航民股份有限公司	母公司及子公司均为重点排污单位		√	

代码	名称简称	公司全称	重点排污单位类别	定期报告评估	重大行政处罚披露评估	综合评估
600997.SH	开滦股份	开滦能源化工股份有限公司	母公司及子公司均为重点排污单位		√	
601001.SH	大同煤业	大同煤业股份有限公司	母公司及子公司均为重点排污单位		√	
601002.SH	晋亿实业	晋亿实业股份有限公司	母公司及子公司均为重点排污单位		√	
601015.SH	陕西黑猫	陕西黑猫焦化股份有限公司	母公司及子公司均为重点排污单位		√	
601088.SH	中国神华	中国神华能源股份有限公司	母公司及子公司均为重点排污单位		√	
601118.SH	海南橡胶	海南天然橡胶产业集团股份有限公司	母公司及子公司均为重点排污单位		√	
601137.SH	博威合金	宁波博威合金材料股份有限公司	母公司及子公司均为重点排污单位		√	
601168.SH	西部矿业	西部矿业股份有限公司	母公司及子公司均为重点排污单位		√	
601212.SH	白银有色	白银有色集团股份有限公司	母公司及子公司均为重点排污单位		√	
601216.SH	君正集团	内蒙古君正能源化工集团股份有限公司	母公司及子公司均为重点排污单位		√	
601231.SH	环旭电子	环旭电子股份有限公司	母公司及子公司均为重点排污单位		√	
601233.SH	桐昆股份	桐昆集团股份有限公司	母公司及子公司均为重点排污单位		√	
601238.SH	广汽集团	广州汽车集团股份有限公司	母公司及子公司均为重点排污单位		√	
601579.SH	会稽山	会稽山绍兴酒股份有限公司	母公司及子公司均为重点排污单位		√	
601599.SH	鹿港文化	江苏鹿港文化股份有限公司	母公司及子公司均为重点排污单位		√	
601600.SH	中国铝业	中国铝业股份有限公司	母公司及子公司均为重点排污单位		√	
601633.SH	长城汽车	长城汽车股份有限公司	母公司及子公司均为重点排污单位		√	
601666.SH	平煤股份	平顶山天安煤业股份有限公司	母公司及子公司均为重点排污单位		√	
601678.SH	滨化股份	滨化集团股份有限公司	母公司及子公司均为重点排污单位		√	
601689.SH	拓普集团	宁波拓普集团股份有限公司	母公司及子公司均为重点排污单位		√	

代码	名称简称	公司全称	重点排污单位类别	定期报告评估	重大行政处罚披露评估	综合评估
601857.SH	中国石油	中国石油天然气股份有限公司	母公司及子公司均为重点排污单位		√	
601865.SH	福莱特	福莱特玻璃集团股份有限公司	母公司及子公司均为重点排污单位		√	
601899.SH	紫金矿业	紫金矿业集团股份有限公司	母公司及子公司均为重点排污单位		√	
601918.SH	新集能源	中煤新集能源股份有限公司	母公司及子公司均为重点排污单位		√	
601968.SH	宝钢包装	上海宝钢包装股份有限公司	母公司及子公司均为重点排污单位		√	
601991.SH	大唐发电	大唐国际发电股份有限公司	母公司及子公司均为重点排污单位		√	
603002.SH	宏昌电子	宏昌电子材料股份有限公司	母公司及子公司均为重点排污单位		√	
603009.SH	北特科技	上海北特科技股份有限公司	母公司及子公司均为重点排污单位		√	
603010.SH	万盛股份	浙江万盛股份有限公司	母公司及子公司均为重点排污单位		√	
603020.SH	爱普股份	爱普香料集团股份有限公司	母公司及子公司均为重点排污单位		√	
603067.SH	振华股份	湖北振华化学股份有限公司	母公司及子公司均为重点排污单位		√	
603077.SH	和邦生物	四川和邦生物科技股份有限公司	母公司及子公司均为重点排污单位		√	
603079.SH	圣达生物	浙江圣达生物药业股份有限公司	母公司及子公司均为重点排污单位		√	
603086.SH	先达股份	山东先达农化股份有限公司	母公司及子公司均为重点排污单位		√	
603181.SH	皇马科技	浙江皇马科技股份有限公司	母公司及子公司均为重点排污单位		√	
603228.SH	景旺电子	深圳市景旺电子股份有限公司	母公司及子公司均为重点排污单位		√	
603298.SH	杭叉集团	杭叉集团股份有限公司	母公司及子公司均为重点排污单位		√	
603308.SH	应流股份	安徽应流机电股份有限公司	母公司及子公司均为重点排污单位		√	
603345.SH	安井食品	福建安井食品股份有限公司	母公司及子公司均为重点排污单位		√	
603360.SH	百傲化学	大连百傲化学股份有限公司	母公司及子公司均为重点排污单位		√	
603385.SH	惠达卫浴	惠达卫浴股份有限公司	母公司及子公司均为重点排污单位		√	

代码	名称简称	公司全称	重点排污单位类别	定期报告评估	重大行政处罚披露评估	综合评估
603386.SH	广东骏亚	广东骏亚电子科技股份有限公司	母公司及子公司均为重点排污单位		√	
603456.SH	九洲药业	浙江九洲药业股份有限公司	母公司及子公司均为重点排污单位		√	
603515.SH	欧普照明	欧普照明股份有限公司	母公司及子公司均为重点排污单位		√	
603520.SH	司太立	浙江司太立制药股份有限公司	母公司及子公司均为重点排污单位		√	
603568.SH	伟明环保	浙江伟明环保股份有限公司	母公司及子公司均为重点排污单位		√	
603599.SH	广信股份	安徽广信农化股份有限公司	母公司及子公司均为重点排污单位		√	
603612.SH	索通发展	索通发展股份有限公司	母公司及子公司均为重点排污单位		√	
603626.SH	科森科技	昆山科森科技股份有限公司	母公司及子公司均为重点排污单位		√	
603766.SH	隆鑫通用	隆鑫通用动力股份有限公司	母公司及子公司均为重点排污单位		√	
603797.SH	联泰环保	广东联泰环保股份有限公司	母公司及子公司均为重点排污单位		√	
603799.SH	华友钴业	浙江华友钴业股份有限公司	母公司及子公司均为重点排污单位		√	
603817.SH	海峡环保	福建海峡环保集团股份有限公司	母公司及子公司均为重点排污单位		√	
603823.SH	百合花	百合花集团股份有限公司	母公司及子公司均为重点排污单位		√	
603858.SH	步长制药	山东步长制药股份有限公司	母公司及子公司均为重点排污单位		√	
603890.SH	春秋电子	苏州春秋电子科技股份有限公司	母公司及子公司均为重点排污单位		√	
603928.SH	兴业股份	苏州兴业材料科技股份有限公司	母公司及子公司均为重点排污单位		√	
603936.SH	博敏电子	博敏电子股份有限公司	母公司及子公司均为重点排污单位		√	
603968.SH	醋化股份	南通醋酸化工股份有限公司	母公司及子公司均为重点排污单位		√	
603969.SH	银龙股份	天津银龙预应力材料股份有限公司	母公司及子公司均为重点排污单位		√	
603993.SH	洛阳钼业	洛阳栾川钼业集团股份有限公司	母公司及子公司均为重点排污单位		√	

附录2　2018年受到各级生态环境行政主管部门重大行政处罚的公司统计

附表2　2018年受到重大环境行政处罚的上市公司名单

代码	名称简称	公司全称	重点排污单位类别	被罚次数	罚款总额/万元
000565.SZ	渝三峡A	重庆三峡油漆股份有限公司	仅母公司为重点排污单位	1	15
000923.SZ	河北宣工	河北宣化工程机械股份有限公司	仅母公司为重点排污单位	1	10
000953.SZ	*ST河化	广西河池化工股份有限公司	仅母公司为重点排污单位	2	25
000969.SZ	安泰科技	安泰科技股份有限公司	仅母公司为重点排污单位	1	20
002056.SZ	横店东磁	横店集团东磁股份有限公司	仅母公司为重点排污单位	1	5
002066.SZ	瑞泰科技	瑞泰科技股份有限公司	仅母公司为重点排污单位	1	10
002087.SZ	新野纺织	河南新野纺织股份有限公司	仅母公司为重点排污单位	7	150
002094.SZ	青岛金王	青岛金王应用化学股份有限公司	仅母公司为重点排污单位	1	3
002119.SZ	康强电子	宁波康强电子股份有限公司	仅母公司为重点排污单位	1	10
002136.SZ	安纳达	安徽安纳达钛业股份有限公司	仅母公司为重点排污单位	3	57.9
002201.SZ	九鼎新材	江苏九鼎新材料股份有限公司	仅母公司为重点排污单位	1	71
002220.SZ	ST天宝	大连天宝绿色食品股份有限公司	仅母公司为重点排污单位	3	30
002254.SZ	泰和新材	烟台泰和新材料股份有限公司	仅母公司为重点排污单位	1	10
002545.SZ	东方铁塔	青岛东方铁塔股份有限公司	仅母公司为重点排污单位	2	25
002597.SZ	金禾实业	安徽金禾实业股份有限公司	仅母公司为重点排污单位	1	40
300260.SZ	新莱应材	昆山新莱洁净应用材料股份有限公司	仅母公司为重点排污单位	1	50
300335.SZ	迪森股份	广州迪森热能技术股份有限公司	仅母公司为重点排污单位	4	113
300375.SZ	鹏翎股份	天津鹏翎集团股份有限公司	仅母公司为重点排污单位	1	10
300437.SZ	清水源	河南清水源科技股份有限公司	仅母公司为重点排污单位	2	40
300554.SZ	三超新材	南京三超新材料股份有限公司	仅母公司为重点排污单位	1	13.6
600004.SH	白云机场	广州白云国际机场股份有限公司	仅母公司为重点排污单位	2	30
600235.SH	民丰特纸	民丰特种纸股份有限公司	仅母公司为重点排污单位	1	12
600399.SH	ST抚钢	抚顺特殊钢股份有限公司	仅母公司为重点排污单位	2	65
600499.SH	科达洁能	广东科达洁能股份有限公司	仅母公司为重点排污单位	1	22.267 5
600587.SH	新华医疗	山东新华医疗器械股份有限公司	仅母公司为重点排污单位	1	1
600710.SH	苏美达	苏美达股份有限公司	仅母公司为重点排污单位	1	20
601005.SH	重庆钢铁	重庆钢铁股份有限公司	仅母公司为重点排污单位	21	233
601958.SH	金钼股份	金堆城钼业股份有限公司	仅母公司为重点排污单位	1	19
000027.SZ	深圳能源	深圳能源集团股份有限公司	母公司及子公司均为重点排污单位	1	20
000060.SZ	中金岭南	深圳市中金岭南有色金属股份有限公司	母公司及子公司均为重点排污单位	1	10
000338.SZ	潍柴动力	潍柴动力股份有限公司	母公司及子公司均为重点排污单位	4	80
000401.SZ	冀东水泥	唐山冀东水泥股份有限公司	母公司及子公司均为重点排污单位	1	10
000413.SZ	东旭光电	东旭光电科技股份有限公司	母公司及子公司均为重点排污单位	1	20

代码	名称简称	公司全称	重点排污单位类别	被罚次数	罚款总额/万元
000422.SZ	ST 宜化	湖北宜化化工股份有限公司	母公司及子公司均为重点排污单位	4	80
000488.SZ	晨鸣纸业	山东晨鸣纸业集团股份有限公司	母公司及子公司均为重点排污单位	3	90.2
000629.SZ	攀钢钒钛	攀钢集团钒钛资源股份有限公司	母公司及子公司均为重点排污单位	1	90
000630.SZ	铜陵有色	铜陵有色金属集团股份有限公司	母公司及子公司均为重点排污单位	1	42
000636.SZ	风华高科	广东风华高新科技股份有限公司	母公司及子公司均为重点排污单位	4	58
000680.SZ	山推股份	山推工程机械股份有限公司	母公司及子公司均为重点排污单位	1	25
000692.SZ	惠天热电	沈阳惠天热电股份有限公司	母公司及子公司均为重点排污单位	3	62.5
000703.SZ	恒逸石化	恒逸石化股份有限公司	母公司及子公司均为重点排污单位	1	20
000731.SZ	四川美丰	四川美丰化工股份有限公司	母公司及子公司均为重点排污单位	1	30
000735.SZ	罗牛山	罗牛山股份有限公司	母公司及子公司均为重点排污单位	1	50
000762.SZ	西藏矿业	西藏矿业发展股份有限公司	母公司及子公司均为重点排污单位	1	39.71
000778.SZ	新兴铸管	新兴铸管股份有限公司	母公司及子公司均为重点排污单位	9	340
000789.SZ	万年青	江西万年青水泥股份有限公司	母公司及子公司均为重点排污单位	3	45
000818.SZ	航锦科技	航锦科技股份有限公司	母公司及子公司均为重点排污单位	5	135
000877.SZ	天山股份	新疆天山水泥股份有限公司	母公司及子公司均为重点排污单位	3	40
000878.SZ	云南铜业	云南铜业股份有限公司	母公司及子公司均为重点排污单位	3	42
000895.SZ	双汇发展	河南双汇投资发展股份有限公司	母公司及子公司均为重点排污单位	1	50
000912.SZ	泸天化	四川泸天化股份有限公司	母公司及子公司均为重点排污单位	1	21.98
000930.SZ	中粮生化	中粮生物化学（安徽）股份有限公司	母公司及子公司均为重点排污单位	1	40
000933.SZ	神火股份	河南神火煤电股份有限公司	母公司及子公司均为重点排污单位	2	40
000951.SZ	中国重汽	中国重汽集团济南卡车股份有限公司	母公司及子公司均为重点排污单位	1	10
000999.SZ	华润三九	华润三九医药股份有限公司	母公司及子公司均为重点排污单位	2	20
002010.SZ	传化智联	传化智联股份有限公司	母公司及子公司均为重点排污单位	1	18
002032.SZ	苏泊尔	浙江苏泊尔股份有限公司	母公司及子公司均为重点排污单位	1	25
002061.SZ	浙江交科	浙江交通科技股份有限公司	母公司及子公司均为重点排污单位	1	10
002074.SZ	国轩高科	国轩高科股份有限公司	母公司及子公司均为重点排污单位	1	83.511 2
002075.SZ	沙钢股份	江苏沙钢股份有限公司	母公司及子公司均为重点排污单位	2	34
002098.SZ	浔兴股份	福建浔兴拉链科技股份有限公司	母公司及子公司均为重点排污单位	1	13
002099.SZ	海翔药业	浙江海翔药业股份有限公司	母公司及子公司均为重点排污单位	2	67
002105.SZ	信隆健康	深圳信隆健康产业发展股份有限公司	母公司及子公司均为重点排污单位	2	120
002114.SZ	罗平锌电	云南罗平锌电股份有限公司	母公司及子公司均为重点排污单位	1	53
002124.SZ	天邦股份	天邦食品股份有限公司	母公司及子公司均为重点排污单位	4	106.4
002170.SZ	芭田股份	深圳市芭田生态工程股份有限公司	母公司及子公司均为重点排污单位	2	30
002191.SZ	劲嘉股份	深圳劲嘉集团股份有限公司	母公司及子公司均为重点排污单位	1	30
002225.SZ	濮耐股份	濮阳濮耐高温材料（集团）股份有限公司	母公司及子公司均为重点排污单位	1	10
002250.SZ	联化科技	联化科技股份有限公司	母公司及子公司均为重点排污单位	2	130
002258.SZ	利尔化学	利尔化学股份有限公司	母公司及子公司均为重点排污单位	3	55

代码	名称简称	公司全称	重点排污单位类别	被罚次数	罚款总额/万元
002274.SZ	华昌化工	江苏华昌化工股份有限公司	母公司及子公司均为重点排污单位	4	80
002321.SZ	华英农业	河南华英农业发展股份有限公司	母公司及子公司均为重点排污单位	4	83.02
002326.SZ	永太科技	浙江永太科技股份有限公司	母公司及子公司均为重点排污单位	8	178
002349.SZ	精华制药	精华制药集团股份有限公司	母公司及子公司均为重点排污单位	1	12
002382.SZ	蓝帆医疗	蓝帆医疗股份有限公司	母公司及子公司均为重点排污单位	1	10
002408.SZ	齐翔腾达	淄博齐翔腾达化工股份有限公司	母公司及子公司均为重点排污单位	1	34
002422.SZ	科伦药业	四川科伦药业股份有限公司	母公司及子公司均为重点排污单位	4	140
002440.SZ	闰土股份	浙江闰土股份有限公司	母公司及子公司均为重点排污单位	4	239
002470.SZ	金正大	金正大生态工程集团股份有限公司	母公司及子公司均为重点排污单位	3	42
002479.SZ	富春环保	浙江富春江环保热电股份有限公司	母公司及子公司均为重点排污单位	1	42
002496.SZ	辉丰股份	江苏辉丰生物农业股份有限公司	母公司及子公司均为重点排污单位	10	1 116.5
002513.SZ	蓝丰生化	江苏蓝丰生物化工股份有限公司	母公司及子公司均为重点排污单位	2	65
002593.SZ	日上集团	厦门日上集团股份有限公司	母公司及子公司均为重点排污单位	1	15
002601.SZ	龙蟒佰利	龙蟒佰利联集团股份有限公司	母公司及子公司均为重点排污单位	1	10
002648.SZ	卫星石化	浙江卫星石化股份有限公司	母公司及子公司均为重点排污单位	2	33
002672.SZ	东江环保	东江环保股份有限公司	母公司及子公司均为重点排污单位	1	50
002726.SZ	龙大肉食	山东龙大肉食品股份有限公司	母公司及子公司均为重点排污单位	1	10
002737.SZ	葵花药业	葵花药业集团股份有限公司	母公司及子公司均为重点排污单位	1	20
002783.SZ	凯龙股份	湖北凯龙化工集团股份有限公司	母公司及子公司均为重点排污单位	1	10
002942.SZ	新农股份	浙江新农化工股份有限公司	母公司及子公司均为重点排污单位	1	12
300026.SZ	红日药业	天津红日药业股份有限公司	母公司及子公司均为重点排污单位	2	77.19
300102.SZ	乾照光电	厦门乾照光电股份有限公司	母公司及子公司均为重点排污单位	1	19.377 79
300115.SZ	长盈精密	深圳市长盈精密技术股份有限公司	母公司及子公司均为重点排污单位	2	30.625
300172.SZ	中电环保	中电环保股份有限公司	母公司及子公司均为重点排污单位	1	25
300200.SZ	高盟新材	北京高盟新材料股份有限公司	母公司及子公司均为重点排污单位	1	15
300261.SZ	雅本化学	雅本化学股份有限公司	母公司及子公司均为重点排污单位	3	125.6
300267.SZ	尔康制药	湖南尔康制药股份有限公司	母公司及子公司均为重点排污单位	2	11
300381.SZ	溢多利	广东溢多利生物科技股份有限公司	母公司及子公司均为重点排污单位	2	90
300575.SZ	中旗股份	江苏中旗科技股份有限公司	母公司及子公司均为重点排污单位	4	79.3
300702.SZ	天宇股份	浙江天宇药业股份有限公司	母公司及子公司均为重点排污单位	2	50
600010.SH	包钢股份	内蒙古包钢钢联股份有限公司	母公司及子公司均为重点排污单位	22	467.683 6
600011.SH	华能国际	华能国际电力股份有限公司	母公司及子公司均为重点排污单位	11	270.682 2
600019.SH	宝钢股份	宝山钢铁股份有限公司	母公司及子公司均为重点排污单位	2	200
600027.SH	华电国际	华电国际电力股份有限公司	母公司及子公司均为重点排污单位	4	43
600028.SH	中国石化	中国石油化工股份有限公司	母公司及子公司均为重点排污单位	27	971
600059.SH	古越龙山	浙江古越龙山绍兴酒股份有限公司	母公司及子公司均为重点排污单位	1	17.5
600063.SH	皖维高新	安徽皖维高新材料股份有限公司	母公司及子公司均为重点排污单位	3	30

代码	名称简称	公司全称	重点排污单位类别	被罚次数	罚款总额/万元
600089.SH	特变电工	特变电工股份有限公司	母公司及子公司均为重点排污单位	1	30
600096.SH	云天化	云南云天化股份有限公司	母公司及子公司均为重点排污单位	1	17
600111.SH	北方稀土	中国北方稀土（集团）高科技股份有限公司	母公司及子公司均为重点排污单位	7	324.01
600141.SH	兴发集团	湖北兴发化工集团股份有限公司	母公司及子公司均为重点排污单位	4	56
600143.SH	金发科技	金发科技股份有限公司	母公司及子公司均为重点排污单位	1	35
600188.SH	兖州煤业	兖州煤业股份有限公司	母公司及子公司均为重点排污单位	7	400
600230.SH	沧州大化	沧州大化股份有限公司	母公司及子公司均为重点排污单位	1	20
600273.SH	嘉化能源	浙江嘉化能源化工股份有限公司	母公司及子公司均为重点排污单位	1	10
600277.SH	亿利洁能	亿利洁能股份有限公司	母公司及子公司均为重点排污单位	4	256.1
600282.SH	南钢股份	南京钢铁股份有限公司	母公司及子公司均为重点排污单位	1	27
600293.SH	三峡新材	湖北三峡新型建材股份有限公司	母公司及子公司均为重点排污单位	4	400
600295.SH	鄂尔多斯	内蒙古鄂尔多斯资源股份有限公司	母公司及子公司均为重点排污单位	3	30
600298.SH	安琪酵母	安琪酵母股份有限公司	母公司及子公司均为重点排污单位	5	115
600300.SH	维维股份	维维食品饮料股份有限公司	母公司及子公司均为重点排污单位	1	33.090 54
600308.SH	华泰股份	山东华泰纸业股份有限公司	母公司及子公司均为重点排污单位	1	50.261
600328.SH	兰太实业	内蒙古兰太实业股份有限公司	母公司及子公司均为重点排污单位	2	20
600367.SH	红星发展	贵州红星发展股份有限公司	母公司及子公司均为重点排污单位	1	30
600420.SH	现代制药	上海现代制药股份有限公司	母公司及子公司均为重点排污单位	2	26.934 9
600422.SH	昆药集团	昆药集团股份有限公司	母公司及子公司均为重点排污单位	1	10
600429.SH	三元股份	北京三元食品股份有限公司	母公司及子公司均为重点排污单位	1	20
600470.SH	六国化工	安徽六国化工股份有限公司	母公司及子公司均为重点排污单位	3	61.15
600497.SH	驰宏锌锗	云南驰宏锌锗股份有限公司	母公司及子公司均为重点排污单位	1	10
600586.SH	金晶科技	山东金晶科技股份有限公司	母公司及子公司均为重点排污单位	3	180
600596.SH	新安股份	浙江新安化工集团股份有限公司	母公司及子公司均为重点排污单位	2	30
600600.SH	青岛啤酒	青岛啤酒股份有限公司	母公司及子公司均为重点排污单位	1	14
600623.SH	华谊集团	上海华谊集团股份有限公司	母公司及子公司均为重点排污单位	3	42
600688.SH	上海石化	中国石化上海石油化工股份有限公司	母公司及子公司均为重点排污单位	1	100
600761.SH	安徽合力	安徽合力股份有限公司	母公司及子公司均为重点排污单位	1	10
600782.SH	新钢股份	新余钢铁股份有限公司	母公司及子公司均为重点排污单位	3	66.464 2
600789.SH	鲁抗医药	山东鲁抗医药股份有限公司	母公司及子公司均为重点排污单位	1	10
600792.SH	云煤能源	云南煤业能源股份有限公司	母公司及子公司均为重点排污单位	2	40
600795.SH	国电电力	国电电力发展股份有限公司	母公司及子公司均为重点排污单位	2	39
600801.SH	华新水泥	华新水泥股份有限公司	母公司及子公司均为重点排污单位	6	71
600808.SH	马钢股份	马鞍山钢铁股份有限公司	母公司及子公司均为重点排污单位	4	238
600812.SH	华北制药	华北制药股份有限公司	母公司及子公司均为重点排污单位	1	20
600863.SH	内蒙华电	内蒙古蒙电华能热电股份有限公司	母公司及子公司均为重点排污单位	2	40
600874.SH	创业环保	天津创业环保集团股份有限公司	母公司及子公司均为重点排污单位	2	120
600966.SH	博汇纸业	山东博汇纸业股份有限公司	母公司及子公司均为重点排污单位	3	130

代码	名称简称	公司全称	重点排污单位类别	被罚次数	罚款总额/万元
600971.SH	恒源煤电	安徽恒源煤电股份有限公司	母公司及子公司均为重点排污单位	2	60
600997.SH	开滦股份	开滦能源化工股份有限公司	母公司及子公司均为重点排污单位	6	296
601088.SH	中国神华	中国神华能源股份有限公司	母公司及子公司均为重点排污单位	6	65
601168.SH	西部矿业	西部矿业股份有限公司	母公司及子公司均为重点排污单位	2	38.458
601216.SH	君正集团	内蒙古君正能源化工集团股份有限公司	母公司及子公司均为重点排污单位	3	38
601599.SH	鹿港文化	江苏鹿港文化股份有限公司	母公司及子公司均为重点排污单位	1	20
601600.SH	中国铝业	中国铝业股份有限公司	母公司及子公司均为重点排污单位	11	254.74
601666.SH	平煤股份	平顶山天安煤业股份有限公司	母公司及子公司均为重点排污单位	1	40
601857.SH	中国石油	中国石油天然气股份有限公司	母公司及子公司均为重点排污单位	3	60
601899.SH	紫金矿业	紫金矿业集团股份有限公司	母公司及子公司均为重点排污单位	3	70
601918.SH	新集能源	中煤新集能源股份有限公司	母公司及子公司均为重点排污单位	4	82
601991.SH	大唐发电	大唐国际发电股份有限公司	母公司及子公司均为重点排污单位	7	140
603002.SH	宏昌电子	宏昌电子材料股份有限公司	母公司及子公司均为重点排污单位	1	0
603067.SH	振华股份	湖北振华化学股份有限公司	母公司及子公司均为重点排污单位	1	11
603456.SH	九洲药业	浙江九洲药业股份有限公司	母公司及子公司均为重点排污单位	3	78
603520.SH	司太立	浙江司太立制药股份有限公司	母公司及子公司均为重点排污单位	2	10
603568.SH	伟明环保	浙江伟明环保股份有限公司	母公司及子公司均为重点排污单位	1	10
603823.SH	百合花	百合花集团股份有限公司	母公司及子公司均为重点排污单位	1	10
603858.SH	步长制药	山东步长制药股份有限公司	母公司及子公司均为重点排污单位	1	20
603936.SH	博敏电子	博敏电子股份有限公司	母公司及子公司均为重点排污单位	1	30
603993.SH	洛阳钼业	洛阳栾川钼业集团股份有限公司	母公司及子公司均为重点排污单位	1	30

附录 3 评估结果

附表 3 定期报告合规性评估结果（仅评估年报）

代码	简称	主要污染物及特征污染物名称	排放方式	排放口数量	排放口分布情况	排放浓度和总量	超标排放情况	执行的污染物排放标准	核定的排放总量	防治污染设施的建设和运行情况	建设项目环境影响评价及其他环境保护行政许可情况	突发环境事件应急预案	环境自行监测方案	总分
000423.SZ	东阿阿胶	1	1	1	1	1	1	1	1	1	1	1	1	12
000550.SZ	江铃汽车	1	1	1	1	1	1	1	1	1	1	1	1	12
000553.SZ	安道麦 A	1	1	1	1	1	1	1	1	1	0	1	1	11
000589.SZ	黔轮胎 A	1	1	1	1	1	1	1	1	1	1	1	1	12
000635.SZ	英力特	1	1	1	1	1	1	1	1	1	1	1	1	12
000708.SZ	大冶特钢	1	1	1	1	1	1	1	1	1	1	1	1	12
000751.SZ	锌业股份	1	1	1	1	1	1	1	1	1	0	1	1	11
000782.SZ	美达股份	1	1	1	1	1	1	1	1	1	1	1	1	12
000799.SZ	酒鬼酒	1	1	1	0	1	1	1	1	1	1	1	1	11
000815.SZ	美利云	1	1	1	1	1	1	1	1	1	1	1	1	12
000898.SZ	鞍钢股份	1	1	1	1	1	1	1	1	1	1	1	1	12
000913.SZ	钱江摩托	1	1	1	1	1	1	1	1	1	1	1	1	12
000923.SZ	河北宣工	1	1	1	1	1	1	1	1	1	1	1	1	12
000953.SZ	*ST 河化	1	1	1	1	1	1	1	1	1	1	1	1	12
000957.SZ	中通客车	1	1	1	1	1	1	1	0	1	1	1	1	11
000962.SZ	东方钽业	1	1	1	1	1	1	1	0	1	1	1	1	11
000982.SZ	*ST 中绒	1	1	1	1	1	1	1	1	1	1	1	1	12
000989.SZ	九芝堂	1	1	1	1	1	1	1	0	1	1	1	1	11
002086.SZ	东方海洋	1	1	1	1	1	1	1	1	1	1	1	1	12
002111.SZ	威海广泰	1	1	1	1	1	1	1	1	1	1	1	1	12
002112.SZ	三变科技	1	1	1	1	1	1	1	1	1	1	1	1	12
002126.SZ	银轮股份	1	1	1	1	1	1	1	1	1	1	1	1	12
002131.SZ	利欧股份	1	1	1	1	1	1	1	1	1	1	1	1	12
002134.SZ	*ST 普林	1	1	1	1	1	1	1	0	1	1	1	1	11
002135.SZ	东南网架	1	1	1	1	1	1	1	0	1	1	1	1	11
002136.SZ	安纳达	1	1	1	1	1	1	1	1	1	1	1	1	12
002144.SZ	宏达高科	1	1	1	0	1	1	1	1	1	1	1	1	11
002158.SZ	汉钟精机	1	1	0	0	1	0	0	0	1	1	1	1	7
002206.SZ	海利得	1	1	1	1	1	1	1	1	1	1	1	1	12

代码	简称	主要污染物及特征污染物名称	排放方式	排放口数量	排放口分布情况	排放浓度和总量	超标排放情况	执行的污染物排放标准	核定的排放总量	防治污染设施的建设和运行情况	建设项目环境影响评价及其他环境保护行政许可情况	突发环境事件应急预案	环境自行监测方案	总分
002254.SZ	泰和新材	1	1	1	1	1	1	1	1	1	1	1	1	12
002262.SZ	恩华药业	1	1	1	1	1	1	1	1	1	1	1	1	12
002273.SZ	水晶光电	1	1	1	1	1	1	1	1	1	1	1	1	12
002286.SZ	保龄宝	1	1	1	1	1	1	1	1	1	1	1	1	12
002287.SZ	奇正藏药	0	1	1	0	0	1	1	0	1	1	1	1	8
002333.SZ	罗普斯金	1	1	1	1	1	1	1	1	1	1	1	1	12
002338.SZ	奥普光电	1	1	1	1	1	1	1	0	1	1	1	1	11
002365.SZ	永安药业	1	1	1	1	1	1	1	1	1	1	1	1	12
002393.SZ	力生制药	0	1	0	0	1	1	1	0	1	1	1	1	8
002428.SZ	云南锗业	1	1	1	1	1	1	1	1	1	1	1	1	12
002430.SZ	杭氧股份	1	1	1	1	1	1	1	1	1	1	1	1	12
002443.SZ	金洲管道	0	0	0	0	0	0	0	0	0	0	0	0	0
002460.SZ	赣锋锂业	1	1	1	1	1	1	1	1	1	1	1	1	12
002481.SZ	双塔食品	1	1	1	1	1	1	1	1	1	1	1	1	12
002487.SZ	大金重工	1	1	1	1	1	1	1	1	1	1	1	1	12
002494.SZ	华斯股份	1	1	1	1	0	1	1	1	1	1	1	1	11
002532.SZ	新界泵业	1	1	1	1	1	1	1	1	1	1	1	1	12
002557.SZ	洽洽食品	0	0	0	0	0	0	0	0	0	0	0	0	0
002584.SZ	西陇科学	1	1	1	1	1	1	1	1	1	1	1	1	12
002599.SZ	盛通股份	1	1	1	1	1	1	1	1	1	1	1	1	12
002604.SZ	龙力生物	1	1	1	1	1	1	1	1	1	1	1	1	12
002615.SZ	哈尔斯	1	1	1	1	1	1	1	1	1	1	1	1	12
002643.SZ	万润股份	1	1	1	1	1	1	1	1	1	1	1	1	12
002562.SZ	兄弟科技	1	1	1	1	1	1	1	1	1	1	1	1	12
002693.SZ	双成药业	1	1	1	1	1	1	1	1	1	1	1	1	12
002705.SZ	新宝股份	1	1	1	1	1	1	1	1	1	1	1	1	12
002725.SZ	跃岭股份	1	1	1	1	1	1	1	1	1	1	1	1	12
002741.SZ	光华科技	1	1	1	1	1	1	1	1	1	1	1	1	12
002753.SZ	永东股份	1	1	1	1	1	1	1	1	1	1	1	1	12
002805.SZ	丰元股份	1	1	1	1	1	1	1	1	1	1	1	1	12
002810.SZ	山东赫达	1	1	1	1	1	1	1	1	1	1	1	1	12
002863.SZ	今飞凯达	1	1	1	1	1	1	1	1	1	0	1	1	11
002868.SZ	绿康生化	1	1	1	1	1	1	1	1	1	1	1	1	12
300041.SZ	回天新材	1	1	1	1	1	1	1	1	1	1	1	1	12
300046.SZ	台基股份	1	1	1	1	1	1	1	1	1	1	1	1	12
300083.SZ	劲胜智能	1	1	1	1	1	1	1	1	1	1	1	1	12

代码	简称	主要污染物及特征污染物名称	排放方式	排放口数量	排放口分布情况	排放浓度和总量	超标排放情况	执行的污染物排放标准	核定的排放总量	防治污染设施的建设和运行情况	建设项目环境影响评价及其他环境保护行政许可情况	突发环境事件应急预案	环境自行监测方案	总分
300088.SZ	长信科技	1	1	1	1	1	1	1	1	1	1	1	1	12
300121.SZ	阳谷华泰	1	1	1	1	1	1	1	1	1	1	1	1	12
300132.SZ	青松股份	1	1	1	1	1	1	1	1	1	1	1	1	12
300224.SZ	正海磁材	1	1	1	1	1	1	1	1	1	1	1	1	12
300225.SZ	金力泰	1	1	1	1	1	1	1	1	1	1	1	1	12
300239.SZ	东宝生物	1	1	1	1	1	1	1	1	1	1	1	1	12
300256.SZ	星星科技	1	1	1	1	1	1	1	1	1	1	1	1	12
300257.SZ	开山股份	1	1	1	1	1	1	1	0	1	1	1	1	11
300375.SZ	鹏翎股份	1	1	1	1	1	1	1	1	1	1	1	1	12
300405.SZ	科隆股份	1	1	1	1	1	1	1	1	1	1	1	1	12
300446.SZ	乐凯新材	1	1	1	1	1	1	1	1	1	1	1	1	12
300452.SZ	山河药辅	1	1	1	1	1	1	1	1	1	1	1	1	12
300554.SZ	三超新材	1	1	1	1	1	1	1	0	1	1	1	1	11
300558.SZ	贝达药业	1	1	1	1	1	1	1	1	1	1	1	1	12
300641.SZ	正丹股份	1	1	1	1	1	1	1	1	1	1	1	1	12
300657.SZ	弘信电子	1	1	1	1	1	1	1	1	1	1	1	1	12
600066.SH	宇通客车	1	1	1	1	0	1	1	0	1	1	1	1	10
600103.SH	青山纸业	1	1	1	1	1	1	1	1	1	1	1	1	12
600190.SH	锦州港	1	1	1	1	1	1	1	1	1	1	1	1	12
600207.SH	安彩高科	1	1	1	1	1	1	1	1	1	1	1	1	12
600316.SH	洪都航空	1	1	0	1	1	1	1	0	1	1	1	1	10
600317.SH	营口港	0	0	0	0	0	1	0	0	1	1	1	0	4
600319.SH	亚星化学	1	1	0	0	1	1	1	0	1	1	1	1	9
600353.SH	旭光股份	1	1	1	1	1	1	1	1	1	1	1	1	12
600360.SH	华微电子	1	1	1	1	1	1	1	0	1	1	1	1	11
600379.SH	宝光股份	1	1	1	1	1	1	1	1	1	1	1	1	12
600399.SH	抚顺特钢	1	1	1	0	1	1	0	0	1	1	1	1	9
600426.SH	华鲁恒升	1	1	0	0	1	1	1	0	1	1	1	1	9
600448.SH	华纺股份	1	1	1	1	1	1	1	1	1	1	1	1	12
600493.SH	凤竹纺织	1	1	1	1	1	1	1	1	1	1	1	1	12
600501.SH	航天晨光	1	1	0	0	1	1	1	0	1	1	1	1	9
600513.SH	联环药业	1	1	1	1	1	1	1	1	1	1	1	1	12
600519.SH	贵州茅台	1	1	1	1	1	1	1	1	1	1	1	1	12
600529.SH	山东药玻	1	1	1	1	1	1	1	0	1	1	1	1	11
600550.SH	保变电气	0	1	0	0	0	1	0	0	1	1	1	0	5
600587.SH	新华医疗	1	1	0	0	1	1	1	0	1	1	1	1	9

代码	简称	主要污染物及特征污染物名称	排放方式	排放口数量	排放口分布情况	排放浓度和总量	超标排放情况	执行的污染物排放标准	核定的排放总量	防治污染设施的建设和运行情况	建设项目环境影响评价及其他环境保护行政许可情况	突发环境事件应急预案	环境自行监测方案	总分
600678.SH	四川金顶	1	1	1	1	1	1	1	1	1	1	1	1	12
600727.SH	鲁北化工	1	1	1	1	1	1	1	1	1	1	1	1	12
600746.SH	江苏索普	1	1	1	1	1	1	1	1	1	0	1	1	11
600750.SH	江中药业	1	1	1	1	1	1	1	1	1	1	1	1	12
600779.SH	水井坊	1	1	0	0	1	1	1	0	1	1	1	1	9
600793.SH	宜宾纸业	1	1	0	0	1	1	1	0	1	1	1	1	9
600809.SH	山西汾酒	1	1	1	1	1	1	1	0	1	1	1	1	11
600815.SH	*ST 厦工	1	1	1	0	1	1	1	1	1	1	1	1	11
600841.SH	上柴股份	1	1	0	1	0	1	1	0	1	1	1	1	9
600992.SH	贵绳股份	1	1	0	0	1	1	1	1	1	1	1	1	10
601011.SH	宝泰隆	1	1	1	1	1	1	1	0	1	1	1	1	11
601106.SH	*ST 一重	1	0	0	0	1	1	1	0	1	1	1	1	8
601113.SH	华鼎股份	1	1	0	0	1	1	1	0	1	1	1	1	9
601388.SH	怡球资源	1	1	1	1	1	1	1	1	1	1	1	1	12
603027.SH	千禾味业	1	1	0	0	1	1	1	1	1	1	1	1	10
603033.SH	三维股份	1	0	0	0	1	1	1	0	1	1	1	1	8
603113.SH	金能科技	1	1	0	0	1	1	0	1	1	1	1	1	9
603165.SH	荣晟环保	1	1	1	1	1	1	1	1	1	1	1	1	12
603208.SH	江山欧派	0	1	0	0	0	1	0	0	1	1	1	1	6
603238.SH	诺邦股份	1	1	0	0	1	1	1	1	1	1	1	1	10
603328.SH	依顿电子	1	1	1	1	1	1	1	1	1	1	1	1	12
603337.SH	杰克股份	1	1	1	1	1	1	1	1	1	1	1	1	12
603338.SH	浙江鼎力	1	1	1	0	1	1	1	1	1	1	1	1	11
603369.SH	今世缘	1	1	1	1	1	1	1	1	1	1	1	1	12
603589.SH	口子窖	1	1	1	1	1	1	1	1	1	1	1	1	12
603686.SH	龙马环卫	1	1	1	1	0	1	1	0	1	1	1	1	10
603728.SH	鸣志电器	1	1	0	0	1	1	1	0	1	1	1	1	9
603822.SH	嘉澳环保	1	1	1	1	1	1	1	0	1	1	1	1	11
603878.SH	武进不锈	1	1	1	0	1	1	1	1	1	1	1	1	11
603919.SH	金徽酒	1	1	1	1	1	1	1	1	1	1	1	1	12
603920.SH	世运电路	1	1	1	1	1	1	1	1	1	0	1	1	11
603926.SH	铁流股份	1	1	1	1	1	1	1	1	1	1	1	1	12
603998.SH	方盛制药	1	1	0	0	1	1	1	1	1	1	1	1	10
000565.SZ	渝三峡 A	1	1	1	1	1	1	1	1	1	1	1	1	12
000707.SZ	双环科技	1	1	1	1	1	1	1	1	1	1	1	1	12
002025.SZ	航天电器	1	1	1	1	1	1	1	1	1	1	1	1	12

代码	简称	主要污染物及特征污染物名称	排放方式	排放口数量	排放口分布情况	排放浓度和总量	超标排放情况	执行的污染物排放标准	核定的排放总量	防治污染设施的建设和运行情况	建设项目环境影响评价及其他环境保护行政许可情况	突发环境事件应急预案	环境自行监测方案	总分
002043.SZ	兔宝宝	1	1	1	1	0	1	1	1	1	1	1	1	11
002056.SZ	横店东磁	1	1	1	1	1	1	1	1	1	1	1	1	12
002424.SZ	贵州百灵	1	1	1	1	1	1	1	1	1	1	1	1	12
002486.SZ	嘉麟杰	1	1	1	1	1	1	1	1	1	1	1	1	12
002597.SZ	金禾实业	1	1	1	1	1	1	1	1	1	1	1	1	12
002756.SZ	永兴特钢	1	1	1	1	1	1	1	1	1	1	1	1	12
600235.SH	民丰特纸	1	1	0	0	1	1	1	1	1	1	1	1	10
600581.SH	八一钢铁	1	1	1	1	1	1	1	1	1	1	1	1	12
600618.SH	氯碱化工	1	0	0	0	0	1	0	0	1	1	1	1	6
600847.SH	*ST 万里	1	1	1	1	1	1	1	1	1	1	1	1	12
601969.SH	海南矿业	1	1	1	0	1	1	1	0	1	1	1	1	10
000063.SZ	中兴通讯	1	1	1	1	1	0	0	0	1	1	1	1	9
000301.SZ	东方盛虹	1	1	1	1	1	1	1	1	1	1	1	1	12
000568.SZ	泸州老窖	1	1	1	1	1	1	1	1	1	1	1	1	12
000678.SZ	襄阳轴承	1	1	1	0	1	1	1	1	1	1	1	1	11
000777.SZ	中核科技	0	0	0	0	0	0	0	0	0	0	0	0	0
000788.SZ	北大医药	0	0	0	0	0	0	0	0	1	0	0	0	1
000790.SZ	泰合健康	0	0	0	0	0	0	0	0	1	0	0	0	1
000801.SZ	四川九洲	0	0	0	0	0	0	0	0	0	0	0	0	0
000860.SZ	顺鑫农业	1	1	1	1	1	1	1	0	1	1	1	1	11
000899.SZ	赣能股份	1	1	1	1	1	1	1	1	1	1	1	1	12
000969.SZ	安泰科技	1	1	1	1	1	1	1	1	1	1	1	1	12
000980.SZ	众泰汽车	0	0	0	0	0	0	0	0	1	0	0	0	1
000985.SZ	大庆华科	0	0	0	0	0	0	0	0	1	0	1	1	3
002014.SZ	永新股份	1	1	1	1	1	0	1	1	1	1	1	1	11
002066.SZ	瑞泰科技	0	0	0	0	0	0	0	0	0	0	0	0	0
002079.SZ	苏州固锝	0	0	0	0	0	0	0	0	0	0	0	0	0
002087.SZ	新野纺织	1	1	1	1	1	1	1	1	1	1	1	1	12
002094.SZ	青岛金王	0	0	0	0	0	0	0	0	0	0	0	0	0
002097.SZ	山河智能	0	0	0	0	0	0	0	0	1	1	1	0	3
002119.SZ	康强电子	1	1	1	1	1	1	1	0	1	1	1	1	11
002193.SZ	如意集团	1	1	1	1	1	1	1	1	1	1	1	1	12
002198.SZ	嘉应制药	1	1	1	1	1	1	1	1	1	1	1	1	12
002201.SZ	九鼎新材	1	1	1	1	1	1	1	1	1	1	1	1	12
002220.SZ	ST 天宝	0	0	0	0	0	0	0	0	0	0	0	0	0
002259.SZ	*ST 升达	0	0	0	0	0	0	0	0	0	0	0	0	0

代码	简称	主要污染物及特征污染物名称	排放方式	排放口数量	排放口分布情况	排放浓度和总量	超标排放情况	执行的污染物排放标准	核定的排放总量	防治污染设施的建设和运行情况	建设项目环境影响评价及其他环境保护行政许可情况	突发环境事件应急预案	环境自行监测方案	总分
002319.SZ	乐通股份	0	0	0	0	0	0	0	0	0	0	0	0	0
002370.SZ	亚太药业	1	1	1	1	1	1	1	1	1	1	1	1	12
002378.SZ	章源钨业	1	1	1	1	1	1	1	1	1	1	1	1	12
002472.SZ	双环传动	0	0	0	0	0	0	0	0	0	0	0	0	0
002492.SZ	恒基达鑫	0	0	0	0	0	0	0	0	0	0	0	0	0
002516.SZ	旷达科技	0	1	0	0	0	1	1	0	1	1	1	1	7
002541.SZ	鸿路钢构	1	1	1	1	1	1	1	0	1	1	1	1	11
002545.SZ	东方铁塔	0	0	0	0	0	0	0	0	0	0	0	0	0
002571.SZ	德力股份	1	1	1	1	1	1	1	1	1	1	1	1	12
002578.SZ	闽发铝业	1	1	1	1	1	1	1	1	1	1	1	1	12
002598.SZ	山东章鼓	0	0	0	0	0	0	0	0	0	0	0	0	0
002630.SZ	华西能源	1	1	1	1	1	1	1	1	1	1	1	1	12
002652.SZ	扬子新材	0	1	0	0	0	0	0	0	1	1	1	1	5
002665.SZ	首航节能	0	0	0	0	0	0	0	0	0	0	0	0	0
002722.SZ	金轮股份	0	0	0	0	0	0	0	0	0	0	0	0	0
002748.SZ	世龙实业	1	1	1	1	1	1	1	1	1	1	1	1	12
002846.SZ	英联股份	1	1	1	1	1	1	1	1	1	1	1	1	12
002855.SZ	捷荣技术	0	0	0	0	0	0	0	0	0	0	0	0	0
002880.SZ	卫光生物	0	0	0	0	0	0	0	0	0	0	0	0	0
002895.SZ	川恒股份	1	1	1	1	1	1	1	1	1	1	1	1	12
002915.SZ	中欣氟材	1	1	1	1	1	1	1	1	1	1	1	1	12
002923.SZ	润都股份	1	1	1	1	1	1	1	1	1	1	1	1	12
002950.SZ	奥美医疗	1	1	0	0	0	0	0	0	1	0	0	0	3
300064.SZ	豫金刚石	0	0	0	0	0	0	0	0	0	0	0	0	0
300107.SZ	建新股份	1	0	1	1	1	1	1	1	1	1	1	1	11
300109.SZ	新开源	0	0	0	0	0	0	0	0	0	0	0	0	0
300111.SZ	向日葵	1	1	1	1	1	1	1	1	1	1	1	1	12
300114.SZ	中航电测	0	0	0	0	0	0	0	0	0	0	0	0	0
300126.SZ	锐奇股份	0	0	0	0	0	0	0	0	0	0	0	0	0
300192.SZ	科斯伍德	0	0	0	0	0	0	0	0	0	0	0	0	0
300199.SZ	翰宇药业	1	1	1	1	1	1	1	1	1	1	1	1	12
300260.SZ	新莱应材	0	0	0	0	0	0	0	0	0	0	0	0	0
300283.SZ	温州宏丰	0	0	0	0	0	0	0	0	0	0	0	0	0
300321.SZ	同大股份	0	0	0	0	0	0	0	0	0	0	0	0	0
300335.SZ	迪森股份	1	1	1	1	1	1	1	1	1	1	1	1	12
300346.SZ	南大光电	0	0	0	0	0	0	0	0	0	0	0	0	0

代码	简称	主要污染物及特征污染物名称	排放方式	排放口数量	排放口分布情况	排放浓度和总量	超标排放情况	执行的污染物排放标准	核定的排放总量	防治污染设施的建设和运行情况	建设项目环境影响评价及其他环境保护行政许可情况	突发环境事件应急预案	环境自行监测方案	总分
300373.SZ	扬杰科技	1	1	1	1	0	1	1	0	1	1	1	1	10
300436.SZ	广生堂	0	0	0	0	0	0	0	0	0	0	0	0	0
300437.SZ	清水源	1	1	1	1	1	1	1	1	1	1	1	1	12
300466.SZ	赛摩电气	0	0	0	0	0	0	0	0	0	0	0	0	0
300481.SZ	濮阳惠成	1	1	1	1	1	1	1	1	1	1	1	1	12
300522.SZ	世名科技	0	0	0	0	0	0	0	0	1	0	0	1	2
300610.SZ	晨化股份	1	1	1	1	1	1	1	1	1	1	1	1	12
300636.SZ	同和药业	1	1	1	1	1	1	1	1	1	1	1	1	12
300637.SZ	扬帆新材	1	1	1	1	1	1	1	1	1	1	1	1	12
300665.SZ	飞鹿股份	1	1	1	1	1	1	1	1	1	1	1	1	12
300673.SZ	佩蒂股份	0	1	0	0	0	0	0	0	1	0	0	1	3
300705.SZ	九典制药	1	1	1	1	1	1	1	1	1	1	1	1	12
300722.SZ	新余国科	1	1	1	1	1	1	1	1	1	1	1	1	12
300760.SZ	迈瑞医疗	1	1	1	1	1	1	1	1	1	1	1	1	12
300765.SZ	新诺威	0	0	0	0	0	0	0	0	0	0	0	0	0
300779.SZ	惠城环保	0	0	0	0	0	0	0	0	0	0	0	0	0
600004.SH	白云机场	0	0	0	0	0	0	0	0	0	0	0	0	0
600018.SH	上港集团	1	1	0	1	1	1	1	1	1	1	1	1	11
600071.SH	凤凰光学	1	1	1	1	1	1	1	1	1	1	1	1	12
600114.SH	东睦股份	0	1	0	0	0	1	1	0	1	1	1	1	7
600172.SH	黄河旋风	0	0	0	0	0	0	0	0	1	0	0	0	1
600199.SH	金种子酒	0	1	0	0	0	0	0	0	1	1	1	1	5
600212.SH	江泉实业	1	1	1	1	1	1	1	1	1	1	1	1	12
600213.SH	亚星客车	1	1	0	0	1	1	1	1	1	1	1	1	10
600232.SH	金鹰股份	1	0	0	0	1	1	1	0	1	0	1	1	7
600237.SH	铜峰电子	1	0	0	0	0	1	0	0	0	0	0	0	2
600348.SH	阳泉煤业	1	1	1	1	1	1	1	1	1	1	1	1	12
600351.SH	亚宝药业	1	1	1	1	1	1	1	0	1	1	1	1	11
600469.SH	风神股份	1	1	0	0	0	1	1	0	1	1	1	1	8
600499.SH	科达洁能	0	0	0	0	0	0	0	0	1	1	1	1	4
600508.SH	上海能源	1	0	0	0	1	0	0	1	1	1	1	1	7
600589.SH	广东榕泰	1	1	1	1	0	1	1	0	1	1	1	1	10
600710.SH	苏美达	1	1	0	0	0	0	0	0	1	0	0	0	3
600719.SH	大连热电	1	1	1	1	1	1	1	1	1	1	1	1	12
600787.SH	中储股份	0	0	0	0	0	0	0	0	1	1	1	0	3
600866.SH	星湖科技	1	0	0	1	1	1	1	1	1	1	1	1	10

代码	简称	主要污染物及特征污染物名称	排放方式	排放口数量	排放口分布情况	排放浓度和总量	超标排放情况	执行的污染物排放标准	核定的排放总量	防治污染设施的建设和运行情况	建设项目环境影响评价及其他环境保护行政许可情况	突发环境事件应急预案	环境自行监测方案	总分
600989.SH	宝丰能源	0	0	0	0	0	0	0	0	0	0	0	0	0
600990.SH	四创电子	1	1	1	1	1	1	1	1	1	1	1	1	12
601003.SH	柳钢股份	1	1	1	0	1	1	1	1	1	1	1	1	11
601005.SH	重庆钢铁	1	0	0	0	0	1	0	0	1	0	1	1	5
601018.SH	宁波港	1	0	0	0	1	0	0	0	1	1	1	1	6
601020.SH	华钰矿业	0	0	0	0	0	1	0	0	1	1	1	1	5
601208.SH	东材科技	1	1	1	1	1	1	1	1	1	1	1	1	12
601326.SH	秦港股份	1	1	0	0	0	1	0	0	1	1	1	1	7
601333.SH	广深铁路	1	1	1	1	1	1	1	1	1	1	1	1	12
601368.SH	绿城水务	1	1	1	0	0	1	0	0	1	1	1	1	8
601369.SH	陕鼓动力	0	0	0	0	0	0	0	0	0	0	0	0	0
601700.SH	风范股份	1	1	1	0	1	1	1	1	1	1	1	1	11
601869.SH	长飞光纤	1	1	0	0	1	1	0	1	1	1	1	1	9
601882.SH	海天精工	1	1	1	0	1	1	1	0	1	1	1	1	10
601958.SH	金钼股份	1	1	1	1	1	1	1	1	1	1	1	1	12
603005.SH	晶方科技	0	0	0	0	0	0	0	0	0	0	0	0	0
603026.SH	石大胜华	1	1	1	1	1	1	1	0	1	1	1	1	11
603045.SH	福达合金	0	1	0	0	0	0	0	0	1	0	0	0	2
603105.SH	芯能科技	1	1	1	1	1	1	1	0	1	1	1	0	10
603129.SH	春风动力	0	0	0	0	0	0	0	0	0	0	0	0	0
603156.SH	养元饮品	1	1	1	1	1	1	0	0	1	1	1	1	10
603168.SH	莎普爱思	0	1	0	0	0	1	0	0	1	0	0	0	3
603177.SH	德创环保	1	1	1	1	1	1	1	1	1	1	1	1	12
603186.SH	华正新材	0	0	0	0	0	0	0	0	0	0	0	0	0
603192.SH	汇得科技	1	1	1	1	1	1	1	1	1	1	1	1	12
603198.SH	迎驾贡酒	1	1	1	1	1	1	1	1	1	1	1	1	12
603229.SH	奥翔药业	1	1	1	1	1	1	1	1	1	1	1	1	12
603278.SH	大业股份	0	0	0	0	0	0	0	0	0	0	0	0	0
603315.SH	福鞍股份	0	0	0	0	0	0	0	0	0	0	0	0	0
603332.SH	苏州龙杰	1	1	0	0	0	1	1	0	1	1	1	1	8
603335.SH	迪生力	1	0	0	0	1	1	1	0	1	1	1	1	8
603351.SH	威尔药业	1	0	0	0	0	1	0	0	1	1	1	1	6
603379.SH	三美股份	0	0	0	0	0	0	0	0	0	0	0	0	0
603527.SH	众源新材	0	0	0	0	0	0	0	0	0	0	0	0	0
603566.SH	普莱柯	1	1	1	1	0	1	1	1	1	1	1	1	11
603567.SH	珍宝岛	0	1	0	0	0	0	1	0	1	0	0	1	4

代码	简称	主要污染物及特征污染物名称	排放方式	排放口数量	排放口分布情况	排放浓度和总量	超标排放情况	执行的污染物排放标准	核定的排放总量	防治污染设施的建设和运行情况	建设项目环境影响评价及其他环境保护行政许可情况	突发环境事件应急预案	环境自行监测方案	总分
603577.SH	汇金通	0	1	0	0	0	0	1	0	1	1	1	1	6
603595.SH	东尼电子	0	0	0	0	0	0	0	0	0	0	0	0	0
603663.SH	三祥新材	0	0	0	0	0	0	0	0	0	0	0	0	0
603665.SH	康隆达	1	1	1	0	1	1	1	1	1	1	1	1	11
603699.SH	纽威股份	0	0	0	0	0	0	0	0	0	0	0	0	0
603707.SH	健友股份	1	1	1	1	1	0	1	1	1	1	1	1	11
603767.SH	中马传动	1	1	0	0	1	1	1	0	1	1	1	1	9
603768.SH	常青股份	1	1	1	0	1	1	1	0	1	1	1	1	10
603773.SH	沃格光电	0	0	0	0	0	0	0	0	0	0	0	0	0
603800.SH	道森股份	0	0	0	0	0	0	0	0	0	0	0	0	0
603810.SH	丰山集团	1	1	1	1	1	1	1	1	1	1	1	1	12
603818.SH	曲美家居	0	0	0	0	0	0	0	0	0	0	0	0	0
603855.SH	华荣股份	0	0	0	0	0	0	0	0	0	0	0	0	0
603876.SH	鼎胜新材	1	1	1	1	1	1	1	0	1	1	1	1	11
603879.SH	永悦科技	1	1	1	1	1	1	1	1	1	1	1	1	12
603938.SH	三孚股份	1	1	1	1	1	1	1	1	1	1	1	1	12
603976.SH	正川股份	1	1	1	1	1	1	1	1	1	1	0	0	10
603982.SH	泉峰汽车	0	0	0	0	0	0	0	0	0	0	0	0	0

附表 4　定期报告合规性评估结果（补充评估环境报告后）

代码	简称	主要污染物及特征污染物名称	排放方式	排放口数量	排放口分布情况	排放浓度和总量	超标排放情况	执行的污染物排放标准	核定的排放总量	防治污染设施的建设和运行情况	建设项目环境影响评价及其他环境保护行政许可情况	突发环境事件应急预案	环境自行监测方案	得分
000423.SZ	东阿阿胶	1	1	1	1	1	1	1	1	1	1	1	1	12
000550.SZ	江铃汽车	1	1	1	1	1	1	1	1	1	1	1	1	12
000553.SZ	安道麦 A	1	1	1	1	1	1	1	1	1	0	1	1	11
000589.SZ	黔轮胎 A	1	1	1	1	1	1	1	1	1	1	1	1	12
000635.SZ	英力特	1	1	1	1	1	1	1	1	1	1	1	1	12
000708.SZ	大冶特钢	1	1	1	1	1	1	1	1	1	1	1	1	12
000751.SZ	锌业股份	1	1	1	1	1	1	1	1	1	0	1	1	11
000782.SZ	美达股份	1	1	1	1	1	1	1	1	1	1	1	1	12
000799.SZ	酒鬼酒	1	1	1	0	1	1	1	1	1	1	1	1	11
000815.SZ	美利云	1	1	1	1	1	1	1	1	1	1	1	1	12
000898.SZ	鞍钢股份	1	1	1	1	1	1	1	1	1	1	1	1	12
000913.SZ	钱江摩托	1	1	1	1	1	1	1	1	1	1	1	1	12
000923.SZ	河北宣工	1	1	1	1	1	1	1	1	1	1	1	1	12
000953.SZ	*ST 河化	1	1	1	1	1	1	1	1	1	1	1	1	12
000957.SZ	中通客车	1	1	1	1	1	1	1	0	1	1	1	1	11
000962.SZ	东方钽业	1	1	1	1	1	1	1	0	1	1	1	1	11
000982.SZ	*ST 中绒	1	1	1	1	1	1	1	1	1	1	1	1	12
000989.SZ	九芝堂	1	1	1	1	1	1	1	0	1	1	1	1	11
002086.SZ	东方海洋	1	1	1	1	1	1	1	1	1	1	1	1	12
002111.SZ	威海广泰	1	1	1	1	1	1	1	1	1	1	1	1	12
002112.SZ	三变科技	1	1	1	1	1	1	1	1	1	1	1	1	12
002126.SZ	银轮股份	1	1	1	1	1	1	1	1	1	1	1	1	12
002131.SZ	利欧股份	1	1	1	1	1	1	1	1	1	1	1	1	12
002134.SZ	*ST 普林	1	1	1	1	1	1	1	0	1	1	1	1	11
002135.SZ	东南网架	1	1	1	1	1	1	1	0	1	1	1	1	11
002136.SZ	安纳达	1	1	1	1	1	1	1	1	1	1	1	1	12
002144.SZ	宏达高科	1	1	1	0	1	1	1	1	1	1	1	1	11
002158.SZ	汉钟精机	1	1	0	0	1	0	0	0	1	1	1	1	7
002206.SZ	海利得	1	1	1	1	1	1	1	1	1	1	1	1	12
002254.SZ	泰和新材	1	1	1	1	1	1	1	1	1	1	1	1	12
002262.SZ	恩华药业	1	1	1	1	1	1	1	1	1	1	1	1	12
002273.SZ	水晶光电	1	1	1	1	1	1	1	1	1	1	1	1	12
002286.SZ	保龄宝	1	1	1	1	1	1	1	1	1	1	1	1	12

代码	简称	主要污染物及特征污染物名称	排放方式	排放口数量	排放口分布情况	排放浓度和总量	超标排放情况	执行的污染物排放标准	核定的排放总量	防治污染设施的建设和运行情况	建设项目环境影响评价及其他环境保护行政许可情况	突发环境事件应急预案	环境自行监测方案	得分
002287.SZ	奇正藏药	0	1	1	0	0	1	1	0	1	1	1	1	8
002333.SZ	罗普斯金	1	1	1	1	1	1	1	1	1	1	1	1	12
002338.SZ	奥普光电	1	1	1	1	1	1	1	0	1	1	1	1	11
002365.SZ	永安药业	1	1	1	1	1	1	1	1	1	1	1	1	12
002393.SZ	力生制药	0	1	0	0	1	1	1	0	1	1	1	1	8
002428.SZ	云南锗业	1	1	1	1	1	1	1	1	1	1	1	1	12
002430.SZ	杭氧股份	1	1	1	1	1	1	1	1	1	1	1	1	12
002443.SZ	金洲管道	0	0	0	0	0	0	0	0	0	0	0	0	0
002460.SZ	赣锋锂业	1	1	1	1	1	1	1	1	1	1	1	1	12
002481.SZ	双塔食品	1	1	1	1	1	1	1	1	1	1	1	1	12
002487.SZ	大金重工	1	1	1	1	1	1	1	1	1	1	1	1	12
002494.SZ	华斯股份	1	1	1	1	0	1	1	1	1	1	1	1	11
002532.SZ	新界泵业	1	1	1	1	1	1	1	1	1	1	1	1	12
002557.SZ	洽洽食品	0	0	0	0	0	0	0	0	0	0	0	0	0
002584.SZ	西陇科学	1	1	1	1	1	1	1	1	1	1	1	1	12
002599.SZ	盛通股份	1	1	1	1	1	1	1	1	1	1	1	1	12
002604.SZ	龙力生物	1	1	1	1	1	1	1	1	1	1	1	1	12
002615.SZ	哈尔斯	1	1	1	1	1	1	1	1	1	1	1	1	12
002643.SZ	万润股份	1	1	1	1	1	1	1	1	1	1	1	1	12
002562.SZ	兄弟科技	1	1	1	1	1	1	1	1	1	1	1	1	12
002693.SZ	双成药业	1	1	1	1	1	1	1	1	1	1	1	1	12
002705.SZ	新宝股份	1	1	1	1	1	1	1	1	1	1	1	1	12
002725.SZ	跃岭股份	1	1	1	1	1	1	1	1	1	1	1	1	12
002741.SZ	光华科技	1	1	1	1	1	1	1	1	1	1	1	1	12
002753.SZ	永东股份	1	1	1	1	1	1	1	1	1	1	1	1	12
002805.SZ	丰元股份	1	1	1	1	1	1	1	1	1	1	1	1	12
002810.SZ	山东赫达	1	1	1	1	1	1	1	1	1	1	1	1	12
002863.SZ	今飞凯达	1	1	1	1	1	1	1	1	1	0	1	1	11
002868.SZ	绿康生化	1	1	1	1	1	1	1	1	1	1	1	1	12
300041.SZ	回天新材	1	1	1	1	1	1	1	1	1	1	1	1	12
300046.SZ	台基股份	1	1	1	1	1	1	1	1	1	1	1	1	12
300083.SZ	劲胜智能	1	1	1	1	1	1	1	1	1	1	1	1	12
300088.SZ	长信科技	1	1	1	1	1	1	1	1	1	1	1	1	12
300121.SZ	阳谷华泰	1	1	1	1	1	1	1	1	1	1	1	1	12
300132.SZ	青松股份	1	1	1	1	1	1	1	1	1	1	1	1	12
300224.SZ	正海磁材	1	1	1	1	1	1	1	1	1	1	1	1	12

代码	简称	主要污染物及特征污染物名称	排放方式	排放口数量	排放口分布情况	排放浓度和总量	超标排放情况	执行的污染物排放标准	核定的排放总量	防治污染设施的建设和运行情况	建设项目环境影响评价及其他环境保护行政许可情况	突发环境事件应急预案	环境自行监测方案	得分
300225.SZ	金力泰	1	1	1	1	1	1	1	1	1	1	1	1	12
300239.SZ	东宝生物	1	1	1	1	1	1	1	1	1	1	1	1	12
300256.SZ	星星科技	1	1	1	1	1	1	1	1	1	1	1	1	12
300257.SZ	开山股份	1	1	1	1	1	1	1	0	1	1	1	1	11
300375.SZ	鹏翎股份	1	1	1	1	1	1	1	1	1	1	1	1	12
300405.SZ	科隆股份	1	1	1	1	1	1	1	1	1	1	1	1	12
300446.SZ	乐凯新材	1	1	1	1	1	1	1	1	1	1	1	1	12
300452.SZ	山河药辅	1	1	1	1	1	1	1	1	1	1	1	1	12
300554.SZ	三超新材	1	1	1	1	1	1	1	0	1	1	1	1	11
300558.SZ	贝达药业	1	1	1	1	1	1	1	1	1	1	1	1	12
300641.SZ	正丹股份	1	1	1	1	1	1	1	1	1	1	1	1	12
300657.SZ	弘信电子	1	1	1	1	1	1	1	1	1	1	1	1	12
600066.SH	宇通客车	1	1	1	1	0	1	1	0	1	1	1	1	10
600103.SH	青山纸业	1	1	1	1	1	1	1	1	1	1	1	1	12
600190.SH	锦州港	1	1	1	1	1	1	1	1	1	1	1	1	12
600207.SH	安彩高科	1	1	1	1	1	1	1	1	1	1	1	1	12
600316.SH	洪都航空	1	1	0	1	1	1	1	0	1	1	1	1	10
600317.SH	营口港	0	0	0	0	0	1	0	0	1	1	1	0	4
600319.SH	亚星化学	1	1	0	0	1	1	1	0	1	1	1	1	9
600353.SH	旭光股份	1	1	1	1	1	1	1	1	1	1	1	1	12
600360.SH	华微电子	1	1	1	1	1	1	1	0	1	1	1	1	11
600379.SH	宝光股份	1	1	1	1	1	1	1	1	1	1	1	1	12
600399.SH	抚顺特钢	1	1	1	0	1	1	0	0	1	1	1	1	9
600426.SH	华鲁恒升	1	1	0	0	1	1	1	0	1	1	1	1	9
600448.SH	华纺股份	1	1	1	1	1	1	1	1	1	1	1	1	12
600493.SH	凤竹纺织	1	1	1	1	1	1	1	1	1	1	1	1	12
600501.SH	航天晨光	1	1	0	0	1	1	1	0	1	1	1	1	9
600513.SH	联环药业	1	1	1	1	1	1	1	1	1	1	1	1	12
600519.SH	贵州茅台	1	1	1	1	1	1	1	1	1	1	1	1	12
600529.SH	山东药玻	1	1	1	1	1	1	1	0	1	1	1	1	11
600550.SH	保变电气	0	1	0	0	0	1	0	0	1	1	1	0	5
600587.SH	新华医疗	1	1	0	0	1	1	1	0	1	1	1	1	9
600678.SH	四川金顶	1	1	1	1	1	1	1	1	1	1	1	1	12
600727.SH	鲁北化工	1	1	1	1	1	1	1	1	1	1	1	1	12
600746.SH	江苏索普	1	1	1	1	1	1	1	1	1	0	1	1	11
600750.SH	江中药业	1	1	1	1	1	1	1	1	1	1	1	1	12

代码	简称	主要污染物及特征污染物名称	排放方式	排放口数量	排放口分布情况	排放浓度和总量	超标排放情况	执行的污染物排放标准	核定的排放总量	防治污染设施的建设和运行情况	建设项目环境影响评价及其他环境保护行政许可情况	突发环境事件应急预案	环境自行监测方案	得分
600779.SH	水井坊	1	1	0	0	1	1	1	0	1	1	1	1	9
600793.SH	宜宾纸业	1	1	0	0	1	1	1	0	1	1	1	1	9
600809.SH	山西汾酒	1	1	1	1	1	1	1	0	1	1	1	1	11
600815.SH	*ST 厦工	1	1	1	0	1	1	1	1	1	1	1	1	11
600841.SH	上柴股份	1	1	0	1	0	1	1	0	1	1	1	1	9
600992.SH	贵绳股份	1	1	0	0	1	1	1	1	1	1	1	1	10
601011.SH	宝泰隆	1	1	1	1	1	1	1	0	1	1	1	1	11
601106.SH	*ST 一重	1	0	0	0	1	1	1	0	1	1	1	1	8
601113.SH	华鼎股份	1	1	0	0	1	1	1	0	1	1	1	1	9
601388.SH	怡球资源	1	1	1	1	1	1	1	1	1	1	1	1	12
603027.SH	千禾味业	1	1	0	0	1	1	1	1	1	1	1	1	10
603033.SH	三维股份	1	0	0	0	1	1	1	0	1	1	1	1	8
603113.SH	金能科技	1	1	0	0	1	1	0	1	1	1	1	1	9
603165.SH	荣晟环保	1	1	1	1	1	1	1	1	1	1	1	1	12
603208.SH	江山欧派	0	1	0	0	0	1	0	0	1	1	1	1	6
603238.SH	诺邦股份	1	1	0	0	1	1	1	1	1	1	1	1	10
603328.SH	依顿电子	1	1	1	1	1	1	1	1	1	1	1	1	12
603337.SH	杰克股份	1	1	1	1	1	1	1	1	1	1	1	1	12
603338.SH	浙江鼎力	1	1	1	0	1	1	1	1	1	1	1	1	11
603369.SH	今世缘	1	1	1	1	1	1	1	1	1	1	1	1	12
603589.SH	口子窖	1	1	1	1	1	1	1	1	1	1	1	1	12
603686.SH	龙马环卫	1	1	1	1	0	1	1	0	1	1	1	1	10
603728.SH	鸣志电器	1	1	0	0	1	1	1	0	1	1	1	1	9
603822.SH	嘉澳环保	1	1	1	1	1	1	1	0	1	1	1	1	11
603878.SH	武进不锈	1	1	1	0	1	1	1	1	1	1	1	1	11
603919.SH	金徽酒	1	1	1	1	1	1	1	1	1	1	1	1	12
603920.SH	世运电路	1	1	1	1	1	1	1	1	1	0	1	1	11
603926.SH	铁流股份	1	1	1	1	1	1	1	1	1	1	1	1	12
603998.SH	方盛制药	1	1	0	0	1	1	1	1	1	1	1	1	10
000565.SZ	渝三峡 A	1	1	1	1	1	1	1	1	1	1	1	1	12
000707.SZ	双环科技	1	1	1	1	1	1	1	1	1	1	1	1	12
002025.SZ	航天电器	1	1	1	1	1	1	1	1	1	1	1	1	12
002043.SZ	兔宝宝	1	1	1	1	0	1	1	1	1	1	1	1	11
002056.SZ	横店东磁	1	1	1	1	1	1	1	1	1	1	1	1	12
002424.SZ	贵州百灵	1	1	1	1	1	1	1	1	1	1	1	1	12
002486.SZ	嘉麟杰	1	1	1	1	1	1	1	1	1	1	1	1	12

代码	简称	主要污染物及特征污染物名称	排放方式	排放口数量	排放口分布情况	排放浓度和总量	超标排放情况	执行的污染物排放标准	核定的排放总量	防治污染设施的建设和运行情况	建设项目环境影响评价及其他环境保护行政许可情况	突发环境事件应急预案	环境自行监测方案	得分
002597.SZ	金禾实业	1	1	1	1	1	1	1	1	1	1	1	1	12
002756.SZ	永兴特钢	1	1	1	1	1	1	1	1	1	1	1	1	12
600235.SH	民丰特纸	1	1	0	0	1	1	1	1	1	1	1	1	10
600581.SH	八一钢铁	1	1	1	1	1	1	1	1	1	1	1	1	12
600618.SH	氯碱化工	1	0	0	0	0	1	1	0	1	1	1	1	7
600847.SH	*ST 万里	1	1	1	1	1	1	1	1	1	1	1	1	12
601969.SH	海南矿业	1	1	1	0	1	1	1	0	1	1	1	1	10
000063.SZ	中兴通讯	1	1	1	1	1	0	0	0	1	1	1	1	9
000301.SZ	东方盛虹	1	1	1	1	1	1	1	1	1	1	1	1	12
000568.SZ	泸州老窖	1	1	1	1	1	1	1	1	1	1	1	1	12
000678.SZ	襄阳轴承	1	1	1	0	1	1	1	1	1	1	1	1	11
000777.SZ	中核科技	0	0	0	0	0	0	0	0	0	0	0	0	0
000788.SZ	北大医药	0	0	0	0	0	0	0	0	1	0	0	0	1
000790.SZ	泰合健康	0	0	0	0	0	0	0	0	1	0	0	0	1
000801.SZ	四川九洲	0	0	0	0	0	0	0	0	0	0	0	0	0
000860.SZ	顺鑫农业	1	1	1	1	1	1	1	0	1	1	1	1	11
000899.SZ	赣能股份	1	1	1	1	1	1	1	1	1	1	1	1	12
000969.SZ	安泰科技	1	1	1	1	1	1	1	1	1	1	1	1	12
000980.SZ	众泰汽车	0	0	0	0	0	0	0	0	1	0	0	0	1
000985.SZ	大庆华科	0	0	0	0	0	0	0	0	1	0	1	1	3
002014.SZ	永新股份	1	1	1	1	1	0	1	1	1	1	1	1	11
002066.SZ	瑞泰科技	0	0	0	0	0	0	0	0	0	0	0	0	0
002079.SZ	苏州固锝	0	0	0	0	0	0	0	0	0	0	0	0	0
002087.SZ	新野纺织	1	1	1	1	1	1	1	1	1	1	1	1	12
002094.SZ	青岛金王	0	0	0	0	0	0	0	0	0	0	0	0	0
002097.SZ	山河智能	0	0	0	0	0	0	0	0	1	1	1	0	3
002119.SZ	康强电子	1	1	1	1	1	1	1	0	1	1	1	1	11
002193.SZ	如意集团	1	1	1	1	1	1	1	1	1	1	1	1	12
002198.SZ	嘉应制药	1	1	1	1	1	1	1	1	1	1	1	1	12
002201.SZ	九鼎新材	1	1	1	1	1	1	1	1	1	1	1	1	12
002220.SZ	ST 天宝	0	0	0	0	0	0	0	0	0	0	0	0	0
002259.SZ	*ST 升达	0	0	0	0	0	0	0	0	0	0	0	0	0
002319.SZ	乐通股份	0	0	0	0	0	0	0	0	0	0	0	0	0
002370.SZ	亚太药业	1	1	1	1	1	1	1	1	1	1	1	1	12
002378.SZ	章源钨业	1	1	1	1	1	1	1	1	1	1	1	1	12
002472.SZ	双环传动	0	0	0	0	0	0	0	0	0	0	0	0	0

代码	简称	主要污染物及特征污染物名称	排放方式	排放口数量	排放口分布情况	排放浓度和总量	超标排放情况	执行的污染物排放标准	核定的排放总量	防治污染设施的建设和运行情况	建设项目环境影响评价及其他环境保护行政许可情况	突发环境事件应急预案	环境自行监测方案	得分
002492.SZ	恒基达鑫	0	0	0	0	0	0	0	0	0	0	0	0	0
002516.SZ	旷达科技	0	1	0	0	0	1	1	0	1	1	1	1	7
002541.SZ	鸿路钢构	1	1	1	1	1	1	1	0	1	1	1	1	11
002545.SZ	东方铁塔	0	0	0	0	0	0	0	0	0	0	0	0	0
002571.SZ	德力股份	1	1	1	1	1	1	1	1	1	1	1	1	12
002578.SZ	闽发铝业	1	1	1	1	1	1	1	1	1	1	1	1	12
002598.SZ	山东章鼓	0	0	0	0	0	0	0	0	0	0	0	0	0
002630.SZ	华西能源	1	1	1	1	1	1	1	1	1	1	1	1	12
002652.SZ	扬子新材	0	1	0	0	0	0	0	0	1	1	1	1	5
002665.SZ	首航节能	0	0	0	0	0	0	0	0	0	0	0	0	0
002722.SZ	金轮股份	0	0	0	0	0	0	0	0	0	0	0	0	0
002748.SZ	世龙实业	1	1	1	1	1	1	1	1	1	1	1	1	12
002846.SZ	英联股份	1	1	1	1	1	1	1	1	1	1	1	1	12
002855.SZ	捷荣技术	0	0	0	0	0	0	0	0	0	0	0	0	0
002880.SZ	卫光生物	0	0	0	0	0	0	0	0	0	0	0	0	0
002895.SZ	川恒股份	1	1	1	1	1	1	1	1	1	1	1	1	12
002915.SZ	中欣氟材	1	1	1	1	1	1	1	1	1	1	1	1	12
002923.SZ	润都股份	1	1	1	1	1	1	1	1	1	1	1	1	12
002950.SZ	奥美医疗	1	1	0	0	0	0	0	0	1	0	0	0	3
300064.SZ	豫金刚石	0	0	0	0	0	0	0	0	0	0	0	0	0
300107.SZ	建新股份	1	0	1	1	1	1	1	1	1	1	1	1	11
300109.SZ	新开源	0	0	0	0	0	0	0	0	0	0	0	0	0
300111.SZ	向日葵	1	1	1	1	1	1	1	1	1	1	1	1	12
300114.SZ	中航电测	0	0	0	0	0	0	0	0	0	0	0	0	0
300126.SZ	锐奇股份	0	0	0	0	0	0	0	0	0	0	0	0	0
300192.SZ	科斯伍德	0	0	0	0	0	0	0	0	0	0	0	0	0
300199.SZ	翰宇药业	1	1	1	1	1	1	1	1	1	1	1	1	12
300260.SZ	新莱应材	0	0	0	0	0	0	0	0	0	0	0	0	0
300283.SZ	温州宏丰	0	0	0	0	0	0	0	0	0	0	0	0	0
300321.SZ	同大股份	0	0	0	0	0	0	0	0	0	0	0	0	0
300335.SZ	迪森股份	1	1	1	1	1	1	1	1	1	1	1	1	12
300346.SZ	南大光电	0	0	0	0	0	0	0	0	0	0	0	0	0
300373.SZ	扬杰科技	1	1	1	1	0	1	1	0	1	1	1	1	10
300436.SZ	广生堂	0	0	0	0	0	0	0	0	0	0	0	0	0
300437.SZ	清水源	1	1	1	1	1	1	1	1	1	1	1	1	12
300466.SZ	赛摩电气	0	0	0	0	0	0	0	0	0	0	0	0	0

代码	简称	主要污染物及特征污染物名称	排放方式	排放口数量	排放口分布情况	排放浓度和总量	超标排放情况	执行的污染物排放标准	核定的排放总量	防治污染设施的建设和运行情况	建设项目环境影响评价及其他环境保护行政许可情况	突发环境事件应急预案	环境自行监测方案	得分
300481.SZ	濮阳惠成	1	1	1	1	1	1	1	1	1	1	1	1	12
300522.SZ	世名科技	0	0	0	0	0	0	0	0	1	0	0	1	2
300610.SZ	晨化股份	1	1	1	1	1	1	1	1	1	1	1	1	12
300636.SZ	同和药业	1	1	1	1	1	1	1	1	1	1	1	1	12
300637.SZ	扬帆新材	1	1	1	1	1	1	1	1	1	1	1	1	12
300665.SZ	飞鹿股份	1	1	1	1	1	1	1	1	1	1	1	1	12
300673.SZ	佩蒂股份	0	1	0	0	0	0	0	0	1	0	0	1	3
300705.SZ	九典制药	1	1	1	1	1	1	1	1	1	1	1	1	12
300722.SZ	新余国科	1	1	1	1	1	1	1	1	1	1	1	1	12
300760.SZ	迈瑞医疗	1	1	1	1	1	1	1	1	1	1	1	1	12
300765.SZ	新诺威	0	0	0	0	0	0	0	0	0	0	0	0	0
300779.SZ	惠城环保	0	0	0	0	0	0	0	0	0	0	0	0	0
600004.SH	白云机场	0	0	0	0	0	0	0	0	0	0	0	0	0
600018.SH	上港集团	1	1	0	1	1	1	1	1	1	1	1	1	11
600071.SH	凤凰光学	1	1	1	1	1	1	1	1	1	1	1	1	12
600114.SH	东睦股份	0	1	0	0	0	1	1	0	1	1	1	1	7
600172.SH	黄河旋风	0	0	0	0	0	0	0	0	1	0	0	0	1
600199.SH	金种子酒	0	1	0	0	0	0	0	0	1	1	1	1	5
600212.SH	江泉实业	1	1	1	1	1	1	1	1	1	1	1	1	12
600213.SH	亚星客车	1	1	0	0	1	1	1	1	1	1	1	1	10
600232.SH	金鹰股份	1	0	0	0	1	1	1	0	1	0	1	1	7
600237.SH	铜峰电子	1	0	0	0	0	1	0	0	0	0	0	0	2
600348.SH	阳泉煤业	1	1	1	1	1	1	1	1	1	1	1	1	12
600351.SH	亚宝药业	1	1	1	1	1	1	1	0	1	1	1	1	11
600469.SH	风神股份	1	1	0	0	0	1	1	0	1	1	1	1	8
600499.SH	科达洁能	0	0	0	0	0	0	0	0	1	1	1	1	4
600508.SH	上海能源	1	0	0	0	1	0	0	1	1	1	1	1	7
600589.SH	广东榕泰	1	1	1	1	0	1	1	0	1	1	1	1	10
600710.SH	苏美达	1	1	0	0	0	0	0	0	1	0	0	0	3
600719.SH	大连热电	1	1	1	1	1	1	1	1	1	1	1	1	12
600787.SH	中储股份	0	0	0	0	0	0	0	0	1	1	1	0	3
600866.SH	星湖科技	1	0	0	1	1	1	1	1	1	1	1	1	10
600989.SH	宝丰能源	0	0	0	0	0	0	0	0	0	0	0	0	0
600990.SH	四创电子	1	1	1	1	1	1	1	1	1	1	1	1	12
601003.SH	柳钢股份	1	1	1	0	1	1	1	1	1	1	1	1	11
601005.SH	重庆钢铁	1	0	1	0	1	1	1	0	1	0	1	1	8

代码	简称	主要污染物及特征污染物名称	排放方式	排放口数量	排放口分布情况	排放浓度和总量	超标排放情况	执行的污染物排放标准	核定的排放总量	防治污染设施的建设和运行情况	建设项目环境影响评价及其他环境保护行政许可情况	突发环境事件应急预案	环境自行监测方案	得分
601018.SH	宁波港	1	0	0	0	1	0	0	0	1	1	1	1	6
601020.SH	华钰矿业	0	0	0	0	0	1	0	0	1	1	1	1	5
601208.SH	东材科技	1	1	1	1	1	1	1	1	1	1	1	1	12
601326.SH	秦港股份	1	1	0	0	0	1	0	0	1	1	1	1	7
601333.SH	广深铁路	1	1	1	1	1	1	1	1	1	1	1	1	12
601368.SH	绿城水务	1	1	1	0	0	1	0	0	1	1	1	1	8
601369.SH	陕鼓动力	1	0	0	0	0	1	0	0	1	0	0	1	4
601700.SH	风范股份	1	1	1	0	1	1	1	1	1	1	1	1	11
601869.SH	长飞光纤	1	1	0	0	1	1	0	1	1	1	1	1	9
601882.SH	海天精工	1	1	1	0	1	1	1	0	1	1	1	1	10
601958.SH	金钼股份	1	1	1	1	1	1	1	1	1	1	1	1	12
603005.SH	晶方科技	0	0	0	0	0	0	0	0	0	0	0	0	0
603026.SH	石大胜华	1	1	1	1	1	1	1	0	1	1	1	1	11
603045.SH	福达合金	0	1	0	0	0	0	0	0	1	0	0	0	2
603105.SH	芯能科技	1	1	1	1	1	1	1	0	1	1	1	0	10
603129.SH	春风动力	0	0	0	0	0	0	0	0	0	0	0	0	0
603156.SH	养元饮品	1	1	1	1	1	1	0	0	1	1	1	1	10
603168.SH	莎普爱思	0	1	0	0	0	1	0	0	1	0	0	0	3
603177.SH	德创环保	1	1	1	1	1	1	1	1	1	1	1	1	12
603186.SH	华正新材	0	0	0	0	0	0	0	0	1	0	0	0	1
603192.SH	汇得科技	1	1	1	1	1	1	1	1	1	1	1	1	12
603198.SH	迎驾贡酒	1	1	1	1	1	1	1	1	1	1	1	1	12
603229.SH	奥翔药业	1	1	1	1	1	1	1	1	1	1	1	1	12
603278.SH	大业股份	0	0	0	0	0	0	0	0	0	0	0	0	0
603315.SH	福鞍股份	0	0	0	0	0	0	0	0	0	0	0	0	0
603332.SH	苏州龙杰	1	1	0	0	0	1	1	0	1	1	1	1	8
603335.SH	迪生力	1	0	0	0	1	1	1	0	1	1	1	1	8
603351.SH	威尔药业	1	0	0	0	0	1	0	0	1	1	1	1	6
603379.SH	三美股份	0	0	0	0	0	0	0	0	0	0	0	0	0
603527.SH	众源新材	0	0	0	0	0	1	0	0	1	0	0	0	2
603566.SH	普莱柯	1	1	1	1	0	1	1	1	1	1	1	1	11
603567.SH	珍宝岛	0	1	0	0	0	0	1	0	1	0	0	1	4
603577.SH	汇金通	0	1	0	0	0	0	1	0	1	1	1	1	6
603595.SH	东尼电子	1	1	0	0	1	1	1	0	0	0	0	1	6
603663.SH	三祥新材	0	0	0	0	0	0	0	0	0	0	0	0	0
603665.SH	康隆达	1	1	1	0	1	1	1	1	1	1	1	1	11

代码	简称	主要污染物及特征污染物名称	排放方式	排放口数量	排放口分布情况	排放浓度和总量	超标排放情况	执行的污染物排放标准	核定的排放总量	防治污染设施的建设和运行情况	建设项目环境影响评价及其他环境保护行政许可情况	突发环境事件应急预案	环境自行监测方案	得分
603699.SH	纽威股份	0	0	0	0	0	0	0	0	0	0	0	0	0
603707.SH	健友股份	1	1	1	1	1	0	1	1	1	1	1	1	11
603767.SH	中马传动	1	1	0	0	1	1	1	0	1	1	1	1	9
603768.SH	常青股份	1	1	1	0	1	1	1	0	1	1	1	1	10
603773.SH	沃格光电	0	0	0	0	0	0	0	0	0	0	0	0	0
603800.SH	道森股份	0	0	0	0	0	0	0	0	0	0	0	0	0
603810.SH	丰山集团	1	1	1	1	1	1	1	1	1	1	1	1	12
603818.SH	曲美家居	0	0	0	0	0	0	0	0	0	0	0	0	0
603855.SH	华荣股份	0	0	0	0	0	0	0	0	0	0	0	0	0
603876.SH	鼎胜新材	1	1	1	1	1	1	1	0	1	1	1	1	11
603879.SH	永悦科技	1	1	1	1	1	1	1	1	1	1	1	1	12
603938.SH	三孚股份	1	1	1	1	1	1	1	1	1	1	1	1	12
603976.SH	正川股份	1	1	1	1	1	1	1	1	1	1	0	0	10
603982.SH	泉峰汽车	0	0	0	0	0	0	0	0	0	0	0	0	0

附表 5　重大行政处罚披露评估结果

代码	名称简称	重大行政处罚数量	临时报告披露数量	半年报披露数量	年报披露数量	总披露数量	最终得分
000565.SZ	渝三峡 A	1	1	0	1	1	5
000923.SZ	河北宣工	1	1	1	1	1	5
000953.SZ	*ST 河化	2	0	1	1	1	2
000969.SZ	安泰科技	1	0	0	0	0	0
002056.SZ	横店东磁	1	0	0	0	0	0
002066.SZ	瑞泰科技	1	0	0	0	0	0
002087.SZ	新野纺织	7	0	0	0	0	0
002094.SZ	青岛金王	1	0	0	0	0	0
002119.SZ	康强电子	1	0	0	1	1	4
002136.SZ	安纳达	3	2	1	3	3	5
002201.SZ	九鼎新材	1	0	0	1	1	4
002220.SZ	ST 天宝	3	0	0	0	0	0
002254.SZ	泰和新材	1	0	0	0	0	0
002545.SZ	东方铁塔	2	0	0	0	0	0
002597.SZ	金禾实业	1	0	0	0	0	0
300260.SZ	新莱应材	1	0	0	0	0	0
300335.SZ	迪森股份	4	0	0	0	0	0
300375.SZ	鹏翎股份	1	0	1	0	1	4
300437.SZ	清水源	2	0	0	0	0	0
300554.SZ	三超新材	1	1	1	1	1	4.5
600004.SH	白云机场	2	0	0	0	0	0
600235.SH	民丰特纸	1	0	0	0	1	4
600399.SH	ST 抚钢	2	0	0	0	0	0
600499.SH	科达洁能	1	0	0	0	0	0
600587.SH	新华医疗	1	0	0	0	0	0
600710.SH	苏美达	1	0	0	0	0	0
601005.SH	重庆钢铁	21	0	0	0	0	0
601958.SH	金钼股份	1	3	1	2	3	5
000027.SZ	深圳能源	1	0	0	0	0	0
000060.SZ	中金岭南	1	0	0	0	0	0
000338.SZ	潍柴动力	4	0	0	0	0	0
000401.SZ	冀东水泥	1	0	0	0	0	0
000413.SZ	东旭光电	1	0	0	0	0	0
000422.SZ	ST 宜化	4	2	3	5	7	4.5
000488.SZ	晨鸣纸业	3	0	1	5	6	4
000629.SZ	攀钢钒钛	1	1	0	3	3	4.5
000630.SZ	铜陵有色	1	0	0	0	0	0
000636.SZ	风华高科	4	0	4	2	6	4.5
000680.SZ	山推股份	1	0	0	0	0	0
000692.SZ	惠天热电	3	0	8	8	8	4

代码	名称简称	重大行政处罚数量	临时报告披露数量	半年报披露数量	年报披露数量	总披露数量	最终得分
000703.SZ	恒逸石化	1	0	0	0	0	0
000731.SZ	四川美丰	1	1	0	1	1	5
000735.SZ	罗牛山	1	0	0	0	0	0
000762.SZ	西藏矿业	1	0	0	0	0	0
000778.SZ	新兴铸管	9	1	1	2	2	2.5
000789.SZ	万年青	3	0	0	0	0	0
000818.SZ	航锦科技	5	0	0	0	0	0
000877.SZ	天山股份	3	0	0	0	0	0
000878.SZ	云南铜业	3	4	2	3	4	5
000895.SZ	双汇发展	1	0	0	0	0	0
000912.SZ	泸天化	1	0	0	0	0	0
000930.SZ	中粮生化	1	0	0	0	0	0
000933.SZ	神火股份	2	0	0	0	0	0
000951.SZ	中国重汽	1	0	0	0	0	0
000999.SZ	华润三九	2	0	0	0	0	0
002010.SZ	传化智联	1	0	0	0	0	0
002032.SZ	苏泊尔	1	0	0	0	0	0
002061.SZ	浙江交科	1	0	2	2	3	4
002074.SZ	国轩高科	1	0	0	0	0	0
002075.SZ	沙钢股份	2	0	0	0	0	0
002098.SZ	浔兴股份	1	0	0	0	0	0
002099.SZ	海翔药业	2	2	2	2	2	5
002105.SZ	信隆健康	2	2	1	1	2	5
002114.SZ	罗平锌电	1	3	1	1	3	4
002124.SZ	天邦股份	4	1	0	1	1	2
002170.SZ	芭田股份	2	1	1	2	2	5
002191.SZ	劲嘉股份	1	0	1	1	1	4
002225.SZ	濮耐股份	1	0	0	0	0	0
002250.SZ	联化科技	2	2	0	0	2	4
002258.SZ	利尔化学	3	0	0	0	0	0
002274.SZ	华昌化工	4	0	0	0	0	0
002321.SZ	华英农业	4	0	0	0	0	0
002326.SZ	永太科技	8	0	1	1	1	1
002349.SZ	精华制药	1	0	0	0	0	0
002382.SZ	蓝帆医疗	1	0	0	0	0	0
002408.SZ	齐翔腾达	1	0	0	0	0	0
002422.SZ	科伦药业	4	0	0	0	0	0
002440.SZ	闰土股份	4	3	3	3	3	3
002470.SZ	金正大	3	0	0	0	0	0
002479.SZ	富春环保	1	0	0	0	0	0
002496.SZ	辉丰股份	10	10	20	20	20	5
002513.SZ	蓝丰生化	2	1	3	3	4	4
002593.SZ	日上集团	1	0	0	0	0	0

代码	名称简称	重大行政处罚数量	临时报告披露数量	半年报披露数量	年报披露数量	总披露数量	最终得分
002601.SZ	龙蟒佰利	1	1	0	4	4	4
002648.SZ	卫星石化	2	0	0	0	0	0
002672.SZ	东江环保	1	0	3	4	6	4
002726.SZ	龙大肉食	1	0	0	0	0	0
002737.SZ	葵花药业	1	0	0	0	0	0
002783.SZ	凯龙股份	1	0	0	0	0	0
002942.SZ	新农股份	1	0	0	0	0	0
300026.SZ	红日药业	2	0	0	0	0	0
300102.SZ	乾照光电	1	0	2	0	2	4
300115.SZ	长盈精密	2	0	1	1	1	2
300172.SZ	中电环保	1	0	0	0	0	0
300200.SZ	高盟新材	1	0	0	2	2	4
300261.SZ	雅本化学	3	1	1	1	1	1
300267.SZ	尔康制药	2	0	0	0	0	0
300381.SZ	溢多利	2	0	0	0	0	0
300575.SZ	中旗股份	4	2	0	4	4	4
300702.SZ	天宇股份	2	0	0	0	0	0
600010.SH	包钢股份	22	0	0	0	0	0
600011.SH	华能国际	11	0	0	0	0	0
600019.SH	宝钢股份	2	0	0	0	0	0
600027.SH	华电国际	4	0	0	3	3	3
600028.SH	中国石化	27	0	0	0	0	0
600059.SH	古越龙山	1	0	0	0	0	0
600063.SH	皖维高新	3	0	0	0	0	0
600089.SH	特变电工	1	0	0	0	0	0
600096.SH	云天化	1	0	0	0	0	0
600111.SH	北方稀土	7	0	0	0	0	0
600141.SH	兴发集团	4	0	0	0	0	0
600143.SH	金发科技	1	0	0	0	0	0
600188.SH	兖州煤业	7	0	0	0	0	0
600230.SH	沧州大化	1	0	0	0	0	0
600273.SH	嘉化能源	1	0	0	0	0	0
600277.SH	亿利洁能	4	0	0	0	0	0
600282.SH	南钢股份	1	0	0	0	0	0
600293.SH	三峡新材	4	0	0	0	0	0
600295.SH	鄂尔多斯	3	0	0	0	0	0
600298.SH	安琪酵母	5	4	5	5	5	4
600300.SH	维维股份	1	0	0	0	0	0
600308.SH	华泰股份	1	0	0	0	0	0
600328.SH	兰太实业	2	0	0	0	0	0
600367.SH	红星发展	1	0	0	0	0	0
600420.SH	现代制药	2	0	0	0	0	0
600422.SH	昆药集团	1	0	0	0	0	0

代码	名称简称	重大行政处罚数量	临时报告披露数量	半年报披露数量	年报披露数量	总披露数量	最终得分
600429.SH	三元股份	1	0	0	0	0	0
600470.SH	六国化工	3	1	0	0	1	1
600497.SH	驰宏锌锗	1	0	0	0	0	0
600586.SH	金晶科技	3	0	0	0	0	0
600596.SH	新安股份	2	0	0	0	0	0
600600.SH	青岛啤酒	1	0	0	0	0	0
600623.SH	华谊集团	3	0	0	0	0	0
600688.SH	上海石化	1	0	0	0	0	0
600761.SH	安徽合力	1	0	0	0	0	0
600782.SH	新钢股份	3	0	0	0	0	0
600789.SH	鲁抗医药	1	0	0	0	0	0
600792.SH	云煤能源	2	0	0	0	0	0
600795.SH	国电电力	2	0	0	0	0	0
600801.SH	华新水泥	6	0	0	0	0	0
600808.SH	马钢股份	4	0	0	0	0	0
600812.SH	华北制药	1	0	0	0	0	0
600863.SH	内蒙华电	2	0	0	0	0	0
600874.SH	创业环保	2	0	0	0	0	0
600966.SH	博汇纸业	3	0	0	0	0	0
600971.SH	恒源煤电	2	0	0	0	0	0
600997.SH	开滦股份	6	0	0	0	0	0
601088.SH	中国神华	6	0	0	0	0	0
601168.SH	西部矿业	2	0	0	0	0	0
601216.SH	君正集团	3	0	0	0	0	0
601599.SH	鹿港文化	1	0	0	0	0	0
601600.SH	中国铝业	11	0	0	0	0	0
601666.SH	平煤股份	1	0	0	0	0	0
601857.SH	中国石油	3	0	0	0	0	0
601899.SH	紫金矿业	3	0	0	0	0	0
601918.SH	新集能源	4	0	0	0	0	0
601991.SH	大唐发电	7	0	0	0	0	0
603002.SH	宏昌电子	1	0	0	0	0	0
603067.SH	振华股份	1	0	0	0	0	0
603456.SH	九洲药业	3	3	0	0	3	4
603520.SH	司太立	2	0	0	0	0	0
603568.SH	伟明环保	1	0	0	0	0	0
603823.SH	百合花	1	0	0	0	0	0
603858.SH	步长制药	1	0	0	0	0	0
603936.SH	博敏电子	1	0	0	0	0	0
603993.SH	洛阳钼业	1	0	0	0	0	0

附表6 综合评估结果

代码	简称	母公司所在省（区、市）	母公司行业大类	定期报告得分（仅年报）	定期报告得分（年报及评估环境报告）	重大处罚披露得分	综合得分（补充评估环境报告前）	综合得分（补充评估环境报告后）
000063.SZ	中兴通讯	广东省	计算机、通信和其他电子设备制造业	9	9	5	85	85
000301.SZ	东方盛虹	江苏省	化学纤维制造业	12	12	5	100	100
000423.SZ	东阿阿胶	山东省	医药制造业	12	12	5	100	100
000550.SZ	江铃汽车	江西省	汽车制造业	12	12	5	100	100
000553.SZ	安道麦A	湖北省	化学原料及化学制品制造业	11	11	5	95	95
000565.SZ	渝三峡A	重庆市	化学原料及化学制品制造业	12	12	5	100	100
000568.SZ	泸州老窖	四川省	酒、饮料和精制茶制造业	12	12	5	100	100
000589.SZ	黔轮胎A	贵州省	橡胶和塑料制品业	12	12	5	100	100
000635.SZ	英力特	宁夏回族自治区	化学原料及化学制品制造业	12	12	5	100	100
000678.SZ	襄阳轴承	湖北省	通用设备制造业	11	11	5	95	95
000707.SZ	双环科技	湖北省	化学原料及化学制品制造业	12	12	5	100	100
000708.SZ	大冶特钢	湖北省	黑色金属冶炼及压延加工业	12	12	5	100	100
000751.SZ	锌业股份	辽宁省	有色金属冶炼及压延加工业	11	11	5	95	95
000777.SZ	中核科技	江苏省	通用设备制造业	0	0	5	40	40
000782.SZ	美达股份	广东省	化学纤维制造业	12	12	5	100	100
000788.SZ	北大医药	重庆市	医药制造业	1	1	5	45	45
000790.SZ	泰合健康	四川省	医药制造业	1	1	5	45	45
000799.SZ	酒鬼酒	湖南省	酒、饮料和精制茶制造业	11	11	5	95	95
000801.SZ	四川九洲	四川省	计算机、通信和其他电子设备制造业	0	0	5	40	40
000815.SZ	美利云	宁夏回族自治区	造纸及纸制品业	12	12	5	100	100
000860.SZ	顺鑫农业	北京市	酒、饮料和精制茶制造业	11	11	5	95	95
000898.SZ	鞍钢股份	辽宁省	黑色金属冶炼及压延加工业	12	12	5	100	100
000899.SZ	赣能股份	江西省	电力、热力生产和供应业	12	12	5	100	100

代码	简称	母公司所在省（区、市）	母公司行业大类	定期报告得分（仅年报）	定期报告得分（年报及评估环境报告）	重大处罚披露得分	综合得分（补充评估环境报告前）	综合得分（补充评估环境报告后）
000913.SZ	钱江摩托	浙江省	铁路、船舶、航空航天和其他运输设备制造业	12	12	5	100	100
000923.SZ	河北宣工	河北省	黑色金属矿采选业	12	12	5	100	100
000953.SZ	*ST 河化	广西壮族自治区	化学原料及化学制品制造业	12	12	2	76	76
000957.SZ	中通客车	山东省	汽车制造业	11	11	5	95	95
000962.SZ	东方钽业	宁夏回族自治区	有色金属冶炼及压延加工业	11	11	5	95	95
000969.SZ	安泰科技	北京市	金属制品业	12	12	0	60	60
000980.SZ	众泰汽车	浙江省	汽车制造业	1	1	5	45	45
000982.SZ	*ST 中绒	宁夏回族自治区	纺织业	12	12	5	100	100
000985.SZ	大庆华科	黑龙江省	化学原料及化学制品制造业	3	3	5	55	55
000989.SZ	九芝堂	湖南省	医药制造业	11	11	5	95	95
002014.SZ	永新股份	安徽省	橡胶和塑料制品业	11	11	5	95	95
002025.SZ	航天电器	贵州省	计算机、通信和其他电子设备制造业	12	12	5	100	100
002043.SZ	兔宝宝	浙江省	木材加工及木、竹、藤、棕、草制品业	11	11	5	95	95
002056.SZ	横店东磁	浙江省	电气机械及器材制造业	12	12	0	60	60
002066.SZ	瑞泰科技	北京市	非金属矿物制品业	0	0	0	0	0
002079.SZ	苏州固锝	江苏省	计算机、通信和其他电子设备制造业	0	0	5	40	40
002086.SZ	东方海洋	山东省	渔业	12	12	5	100	100
002087.SZ	新野纺织	河南省	纺织业	12	12	0	60	60
002094.SZ	青岛金王	山东省	化学原料及化学制品制造业	0	0	0	0	0
002097.SZ	山河智能	湖南省	专用设备制造业	3	3	5	55	55
002111.SZ	威海广泰	山东省	专用设备制造业	12	12	5	100	100
002112.SZ	三变科技	浙江省	电气机械及器材制造业	12	12	5	100	100
002119.SZ	康强电子	浙江省	计算机、通信和其他电子设备制造业	11	11	4	87	87
002126.SZ	银轮股份	浙江省	汽车制造业	12	12	5	100	100
002131.SZ	利欧股份	浙江省	互联网和相关服务	12	12	5	100	100
002134.SZ	*ST 普林	天津市	计算机、通信和其他电子设备制造业	11	11	5	95	95

代码	简称	母公司所在省（区、市）	母公司行业大类	定期报告得分（仅年报）	定期报告得分（年报及评估环境报告）	重大处罚披露得分	综合得分（补充评估环境报告前）	综合得分（补充评估环境报告后）
002135.SZ	东南网架	浙江省	土木工程建筑业	11	11	5	95	95
002136.SZ	安纳达	安徽省	化学原料及化学制品制造业	12	12	5	100	100
002144.SZ	宏达高科	浙江省	纺织业	11	11	5	95	95
002158.SZ	汉钟精机	上海市	通用设备制造业	7	7	5	75	75
002193.SZ	如意集团	山东省	纺织业	12	12	5	100	100
002198.SZ	嘉应制药	广东省	医药制造业	12	12	5	100	100
002201.SZ	九鼎新材	江苏省	非金属矿物制品业	12	12	4	92	92
002206.SZ	海利得	浙江省	化学纤维制造业	12	12	5	100	100
002220.SZ	ST 天宝	辽宁省	农副食品加工业	0	0	0	0	0
002254.SZ	泰和新材	山东省	化学纤维制造业	12	12	0	60	60
002259.SZ	*ST 升达	四川省	燃气生产和供应业	0	0	5	40	40
002262.SZ	恩华药业	江苏省	医药制造业	12	12	5	100	100
002273.SZ	水晶光电	浙江省	计算机、通信和其他电子设备制造业	12	12	5	100	100
002286.SZ	保龄宝	山东省	农副食品加工业	12	12	5	100	100
002287.SZ	奇正藏药	西藏自治区	医药制造业	8	8	5	80	80
002319.SZ	乐通股份	广东省	化学原料及化学制品制造业	0	0	5	40	40
002333.SZ	罗普斯金	江苏省	有色金属冶炼及压延加工业	12	12	5	100	100
002338.SZ	奥普光电	吉林省	仪器仪表制造业	11	11	5	95	95
002365.SZ	永安药业	湖北省	医药制造业	12	12	5	100	100
002370.SZ	亚太药业	浙江省	医药制造业	12	12	5	100	100
002378.SZ	章源钨业	江西省	有色金属冶炼及压延加工业	12	12	5	100	100
002393.SZ	力生制药	天津市	医药制造业	8	8	5	80	80
002424.SZ	贵州百灵	贵州省	医药制造业	12	12	5	100	100
002428.SZ	云南锗业	云南省	有色金属冶炼及压延加工业	12	12	5	100	100
002430.SZ	杭氧股份	浙江省	专用设备制造业	12	12	5	100	100
002443.SZ	金洲管道	浙江省	金属制品业	0	0	5	40	40
002460.SZ	赣锋锂业	江西省	有色金属冶炼及压延加工业	12	12	5	100	100
002472.SZ	双环传动	浙江省	通用设备制造业	0	0	5	40	40
002481.SZ	双塔食品	山东省	食品制造业	12	12	5	100	100
002486.SZ	嘉麟杰	上海市	纺织服装、服饰业	12	12	5	100	100
002487.SZ	大金重工	辽宁省	金属制品业	12	12	5	100	100
002492.SZ	恒基达鑫	广东省	仓储业	0	0	5	40	40

代码	简称	母公司所在省（区、市）	母公司行业大类	定期报告得分（仅年报）	定期报告得分（年报及评估环境报告）	重大处罚披露得分	综合得分（补充评估环境报告前）	综合得分（补充评估环境报告后）
002494.SZ	华斯股份	河北省	皮革、毛皮、羽毛及其制品和制鞋业	11	11	5	95	95
002516.SZ	旷达科技	江苏省	纺织业	7	7	5	75	75
002532.SZ	新界泵业	浙江省	通用设备制造业	12	12	5	100	100
002541.SZ	鸿路钢构	安徽省	金属制品业	11	11	5	95	95
002545.SZ	东方铁塔	山东省	金属制品业	0	0	0	0	0
002557.SZ	洽洽食品	安徽省	农副食品加工业	0	0	5	40	40
002571.SZ	德力股份	安徽省	非金属矿物制品业	12	12	5	100	100
002578.SZ	闽发铝业	福建省	有色金属冶炼及压延加工业	12	12	5	100	100
002580.SZ	圣阳股份	山东省	电气机械及器材制造业	12	12	5	100	100
002584.SZ	西陇科学	广东省	化学原料及化学制品制造业	12	12	5	100	100
002597.SZ	金禾实业	安徽省	化学原料及化学制品制造业	12	12	0	60	60
002598.SZ	山东章鼓	山东省	通用设备制造业	0	0	5	40	40
002603.SZ	以岭药业	河北省	医药制造业	12	12	5	100	100
002604.SZ	龙力生物	山东省	农副食品加工业	12	12	5	100	100
002615.SZ	哈尔斯	浙江省	金属制品业	12	12	5	100	100
002630.SZ	华西能源	四川省	通用设备制造业	12	12	5	100	100
002646.SZ	青青稞酒	青海省	酒、饮料和精制茶制造业	12	12	5	100	100
002652.SZ	扬子新材	江苏省	金属制品业	5	5	5	65	65
002665.SZ	首航节能	北京市	电气机械及器材制造业	0	0	5	40	40
002693.SZ	双成药业	海南省	医药制造业	12	12	5	100	100
002705.SZ	新宝股份	广东省	电气机械及器材制造业	12	12	5	100	100
002722.SZ	金轮股份	江苏省	金属制品业	0	0	5	40	40
002725.SZ	跃岭股份	浙江省	汽车制造业	12	12	5	100	100
002741.SZ	光华科技	广东省	化学原料及化学制品制造业	12	12	5	100	100
002748.SZ	世龙实业	江西省	化学原料及化学制品制造业	12	12	5	100	100
002753.SZ	永东股份	山西省	化学原料及化学制品制造业	12	12	5	100	100
002756.SZ	永兴特钢	浙江省	黑色金属冶炼及压延加工业	12	12	5	100	100

代码	简称	母公司所在省（区、市）	母公司行业大类	定期报告得分（仅年报）	定期报告得分（年报及评估环境报告）	重大处罚披露得分	综合得分（补充评估环境报告前）	综合得分（补充评估环境报告后）
002805.SZ	丰元股份	山东省	化学原料及化学制品制造业	12	12	5	100	100
002810.SZ	山东赫达	山东省	化学原料及化学制品制造业	12	12	5	100	100
002846.SZ	英联股份	广东省	金属制品业	12	12	5	100	100
002855.SZ	捷荣技术	广东省	计算机、通信和其他电子设备制造业	0	0	5	40	40
002863.SZ	今飞凯达	浙江省	汽车制造业	11	11	5	95	95
002868.SZ	绿康生化	福建省	医药制造业	12	12	5	100	100
002880.SZ	卫光生物	广东省	医药制造业	0	0	5	40	40
002895.SZ	川恒股份	贵州省	化学原料及化学制品制造业	12	12	5	100	100
002915.SZ	中欣氟材	浙江省	化学原料及化学制品制造业	12	12	5	100	100
002923.SZ	润都股份	广东省	医药制造业	12	12	5	100	100
002950.SZ	奥美医疗	湖北省	专用设备制造业	3	3	5	55	55
300041.SZ	回天新材	湖北省	化学原料及化学制品制造业	12	12	5	100	100
300046.SZ	台基股份	湖北省	计算机、通信和其他电子设备制造业	12	12	5	100	100
300064.SZ	豫金刚石	河南省	非金属矿物制品业	0	0	5	40	40
300083.SZ	劲胜智能	广东省	计算机、通信和其他电子设备制造业	12	12	5	100	100
300088.SZ	长信科技	安徽省	计算机、通信和其他电子设备制造业	12	12	5	100	100
300107.SZ	建新股份	河北省	化学原料及化学制品制造业	11	11	5	95	95
300109.SZ	新开源	河南省	化学原料及化学制品制造业	0	0	5	40	40
300111.SZ	向日葵	浙江省	电气机械及器材制造业	12	12	5	100	100
300114.SZ	中航电测	陕西省	计算机、通信和其他电子设备制造业	0	0	5	40	40
300121.SZ	阳谷华泰	山东省	化学原料及化学制品制造业	12	12	5	100	100
300126.SZ	锐奇股份	上海市	通用设备制造业	0	0	5	40	40
300132.SZ	青松股份	福建省	化学原料及化学制品制造业	12	12	5	100	100
300192.SZ	科斯伍德	江苏省	化学原料及化学制品制造业	0	0	5	40	40

代码	简称	母公司所在省（区、市）	母公司行业大类	定期报告得分（仅年报）	定期报告得分（年报及评估环境报告）	重大处罚披露得分	综合得分（补充评估环境报告前）	综合得分（补充评估环境报告后）
300199.SZ	翰宇药业	广东省	医药制造业	12	12	5	100	100
300224.SZ	正海磁材	山东省	非金属矿物制品业	12	12	5	100	100
300225.SZ	金力泰	上海市	化学原料及化学制品制造业	12	12	5	100	100
300239.SZ	东宝生物	内蒙古自治区	医药制造业	12	12	5	100	100
300256.SZ	星星科技	浙江省	计算机、通信和其他电子设备制造业	12	12	5	100	100
300257.SZ	开山股份	浙江省	通用设备制造业	11	11	5	95	95
300260.SZ	新莱应材	江苏省	通用设备制造业	0	0	0	0	0
300283.SZ	温州宏丰	浙江省	电气机械及器材制造业	0	0	5	40	40
300321.SZ	同大股份	山东省	橡胶和塑料制品业	0	0	5	40	40
300335.SZ	迪森股份	广东省	电力、热力生产和供应业	12	12	0	60	60
300346.SZ	南大光电	江苏省	计算机、通信和其他电子设备制造业	0	0	5	40	40
300373.SZ	扬杰科技	江苏省	计算机、通信和其他电子设备制造业	10	10	5	90	90
300375.SZ	鹏翎股份	天津市	橡胶和塑料制品业	12	12	4	92	92
300405.SZ	科隆股份	辽宁省	化学原料及化学制品制造业	12	12	5	100	100
300436.SZ	广生堂	福建省	医药制造业	0	0	5	40	40
300437.SZ	清水源	河南省	化学原料及化学制品制造业	12	12	0	60	60
300446.SZ	乐凯新材	河北省	化学原料及化学制品制造业	12	12	5	100	100
300452.SZ	山河药辅	安徽省	医药制造业	12	12	5	100	100
300466.SZ	赛摩电气	江苏省	仪器仪表制造业	0	0	5	40	40
300481.SZ	濮阳惠成	河南省	化学原料及化学制品制造业	12	12	5	100	100
300522.SZ	世名科技	江苏省	化学原料及化学制品制造业	2	2	5	50	50
300554.SZ	三超新材	江苏省	非金属矿物制品业	11	11	4.5	91	91
300558.SZ	贝达药业	浙江省	医药制造业	12	12	5	100	100
300610.SZ	晨化股份	江苏省	化学原料及化学制品制造业	12	12	5	100	100
300636.SZ	同和药业	江西省	医药制造业	12	12	5	100	100
300637.SZ	扬帆新材	浙江省	化学原料及化学制品制造业	12	12	5	100	100

代码	简称	母公司所在省（区、市）	母公司行业大类	定期报告得分（仅年报）	定期报告得分（年报及评估环境报告）	重大处罚披露得分	综合得分（补充评估环境报告前）	综合得分（补充评估环境报告后）
300641.SZ	正丹股份	江苏省	化学原料及化学制品制造业	12	12	5	100	100
300657.SZ	弘信电子	福建省	计算机、通信和其他电子设备制造业	12	12	5	100	100
300665.SZ	飞鹿股份	湖南省	化学原料及化学制品制造业	12	12	5	100	100
300673.SZ	佩蒂股份	浙江省	农副食品加工业	3	3	5	55	55
300705.SZ	九典制药	湖南省	医药制造业	12	12	5	100	100
300722.SZ	新余国科	江西省	其他制造业	12	12	5	100	100
300760.SZ	迈瑞医疗	广东省	专用设备制造业	12	12	5	100	100
300765.SZ	新诺威	河北省	食品制造业	0	0	5	40	40
300779.SZ	惠城环保	山东省	废弃资源综合利用业	0	0	5	40	40
600004.SH	白云机场	广东省	航空运输业	0	0	0	0	0
600018.SH	上港集团	上海市	水上运输业	11	11	5	95	95
600066.SH	宇通客车	河南省	汽车制造业	10	10	5	90	90
600071.SH	凤凰光学	江西省	仪器仪表制造业	12	12	5	100	100
600103.SH	青山纸业	福建省	造纸及纸制品业	12	12	5	100	100
600114.SH	东睦股份	浙江省	金属制品业	7	7	5	75	75
600172.SH	黄河旋风	河南省	非金属矿物制品业	1	1	5	45	45
600190.SH	锦州港	辽宁省	水上运输业	12	12	5	100	100
600199.SH	金种子酒	安徽省	酒、饮料和精制茶制造业	5	5	5	65	65
600207.SH	安彩高科	河南省	燃气生产和供应业	12	12	5	100	100
600212.SH	江泉实业	山东省	综合	12	12	5	100	100
600213.SH	亚星客车	江苏省	汽车制造业	10	10	5	90	90
600232.SH	金鹰股份	浙江省	纺织业	7	7	5	75	75
600235.SH	民丰特纸	浙江省	造纸及纸制品业	10	10	4	82	82
600237.SH	铜峰电子	安徽省	计算机、通信和其他电子设备制造业	2	2	5	50	50
600316.SH	洪都航空	江西省	铁路、船舶、航空航天和其他运输设备制造业	10	10	5	90	90
600317.SH	营口港	辽宁省	水上运输业	4	4	5	60	60
600319.SH	亚星化学	山东省	化学原料及化学制品制造业	9	9	5	85	85
600348.SH	阳泉煤业	山西省	煤炭开采和洗选业	12	12	5	100	100
600351.SH	亚宝药业	山西省	医药制造业	11	11	5	95	95
600353.SH	旭光股份	四川省	计算机、通信和其他电子设备制造业	12	12	5	100	100

代码	简称	母公司所在省（区、市）	母公司行业大类	定期报告得分（仅年报）	定期报告得分（年报及评估环境报告）	重大处罚披露得分	综合得分（补充评估环境报告前）	综合得分（补充评估环境报告后）
600360.SH	华微电子	吉林省	计算机、通信和其他电子设备制造业	11	11	5	95	95
600379.SH	宝光股份	陕西省	电气机械及器材制造业	12	12	5	100	100
600399.SH	抚顺特钢	辽宁省	黑色金属冶炼及压延加工业	9	9	0	45	45
600426.SH	华鲁恒升	山东省	化学原料及化学制品制造业	9	9	5	85	85
600448.SH	华纺股份	山东省	纺织业	12	12	5	100	100
600469.SH	风神股份	河南省	橡胶和塑料制品业	8	8	5	80	80
600493.SH	凤竹纺织	福建省	纺织业	12	12	5	100	100
600499.SH	科达洁能	广东省	专用设备制造业	4	4	0	20	20
600501.SH	航天晨光	江苏省	汽车制造业	9	9	5	85	85
600508.SH	上海能源	上海市	煤炭开采和洗选业	7	7	5	75	75
600513.SH	联环药业	江苏省	医药制造业	12	12	5	100	100
600519.SH	贵州茅台	贵州省	酒、饮料和精制茶制造业	12	12	5	100	100
600529.SH	山东药玻	山东省	非金属矿物制品业	11	11	5	95	95
600550.SH	保变电气	河北省	电气机械及器材制造业	5	5	5	65	65
600581.SH	八一钢铁	新疆维吾尔自治区	黑色金属冶炼及压延加工业	12	12	5	100	100
600587.SH	新华医疗	山东省	专用设备制造业	9	9	0	45	45
600589.SH	广东榕泰	广东省	化学原料及化学制品制造业	10	10	5	90	90
600618.SH	氯碱化工	上海市	化学原料及化学制品制造业	6	7	5	70	75
600678.SH	四川金顶	四川省	非金属矿物制品业	12	12	5	100	100
600710.SH	苏美达	江苏省	批发业	3	3	0	15	15
600719.SH	大连热电	辽宁省	电力、热力生产和供应业	12	12	5	100	100
600727.SH	鲁北化工	山东省	化学原料及化学制品制造业	12	12	5	100	100
600746.SH	江苏索普	江苏省	化学原料及化学制品制造业	11	11	5	95	95
600750.SH	江中药业	江西省	医药制造业	12	12	5	100	100
600779.SH	水井坊	四川省	酒、饮料和精制茶制造业	9	9	5	85	85
600787.SH	中储股份	天津市	仓储业	3	3	5	55	55
600793.SH	宜宾纸业	四川省	造纸及纸制品业	9	9	5	85	85

代码	简称	母公司所在省（区、市）	母公司行业大类	定期报告得分（仅年报）	定期报告得分（年报及评估环境报告）	重大处罚披露得分	综合得分（补充评估环境报告前）	综合得分（补充评估环境报告后）
600809.SH	山西汾酒	山西省	酒、饮料和精制茶制造业	11	11	5	95	95
600815.SH	*ST 厦工	福建省	专用设备制造业	11	11	5	95	95
600841.SH	上柴股份	上海市	通用设备制造业	9	9	5	85	85
600847.SH	*ST 万里	重庆市	电气机械及器材制造业	12	12	5	100	100
600866.SH	星湖科技	广东省	食品制造业	10	10	5	90	90
600989.SH	宝丰能源	宁夏回族自治区	化学原料及化学制品制造业	0	0	5	40	40
600990.SH	四创电子	安徽省	计算机、通信和其他电子设备制造业	12	12	5	100	100
600992.SH	贵绳股份	贵州省	金属制品业	10	10	5	90	90
601003.SH	柳钢股份	广西壮族自治区	黑色金属冶炼及压延加工业	11	11	5	95	95
601005.SH	重庆钢铁	重庆市	黑色金属冶炼及压延加工业	5	8	0	25	40
601011.SH	宝泰隆	黑龙江省	石油加工、炼焦及核燃料加工业	11	11	5	95	95
601018.SH	宁波港	浙江省	水上运输业	6	6	5	70	70
601020.SH	华钰矿业	西藏自治区	有色金属矿采选业	5	5	5	65	65
601106.SH	*ST 一重	黑龙江省	专用设备制造业	8	8	5	80	80
601113.SH	华鼎股份	浙江省	化学纤维制造业	9	9	5	85	85
601208.SH	东材科技	四川省	化学原料及化学制品制造业	12	12	5	100	100
601326.SH	秦港股份	河北省	水上运输业	7	7	5	75	75
601333.SH	广深铁路	广东省	铁路运输业	12	12	5	100	100
601368.SH	绿城水务	广西壮族自治区	水的生产和供应业	8	8	5	80	80
601369.SH	陕鼓动力	陕西省	电气机械及器材制造业	0	4	5	40	60
601388.SH	怡球资源	江苏省	有色金属冶炼及压延加工业	12	12	5	100	100
601700.SH	风范股份	江苏省	金属制品业	11	11	5	95	95
601869.SH	长飞光纤	湖北省	计算机、通信和其他电子设备制造业	9	9	5	85	85
601882.SH	海天精工	浙江省	通用设备制造业	10	10	5	90	90
601958.SH	金钼股份	陕西省	有色金属矿采选业	12	12	5	100	100
601969.SH	海南矿业	海南省	黑色金属矿采选业	10	10	5	90	90

代码	简称	母公司所在省（区、市）	母公司行业大类	定期报告得分（仅年报）	定期报告得分（年报及评估环境报告）	重大处罚披露得分	综合得分（补充评估环境报告前）	综合得分（补充评估环境报告后）
603005.SH	晶方科技	江苏省	计算机、通信和其他电子设备制造业	0	0	5	40	40
603026.SH	石大胜华	山东省	化学原料及化学制品制造业	11	11	5	95	95
603027.SH	千禾味业	四川省	食品制造业	10	10	5	90	90
603033.SH	三维股份	浙江省	橡胶和塑料制品业	8	8	5	80	80
603045.SH	福达合金	浙江省	电气机械及器材制造业	2	2	5	50	50
603105.SH	芯能科技	浙江省	电气机械及器材制造业	10	10	5	90	90
603113.SH	金能科技	山东省	石油加工、炼焦及核燃料加工业	9	9	5	85	85
603129.SH	春风动力	浙江省	铁路、船舶、航空航天和其他运输设备制造业	0	0	5	40	40
603156.SH	养元饮品	河北省	酒、饮料和精制茶制造业	10	10	5	90	90
603165.SH	荣晟环保	浙江省	造纸及纸制品业	12	12	5	100	100
603168.SH	莎普爱思	浙江省	医药制造业	3	3	5	55	55
603177.SH	德创环保	浙江省	生态保护和环境治理业	12	12	5	100	100
603186.SH	华正新材	浙江省	计算机、通信和其他电子设备制造业	0	1	5	40	45
603192.SH	汇得科技	上海市	化学原料及化学制品制造业	12	12	5	100	100
603198.SH	迎驾贡酒	安徽省	酒、饮料和精制茶制造业	12	12	5	100	100
603208.SH	江山欧派	浙江省	家具制造业	6	6	5	70	70
603229.SH	奥翔药业	浙江省	医药制造业	12	12	5	100	100
603238.SH	诺邦股份	浙江省	纺织业	10	10	5	90	90
603278.SH	大业股份	山东省	金属制品业	0	0	5	40	40
603315.SH	福鞍股份	辽宁省	通用设备制造业	0	0	5	40	40
603328.SH	依顿电子	广东省	计算机、通信和其他电子设备制造业	12	12	5	100	100
603332.SH	苏州龙杰	江苏省	化学纤维制造业	8	8	5	80	80
603335.SH	迪生力	广东省	汽车制造业	8	8	5	80	80
603337.SH	杰克股份	浙江省	专用设备制造业	12	12	5	100	100
603338.SH	浙江鼎力	浙江省	专用设备制造业	11	11	5	95	95
603351.SH	威尔药业	江苏省	医药制造业	6	6	5	70	70

代码	简称	母公司所在省（区、市）	母公司行业大类	定期报告得分（仅年报）	定期报告得分（年报及评估环境报告）	重大处罚披露得分	综合得分（补充评估环境报告前）	综合得分（补充评估环境报告后）
603369.SH	今世缘	江苏省	酒、饮料和精制茶制造业	12	12	5	100	100
603379.SH	三美股份	浙江省	化学原料及化学制品制造业	0	0	5	40	40
603527.SH	众源新材	安徽省	有色金属冶炼及压延加工业	0	2	5	40	50
603566.SH	普莱柯	河南省	医药制造业	11	11	5	95	95
603567.SH	珍宝岛	黑龙江省	医药制造业	4	4	5	60	60
603577.SH	汇金通	山东省	金属制品业	6	6	5	70	70
603589.SH	口子窖	安徽省	酒、饮料和精制茶制造业	12	12	5	100	100
603595.SH	东尼电子	浙江省	计算机、通信和其他电子设备制造业	0	6	5	40	70
603663.SH	三祥新材	福建省	非金属矿物制品业	0	0	5	40	40
603665.SH	康隆达	浙江省	纺织业	11	11	5	95	95
603686.SH	龙马环卫	福建省	专用设备制造业	10	10	5	90	90
603699.SH	纽威股份	江苏省	通用设备制造业	0	0	5	40	40
603707.SH	健友股份	江苏省	医药制造业	11	11	5	95	95
603728.SH	鸣志电器	上海市	电气机械及器材制造业	9	9	5	85	85
603767.SH	中马传动	浙江省	汽车制造业	9	9	5	85	85
603768.SH	常青股份	安徽省	汽车制造业	10	10	5	90	90
603773.SH	沃格光电	江西省	计算机、通信和其他电子设备制造业	0	0	5	40	40
603800.SH	道森股份	江苏省	专用设备制造业	0	0	5	40	40
603810.SH	丰山集团	江苏省	化学原料及化学制品制造业	12	12	5	100	100
603818.SH	曲美家居	北京市	家具制造业	0	0	5	40	40
603822.SH	嘉澳环保	浙江省	化学原料及化学制品制造业	11	11	5	95	95
603855.SH	华荣股份	上海市	专用设备制造业	0	0	5	40	40
603876.SH	鼎胜新材	江苏省	有色金属冶炼及压延加工业	11	11	5	95	95
603878.SH	武进不锈	江苏省	黑色金属冶炼及压延加工业	11	11	5	95	95
603879.SH	永悦科技	福建省	化学原料及化学制品制造业	12	12	5	100	100
603919.SH	金徽酒	甘肃省	酒、饮料和精制茶制造业	12	12	5	100	100

代码	简称	母公司所在省（区、市）	母公司行业大类	定期报告得分（仅年报）	定期报告得分（年报及评估环境报告）	重大处罚披露得分	综合得分（补充评估环境报告前）	综合得分（补充评估环境报告后）
603920.SH	世运电路	广东省	计算机、通信和其他电子设备制造业	11	11	5	95	95
603926.SH	铁流股份	浙江省	汽车制造业	12	12	5	100	100
603938.SH	三孚股份	河北省	化学原料及化学制品制造业	12	12	5	100	100
603976.SH	正川股份	重庆市	医药制造业	10	10	5	90	90
603982.SH	泉峰汽车	江苏省	汽车制造业	0	0	5	40	40
603998.SH	方盛制药	湖南省	医药制造业	10	10	5	90	90